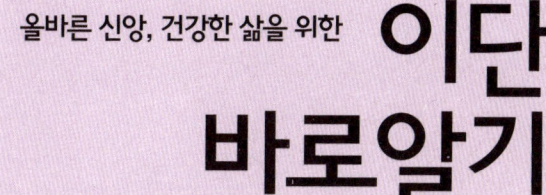

올바른 신앙, 건강한 삶을 위한 **이단 바로알기**

올바른 신앙, 건강한 삶을 위한
이단 바로알기

현대종교 편집국 엮음

현대종교

개정증보판 머리말

탁 지 일
현대종교 이사장 겸 편집장 / 부산장신대학교 교수

코로나19의 세계적 대유행과 함께 불거진 신천지 문제는, 이단은 교회의 교리적 문제를 넘어, 심각한 사회적 문제임을 여실히 보여주었다. 이단을 예방하고 대처하는 일은, 가정과 교회뿐만 아니라 우리사회를 지키는 일이 되었다. 게다가 비대면 환경이 일상화되면서, 시간과 장소를 가리지 않는 이단들의 온라인 활동이 시시각각 업그레이드되고 있다.

'교회성장'의 때는 곧 '이단발흥'의 때다. 교회의 성장과 함께 이단의 발흥도 이루어진다는 점이 안타깝기는 하나, 이단의 발흥은 교회의 정체성 재확립을 위한 계기가 된다. 이단의 도전은 교회의 올바른 신학과 신앙을 공고히 하는 중요한 계기가 되어왔다고 신약성서와 기독교역사는 증언하고 있다.

최근 이단들은 끊임없이 스스로 자기변신을 시도하며, 교회보다도 더 윤리적이고 순수한 모습으로 다가오고 있다. 교회개혁과 이단대처는 동전의 양면이다. 자기 개혁을 멈추지 않는 교회만이 이단의 도전에 효과적으로 대처할 수 있다.

무엇보다도 이단문제로 인한 피해자들과 가족들의 눈과 애통하는 마음으로 이단문제를 바라보지 않는다면 이단문제의 본질과 위험성을 알 수 없다. 21세기 한국교회의 이단연구는 이단비판을 넘어 직간접적인 이단피해자들을 위한 치유와 회복에 초점이 맞추어져야 한다.

이단피해를 극복할 수 있는 첫 걸음은 공신력 있는 이단정보로부터 시작된다. 최근 월간 「현대종교」 상담통계에 기초해, 가장 문의상담이 많았던 단체들을 중심으로 「현대종교」 편집국에서 관련 정보를 정리했다. 특히 이번 개정증보판은 이단 단체들의 최근 동향 및 각종 통계를 업데이트했으며, 중국에서 들어온 「전능신교」에 대한 내용을 추가했다. 한국교회 이단대처를 위한 작은 디딤돌이 되기를 소망한다.

목차

개정증보판 머리말 / 4
현대종교 상담통계 (2019~2023) / 7
교단별 이단규정 현황 (2023) / 8

1. 신천지예수교증거장막성전 / 11
2. 구원파 / 37
3. 하나님의교회 세계복음선교협회 / 87
4. 세계복음화전도협회(다락방) / 121
5. 기독교복음선교회(JMS) / 149
6. 제칠일안식일예수재림교회 / 187
7. 사랑하는교회(구 큰믿음교회) / 233
8. 통일교 / 259
9. 지방교회 / 287
10. 여호와의 증인 / 327
11. 만민중앙교회 / 363
12. 예수중심교회 / 405
13. 전능하신 하나님 교회(동방번개) / 437

현대종교 상담통계 (2019~2023년)

	2019년	2020년	2021년	2022년	2023년	평균
신천지	31.1	26.8	14.2	16.2	22.6	**24.1**
구원파	5.4	7.3	6.4	5.4	4.3	**7.5**
하나님의교회	9.0	5.4	5.9	5.1	6.8	**6.9**
인터콥	3.7	3.0	5.1	2.5	2.9	**3.3**
다락방	2.7	3.3	4.8	3.8	2.9	**3.3**
JMS	2.6	2.3	2.3	2.3	6.0	**3.1**
신사도운동	1.9	1.4	2.6	2.3	2.5	**2.1**
안식교	1.4	2.9	2.5	1.6	1.2	**1.8**
사랑하는교회	2.0	0.9	0.9	1.2	1.6	**1.5**
통일교	0.7	1.1	1.7	2.8	1.6	**1.4**
지방교회	0.8	1.4	1.2	0.8	1.0	**1.0**
몰몬교	0.9	0.4	1.2	0.6	0.8	**0.8**

현대종교는 이단사이비상담실을 운영해오고 있다. 상담은 현대종교 기자들의 전화 및 이메일 상담으로 이루어지며 2007년 1월호부터는 월간 「현대종교」를 통해 매월 상담통계를 게재해 오고 있다. 이를 통해 최근 문제가 되는 단체들을 손쉽게 볼 수 있게 했다. 본 자료집은 최근 많은 상담이 이루어졌던 단체들의 순서에 따라 제작되었다.

교단별 이단규정 현황 (2023)

아래의 결의내용에서 년도/회기, 결의내용이 없이 교단명만 있거나 회기가 없는 경우 교단에서 정기총회를 통해서 결의한 바는 없지만, 성명서, 책자, 문서를 통해서 그 단체에 대한 입장을 표명했다는 의미다.

대표자(명칭) 및 단체명	교단	년도/회기	결의	결의내용
이만희 신천지 신천지예수교증거장막성전	통합	1995/80	이단	계시론, 신론, 기독론, 구원론, 종말론
	합동	1995/80	신학적 비판 가치 없음	
		2007/93	이단	교주신격화, 잘못된 성경 해석 등
	기성	1999/93	이단	계시론, 신론, 기독론, 구원론, 종말론
	합신	2003/88	이단	
	고신	2005/55	이단	대표자 이만희 씨가 직통계시자, 보혜사라 주장
	대신	2008/43	이단	
	기감	2014/31	이단	
	기하성 여의도		이단	
구원파 권신찬·유병언(기독교복음침례회) 박옥수(기쁜소식선교회) 이요한(대한예수교침례회)	기성	1985/79	이단사이비집단	깨달음에 의한 구원, 회개, 죄인문제
	고신	1991/41	이단	
	통합	1992/77	이단	
	합동	2008/93	이단	
	합신	1995/80	이단	서달석, 노영채, 오도경 부부, 손영수, 구영석, 김동성 구원파와 같은 이단 교리
		2014/99	이단 재확인 구원파와 같은 이단 교리	
	기감	2014/31	이단	
권신찬·유병언(기독교복음침례회)	기하성 여의도	2014	이단	
	기하성 여의도	2000	이단	
안상홍 안상홍증인회 하나님의교회 하나님의교회 세계복음선교협회	통합	2002/87	반기독교적 이단	교리적 탈선, 성경해석의 오류, 왜곡된 구원관
		2011/96	이단	반기독교적
	합신	2003/88	이단	
	합동	2008/93	이단	
	고신	2009/59	이단	
	기감	2014/31	이단	
류광수 다락방전도운동, 예장전도총회	고려	1995/45	비성경성	유사기독교운동, 사이비기독교운동
	고신	1995/45	관련자 적절한 권징	
		1997/47	불건전 운동	
		2013/63	이단 유지	잘못을 고치겠다고 했으나 좀 더 지켜보기로 함

대표자(명칭) 및 단체명	교단	년도/회기	결의	결의내용
류광수 세계복음화전도협회	통합	1996/81	사이비성	이단적 성격을 띤 불건전한 운동, 마귀론, 기성교회 부정적 비판, 다락방식 영접
	합동	1996/81	이단	
		2014/99	이단 재확인 관련자 징계	이단 재확인, 관련자 공직 제한
		2021/106	이단 유지	
	기성	1997/91	사이비운동	
	기침	1997/87	이단성	
	기감	1998/23	이단	
	기하성 여의도		이단	
	합신, 개혁			
정명석(JMS) 기독교복음선교회 국제크리스찬연합	고신	1991/41	이단규정	
	통합	2002/87	반기독교적 이단	성경해석, 교회, 삼위일체, 부활, 그리스도의 재림
	합동	2008/93	이단	성경관, 부활·재림관, 구원관 등 전분야에서 반기독교적
	기감	2014/31	이단	
	기하성 여의도		이단	
	합신, 기성			
안식교 제칠일안식일예수재림교회	예장 총회	1915/4	면직 제명	구원론, 안식일, 계시론 영혼멸절, 영원지옥부재 등
	통합	1995/80	이단	
	고신	2009/59	이단	
	기감	2014/31	이단	
	기하성 여의도		이단	
	합신, 기성, 합동			
변승우 사랑하는교회 (구 큰믿음교회)	고신	2008/58	주의	불건전
		2009/59	참여금지	구원관, 계시관, 신사도적 운동 추구, 다림줄, 신학 및 교리 경시, 한국 교회를 폄하는 발언
	통합	2009/94	이단	구원론, 입신, 예언, 방언 등 극단적인 신비주의 신앙 형태 등
	합동	2009/94	집회참석금지	알미니안주의 혹은 신율법주의
	백석	2009/94	제명처리, 출교, 주의, 경계, 집회참여금지	계시관, 성경관, 구원관, 교회관
	합신	2009/94	이단성이 있어 참여 및 교류금지	구원론, 직통계시, 기성 교회 비판
	기성	2011/105	집회참여, 교류금지	성서해석의 오류, 비성서적
		2019/113	교류금지 유지	
	예성	2012/91	이단	구원관 변질, 개인체험에 의한 성경해석, 급진적 신비주의 추구
	기감	2014/31	예의주시	
	기하성 여의도		이단	

대표자(명칭) 및 단체명	교단	년도/회기	결의	결의내용
문선명 통일교 (세계평화통일가정연합)	통합	1971/56	사이비 종교	전통적인 신학사상과는 극단적으로 다름
		1975/60	불인정 집단	가입 금지, 관련신문·잡지에 투고 금지
		1976/61	엄하게 치리	교단화합 교회사명에 장애를 줌, 단호히 경고
		1979/64	기독교 아님	기독교를 가장한 사이비 종교 집단임
		1988/73	불매 운동	문선명 집단 관련제품 조사하여 불매운동 전개
		1989/74	조사 처벌	통일교와 관련자 철저히 조사 색출하여 처리
	대신	2008/93	이단	
	고신	2009/59	이단	
	기감	2014/31	이단	
	기하성 여의도		이단	
	기성, 기장 합신, 합동		기독교를 가장한 사이비 집단	성경관, 교회관 기독론, 부활론 등 전 분야 걸쳐 반기독교적
윗트니스리 지방교회, 한국복음서원	고신	1991/41	이단	
	통합	1991/76	이단	신론, 기독론, 인간론, 교회론
	합신, 합동			
여호와의 증인 왕국회관	기성	1993/87	이단	구원론, 교회론, 지옥부재, 삼위일체 부인
	고신	2009/59	이단	
	통합	2014/99	이단	심각한 성경해석오류, 삼위일체 부인, 그리스도와 성령 하나님의 신성 부인, 지옥 부인, 행위구원 주장
	기감	2014/31	이단	
	기하성 여의도		이단	
	기장, 합신			
이재록 만민중앙교회	예성	1990/69	이단	
	기하성 여의도	1999	이단	
	통합	1999/84	이단	신론, 구원론, 인간론, 성령론, 교회론, 종말(내세)론
	합신	2000/85	참석금지	
	고신	2009/59	이단	
	기감	2014/31	예의주시	
이초석 예수중심교회 (구 한국예루살렘교회)	고신	1991/41	이단	본인의 신격화, 극단적 신비주의 추종
		2009/59		
	통합	1991/76	이단	성서론, 신론, 창조론, 인간론, 기독론, 구원론, 귀신론
	기성	1994/88	이단	
	합신, 합동			
전능하신 하나님 교회 동방번개	고신	2013/63	이단	삼위일체론, 기독론, 구원관
	통합	2013/98	이단사이비	양향빈 재림주, 삼위일체 부정
	기감	2014/31	이단	
	백석대신	2018/103	이단	성경의 완전성 부인, 충족성 부인, 성경으로는 구원받을 수 없다고 주장
	합신	2018/103	이단 사이비	계시의 연속성 주장, 왜곡된 성경 해석과 짜깁기, 조유산 신격화 및 양향빈 재림 예수 주장
	기하성 여의도		이단	

1
Temple of the Tabemacle of the Testimony
신천지예수교증거장막성전

☐ 바로알자　　☐ 해외 활동 현황　　☐ 대처 노하우

□ 바로알자

신천지 이만희는 누구인가?

신천지는 무엇을 주장하는가?

2017년 신천지 교세 현황

신천지는 어떻게 포교하고 있는가?

신천지 예배의식은 어떻게 진행되는가?

"신천지는
인맞은 신천지 신도 14만 4000명이 모이면
새 하늘 새 땅이 과천에서 시작되며
신천지 신도만 구원을 받을 수 있다고
주장하고 있다."

신천지예수교증거장막성전_{대표 이만희, 신}천지으로 인한 피해사례가 급증하고 있다. 갈수록 진화하는 신천지 포교 전략은 다양한 방법으로 기성교회 교인을 포교하고, 교회를 분열시키며 가정을 파괴하는 등 큰 피해를 안겨주고 있다. 과천 신천지 본부 앞에서는 신천지에 미혹된 후 가출한 아들, 딸을 찾는 어머니들의 1인시위가 진행 중에 있고, 가출한 아내를 찾아 생업까지 포기한 남편들의 한숨이 잦아지고 있다. 이처럼 사회적 물의를 일으키는 신천지는 과연 어떤 단체인가?

신천지 이만희는 누구인가?

신천지 대표 이만희씨는 1931년생으로 경북 청도군 풍각면 현리에서 태어났다. 17세가 됐을 때 서울 성동구 형님 집에 기거하며 건축업에 종사하다 전도사에게 이끌려 경복궁 앞 천막교회에서 세례를 받았다. 그

신천지 대표 이만희씨

후 이씨는 고향에 내려가 풍각장로교회에서 본격적인 신앙생활을 시작했다. 다시 서울로 돌아온 이씨는 전도관 박태선의 신앙촌에 머물다 이탈하여 장막성전을 이끌던 유재열씨를 따르게 된다. 그러나 1980년 신도들이 제기한 소송에 연루되어 집행유예를 선고받은 유씨는 심경의 변화를 일으켜 장막성전의 운영을 예장합동보수 측에 위임하고 신학을 배우기 위해 미국으로 건너갔다. (현재는 귀국하여 사업에만 전념하는 것으로 알려지고 있다.) 장막성전이 기성 교단에 그 운영일체가 위임되어 개혁 작업이 진행된 후 여기서 이탈하여 설립된 것이 오늘날 신천지다.

이씨는 1984년 3월 14일 그를 따르는 세력을 규합해 안양에 신천지를 설립했다. 1984년 '성경공부방'으로 시작, 현재 전국의 260여 개의 신학원을 운영하고 있다.

신천지는 무엇을 주장하는가?

신천지가 말하는 성경은 비유와 비사로 기록된 상징의 말씀이다. 특히

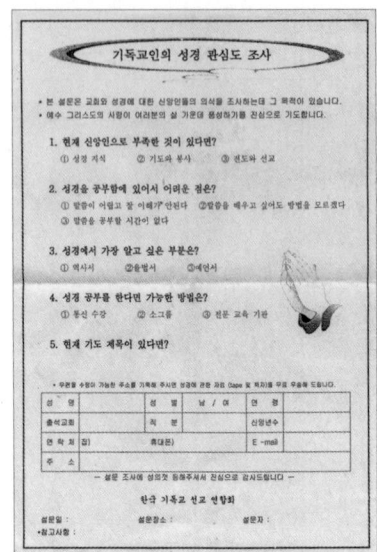 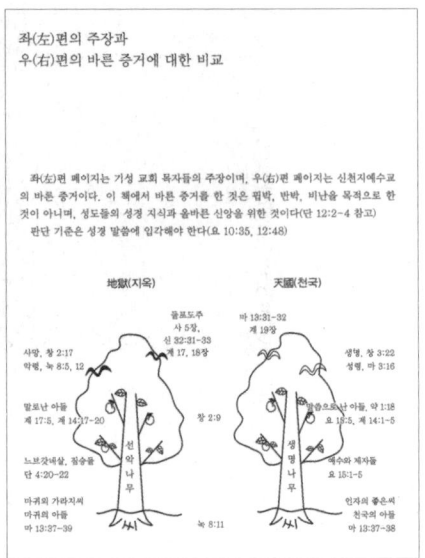

신천지 포교를 위한 설문지와 성경공부 내용

요한계시록은 앞으로 일어날 일에 대해 비유와 비사로 기록됐다. 이들은 구원에 대해 "오늘날 성령으로 온 지상 사명자 즉 약속한 목자로부터 듣고, 보고, 믿고, 지키는 자가 구원을 받는다."고 주장한다. 여기서 '성령으로 온 지상사명자'는 이만희씨를 지칭한다. 또 예수님은 실제 구름을 타고 오시는 것이 아니며 빛이 없는 밤에 인자인 한 육체의 사명자에게 영으로 임한다고 주장한다. 결국 이만희씨는 자신이 보혜사 성령으로부터 직접 계시를 받은 '보혜사 육'이라는 것이다. 나아가 이씨는 그의 저서『계시록 완전해설』에서 신천지 본부(과천)에서 새하늘 새예루살렘이 시작된다고 주장한다. "필자(이만희씨)는 해 돋는 동방사람이라 해서 억지로 동방이라고 끌어다 붙이는 것이 아니라 성경에 말씀하신 그대로요, 본대로이다. 동방 해 돋는 극동이 우리나라라는 것은 틀림없는데 우

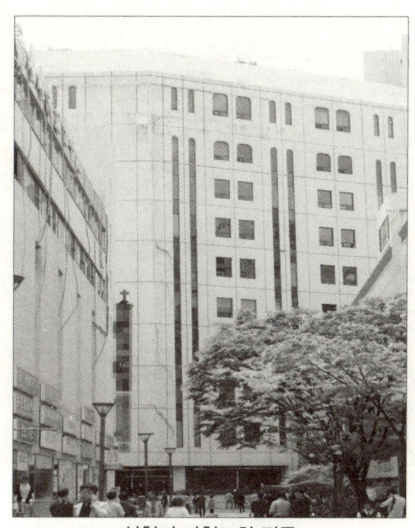
신천지 과천교회 건물

리나라 중 그곳은 어디일까? 출애굽기 25장에서 본바 하나님께서 자기가 거하실 장막을 지으시고 그 안에 일곱 등잔을 만들었다. 그러므로 우리나라 일곱 금촛대가 있는 곳이 하나님이 계신 장막이 된다." 정리하면 인맞은 신천지 신도 14만 4000명이 모이면 새 하늘 새 땅이 과천에서 시작되며 신천지 신도만 구원을 받는다는 것이다.

2021년 신천지 교세 현황

신천지는 신도 수가 꾸준히 증가한다고 주장한다. 신천지 2022년 홍보 브로슈어에 따르면, 2021년 10월까지의 신천지 신도 수는 26만 671명으로, 코로나19가 확산되기 전인 2019년에 비해 5만 7772명이 증가했다. 시온기독교선교센터에서 신천지 교리를 학습하는 과정을 마칠 시 수

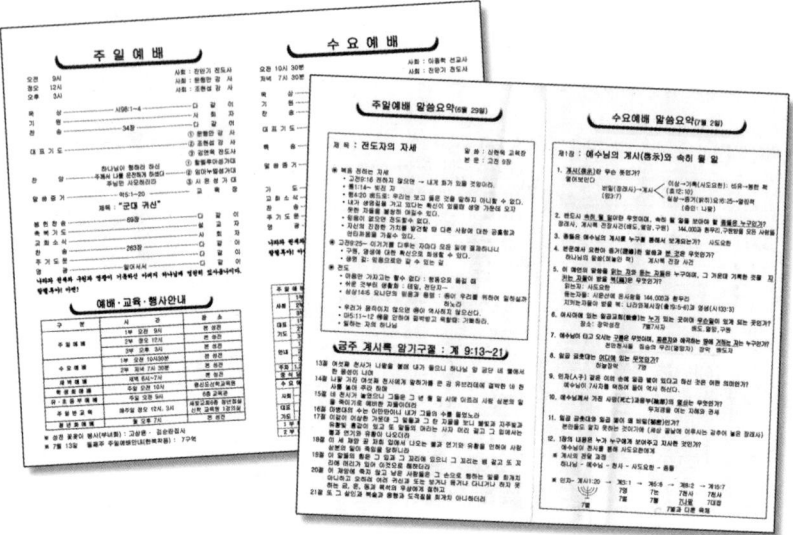

신천지 교회 주보

료를 하게 되는데, 신천지는 매년 1만 8000여 명 이상이 수료한다고 말한다.

   신천지는 국내에 지파 본부 12개소, 지교회 82개소, 1018개의 부속기관 시설을 보유하고 있다. 지파 본부 등을 제외하곤 대부분 위장교회, 위장신학원, 복음방 등을 운영한다. 2020년 기준 한국기독교이단상담소협회 홈페이지(http://www.jesus114.net/)에 게시된 신천지 전국교회 및 부속기관 현황은 서울 170곳, 경기 242곳, 부산 38곳, 대구 22곳, 인천 65곳, 광주 92곳, 대전 31곳, 세종 2곳, 강원 76곳, 울산 20곳, 충청 81곳, 전라 128곳, 경상 128곳, 제주 5곳으로 총 72개로 확인된다.

신천지는 어떻게 포교하고 있는가?

　신천지 포교방법은 교육하는 책이 200여 쪽에 달할 정도로 치밀하고 조직적이다. 이들은 수단과 방법, 장소를 가리지 않고 기성교회 신도들을 미혹하고 있다. 여러 종류의 설문지로 접근해 포교대상이 자연스럽게 인적사항을 기재하도록 하고 있고, 인터넷에 강의 동영상 등을 올려 누리꾼들이 쉽게 접할 수 있도록 유도하고 있다. 신천지는 최근 TM 포교법을 사용한다. TM은 TeleMarketing의 약자로 전화를 걸어 포교하는 방법이다. 이미 정보를 파악한 대상자에게 전화를 걸어 관심사에 맞게 접근해 만남을 유도한다. 뿐만 아니라 신천지가 기성교단 소속인양 위장하여 교회를 설립하고 운영하는 '위장교회'를 통한 포교방법도 있다. 자신의 정체를 감추고 신앙집회를 개최하여 신천지 교리를 가르치고, 기성교회에 잠입하여 기존 성도와 친분 관계를 맺어 좋은 성경공부가 있다며 미혹한다. 성도 50명 이하의 작은 교회를 표적으로 신천지 신도가 심방전도사로 위장해 들어가 신천지 신도들로 교회를 채우고, 미리 관계를 두텁게 해 놓은 장로를 설득해 기존 목사를 쫓아내는 일명 '산 옮기기'(정통 교단에 속한 교회를 신천지로 옮김을 뜻함) 포교방법도 진행한다. 이외에 대중교통 전도방법, 신학교 전도방법, 대학생 전도방법, 일가 및 친척, 친구 전도방법, 직장 전도방법 등이 있다. 최근에는 무신앙자 포교, 에니어그램과 도형심리를 이용한 각종 심리도구 사용, 위장단체와 SNS를 통해 시간과 장소를 불문하고 사람들을 미혹하고 있다.

신천지 예배의식은 어떻게 진행되는가?

　신천지 예배시간은 주일 낮 12시, 수요일 오후 7시 30분이다. 신천지라는 사실이 노출된 신도를 위한 예배는 수요일 정오와 주일 저녁에 있다. 대부분의 신도들은 흰색 상의와 검정색 하의를 착용한다. 전체적인 순서는 기성교회와 비슷하며 분위기는 엄숙한 편이다. 예배당에는 의자가 없다. 신천지 탈퇴자 L씨는 "하나님께 예배를 드리는데 편하게 앉아서 예배드리면 안된다고 가르침을 받았다."며 "신도들은 찬양시간이나 설교시간에 전반적으로 무릎을 꿇고 예배를 드린다."고 말한다. 찬양은 신천지에서 개사한 찬양을 주로 부르며 설교는 설교자에 따라 자유롭게 진행된다. 대부분 설교는 각 지부 교회 강사가 자체적으로 설교를 하지만 신천지 전체 행사시에는 이만희씨가 직접 설교를 하고 각 지부 교회는 동시 화상으로 이 씨의 설교를 듣는다. 축도가 끝나면 강사가 큰 목소리로 "할렐루야"를 외치고 전 성도는 "아멘"으로 화답한다. 이후 신천지에서 만든 '신천지가'를 부르고 예배를 마친다.
　신천지는 창립기념일과 유월절, 초막절, 수장절을 삼대 절기로 지키고 있다. 창립기념일과 삼대절기에는 각 지부 교회 사람들을 동원해 대규모 행사로 진행한다.

　신천지新天地! 말 그대로 '새로운 시대'다. 신천지 신도들은 '새로운 시대'를 꿈꾸며 부모를 고소하고, 자식을 버리며, 남편과 이혼하고 있다. 이들의 새 시대를 향한 꿈은 기성교회와 가정에 악몽이 되고 있다. 신천지의 거침없는 질주를 막기 위한 예방과 대책이 시급하다. 지피지기면 백전불태라고 했다. 상대를 알고 나를 알면 백번 싸워도 지지 않는다. 예방도 '앎'에서 시작된다. 신천지가 갖은 모략으로 포교할지라도 신천지를 알면 그들의 미혹의 손짓을 예방할 수 있다. 그러나 알기 위해선 먼저 그에 대한 '관심'이 필요하다. 옳지 않은 진리를 진리인 양 외치는 이단에 대한 관심이 한국교회와 가정을 지킬 수 있다. 신천지! 그들의 거침없는 질주가 오히려 한국교회가 이단에 대한 뜨거운 관심을 가지는 기폭제가 되길 기대해본다.

해외 활동 현황

신천지 해외 지교회 현황

신천지의 해외 포교 담당 외무정책선교부

주요 해외 포교활동

"신천지는 이미 국내 교회를 넘어
각 국의 한인 교회로 침투,
그 포교 범위를 넓히고 있다."

한국교회는 현재 신천지예수교증거장막성전 대표 이만희, 신천지과 전쟁 중이라고 해도 과언이 아니다. 교회들은 신천지에서 침투시킨 추수꾼을 색출하기 위해 신천지 대책 세미나를 개최하며 신천지의 포교법, 잠입 방법 등을 교육시키고 있다. 그러나 신천지는 이미 국내 교회를 넘어 각 국의 한인 교회로 침투, 그 포교 범위를 넓히고 있다.

신천지 해외 지교회 현황

홍보 브로슈어에 따르면, 2021년 11월 기준, 유럽 9개국, 오세아니아 2개국, 아프리카 6개국, 아시아 12개국, 남·북아메리카 2개국 총 31개국에서 활동하고 있다. 신천지는 유럽에 11개, 오세아니아에 2개, 아프리카에 6개, 아시아에 37개, 남·북아메리카에 9개의 교회를 세워 포교를 진행하고 있다.

신천지의 해외 포교 담당 외무정책선교부

신천지의 포교 조직은 국내 담당의 내무선교부와 해외 담당의 외무정책선교부로 나뉜다. 신천지가 1997년 발간한 책 『신천지 발전사』에 따르면 신천지의 해외 포교는 1994년 미국 내 한인들이 많이 살고 있는 로스앤젤레스와 뉴욕을 중심으로 시작됐다.

> "그리고 1994년부터는 미주지역의 복음화도 시작되었다. 도미渡美한 전도사를 통해 복음의 씨가 뿌려지기 시작한 후 본부에서 신학원을 수료하고 도미한 송○○ 강사를 중심으로 LA에서 신학원이 설립되었다. 비록 어려운 난관의 연속이지만 새 복음을 증거하여야만 한다는 사명감으로 현재 LA지역의 복음화와 더불어 뉴욕 엠파이어스테이트 빌딩에 신학원이 개설되었으며 1996년 4월 선생님[이만희 지칭]의 미국 선교방문을 계기로 미주지역에 선교의 불꽃이 더욱 불탔다. 현재 LA에는 송○○ 강사 및 조○○ 선교사 가정을 중심으로 한 성도들의 활동과 본부의 최○○ 선교사의 도움으로 활발한 전도 활동을 벌이고 있다." (『신천지 발전사』, 92쪽)

이렇게 시작된 신천지의 해외포교는 현재 미국뿐 아니라 중국, 일본, 독일, 마샬군도, 러시아, 이탈리아 등에서도 성과를 거두고 있는 것으로 드러났다. 아래 〈표1〉은 본지에 입수된 "총회 외무선교부 보고서"(2006년 6월)가 밝힌 신천지의 해외 교회와 신도 수이다.

신천지 외무정책선교부(구 외무선교부)의 동 보고서에는 ▲해외 포교를 위해 해외 교회 발전을 위한 신천지 소식지 준비 ▲해외 교회 네 곳(로스앤젤레스, 시카고, 독일, 모스크바) 총회성전건축헌금 작정자 보고 ▲예장통합(1995년 80회 총회) 발표(비판) 내용에 대한 반론 재정리 작업 ▲해외 교회 성도 신앙관리 및 현실파악 ▲해외 교회에 복음방 새 교

〈표1〉

		국가	교회(개)	성도(명)	섭외	복음방	수강생 수				추수밭 활동(유,무)	입교
							초등	중등	고등	계		
해외		중국	19	575	88	31	48	32	23	103	유	14
	미국	로스앤젤레스	1	81	141	29	5	6	12	23	3곳 4명	
		뉴욕	1	64	117	9	11	6	0	17	유	2
		시카고	1	46	26	7	5	0	0	5	1곳 1명	1
		샌프란시스코	1	67	49	14	2	3	2	7	1곳 1명	
		일본	4	60	60	2	21	5	10	36	유	
		독일	1	78	27	12	6	4	0	10	10명	8
		러시아	1	11	10	1	1	3	0	4	1곳 1명	3
		이탈리아	2	4	5	0	1	1	0	2	2곳 2명	
		캐나다	1	1	0	0	0	0	0	0	무	
		마샬군도	1	6	0	0	0	0	0	0	무	
		계(8개국)	33	993	523	105	100	60	47	207	유	28

재 전달 ▲중국 지 교회에 팩시밀리 후원 ▲마샬군도 교회에 각성을 촉구하는 편지 발송 등의 활동 내용을 지시하고 있다. 또 신천지 외무정책선교부는 신천지 각 지부에 "해외 거주자 전도요청서"를 작성하라는 공문을 전달했다. "해외 거주자 전도요청서"란 해외에 거주하고 있는 포교 대상자의 이름, 성별, 나이, 연락처, 신앙상태, 성격, 특이사항 등의 인적 사항과 포교 대상자에게 가장 적당한 "모략전도 방법" 등을 기록해 외무정책선교부로 보내는 것이다. 신천지는 이렇게 수집된 포교 대상자들의 정보를 파악해 보다 치밀하게 포교 전략을 세우고 있다.

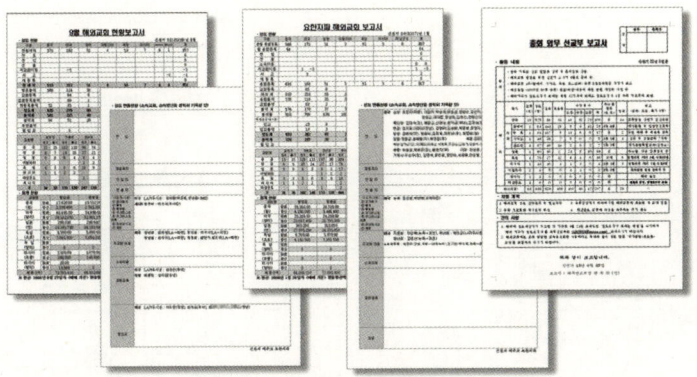

신천지 외무정책선교부의 보고서

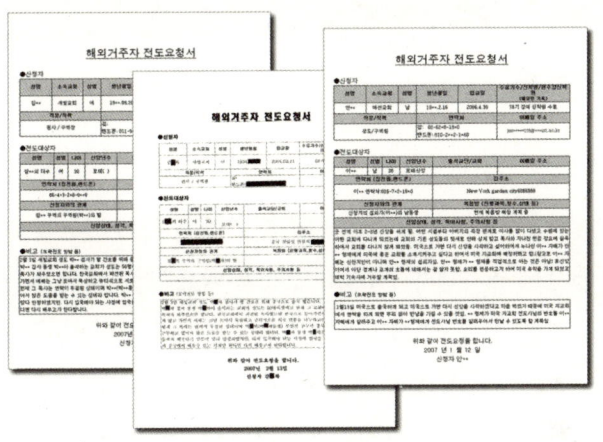

해외 거주자 전도요청서

주요 해외 포교활동

신천지의 내부 문서(2006년 기준)에 따르면 신천지가 가장 활발한 해외 포교활동을 벌이는 지역은 중국, 미국, 일본 순인 것으로 파악되고 있다. 다음은 중국, 미국, 일본에서의 신천지의 포교활동 내용이다.

신천지 중국 교회 조직표　　　신천지 미국 교회 조직표

1) 중국

중국의 북경, 길림, 천진 등을 비롯한 19개 도시에 신천지 교회가 들어가 있는 것으로 조사됐다. 신천지 소식지 배포, 신천지의 초등·중등·고등 교육을 통한 유월, 복음방 교육, 추수밭 교육 등 국내에서와 비슷한 활동으로 포교하는 것으로 파악됐다. 복음방 전략 등 신천지의 일대일 포교 전략의 영향 때문인지 대부분의 신천지 중국교회의 출석률이 80% 이상을 기록하고 있는 것이 눈에 띈다.

2) 미국

신천지는 미국 로스앤젤레스, 뉴욕, 시카고, 샌프란시스코 등 주로 한인들이 많이 거주하는 도시에 침투하고 있는 것으로 조사됐으며, 기존의 기독교인들을 대상으로 무료신학원, 복음방을 통해 포교하는 것으로 드러났다. 최근 코로나19로 이미지가 추락하자 한인 대상 포교가 어려워져 현지인들을 대상으로 포교를 시도하고 있다. 또 한국어로 신천지 교리 강의를 하면 그것을 영어로 번역해 주일학교에서 아이들에게 가르치거나, 영어 테이프로 만들어 보급하는 등 한인 2세를 대상으로 하는 포교에도 열중하고 있어 우려된다.

3) 일본

일본에는 동경, 후쿠오카, 나가사키, 야마가타지역에 침투되어 있다. 주로 복음방 개설, 추수밭 활동, 이메일 전송, 노상 전단지 배포, 온라인 세미나 등을 통해 포교한다. 심리테스트나 문화교류회를 가장해 모략 포교를 하며 기성교회에 침투해 교인으로 잠복하기도 한다. 신천지의 일본 포교에서 주목할 점은 Y교회 전도사 출신으로 알려진 조모씨의 활동이다. 입수된 신천지 내부 문서에 따르면 1994년 동경에서 신천지의 일본 포교활동을 시작한 조모씨는 후쿠오카, 나가사키 등 일본 포교의 중심 인물로 활동하는 것으로 알려졌다.

한국교회뿐 아니라 가정과 사회까지도 어지럽히고 있는 신천지의 포교가 해외까지 뻗치고 있어 보다 적극적인 대처가 요구되고 있다. 그러나 '모략'이라는 명분으로 교회와 선교회 등의 가짜 간판을 수시로 만들었다가 없애는 신천지의 포교 전략 때문에 해외의 신천지 교회 및 신학원 등을 파악하는 것은 더욱 어려워지고 있는 실정이다. 이들의 포교에 미혹되지 않는 길은, 평소 신천지에 대한 관심과 교육을 통해 쌓여진 지식 백신을 통해 신천지 포교에 대한 면역력을 키우는 것이다.

☐ 대처 노하우

교회 밖 성경공부, NO!
이러한 가르침 피하라!
대학 내 동아리 조심!
길거리 설문조사 주의!
교회 내의 지속적인 예방교육!

"성경은 성경으로 풀어야 한다."
"우리는 성경만을 가지고 한다."
"이 말씀을 배우는 것은 아무에게도
말하면 안 된다."

신천지는 기성교회에 가장 큰 피해를 주는 이단으로 잘 알려져 있다. 이 단체는 많은 성도들을 거짓으로 미혹하고, 급기야 이혼과 가출을 선택하는 사회적인 문제까지 야기하고 있다. 신천지의 포교방법을 통해 효과적인 대처방법을 살펴보자.

교회 밖 성경공부, NO!

신천지는 기성교회에 들어와 성도들을 포교하는 것이 특징이다. 열심 있는 성도들을 찾아 좋은 관계를 맺어 신뢰를 쌓은 후 성경공부를 권면하는 것이 일반적인 방법이다. 이러한 성경공부에 민감하게 반응하는 것이 가장 중요하다. "아는 선교사를 소개시켜 주겠다."며 접근해 정기적인 성경공부, 기도모임을 유도하고, 더 깊은 말씀을 배울 수 있다며 일정한 장소(보통 월, 화, 목, 금요일에 모여 6~7개월 동안 초·중·고급과정을 배운다.)로 인도해 여러 사람과 함께 강의를 듣도록 한다면 100% 신천지다. 아무리 믿을만한 사람이 성경공부를 소개하더라도 교회 밖에서 배우고, 잘 알지 못하는 사람을 소개한다면 반드시 교역자의 허락을 받는 것이 먼저 되어야 한다. 교회 밖에서는 성경공부를 하지 않는 것이 최선의 방법이지만, 피치 못할 사정이 있다면 교역자를 통해 검증받아야 함을 반드시 기억하자.

이러한 가르침 피하라!

신천지에서 가르치는 내용이나 주로 하는 말을 알고 있으면 분별하기가 쉽다. 씨, 열매, 양식, 지팡이 등의 단어는 '말씀', 나무, 눈 등은 '사람', 열매, 고기는 '성도'를 의미한다며 많은 단어를 비유로 풀이한다. 이러한 내용을 가르친다면 신천지라고 보면 된다.

신천지 신도들이 성경공부를 하면서 주로 하는 멘트가 있다. "성경은 성경으로 풀어야 한다." "우리는 성경만을 가지고 한다." "이 말씀을 배우는 것은 아무에게도 말하면 안 된다."는 등의 말이다. 이단이 아니라는 확신을 주기 위해 이단에 대해서 설명하기도 하고, 심지어 신천지가 이단이라고 가르치기도 하니 이러한 말을 한다고 해서 신천지가 아니라고 안심해서는 안된다.

대학 내 동아리 조심!

신천지는 대학 내에서 동아리를 통해 교묘하게 포교한다. 자신이 신천지임을 속이고 기독교 동아리에 들어가는 것이다. 선후배, 동기들과의 친분을 잘 쌓으며 좋은 이미지를 심어 놓는다. 포교할만한 학생을 선정한 후 성경공부를 하자고 권면한다. 기독교 동아리의 특성상 성경공부가 자연스럽고, 같은 동아리 선후배, 동기의 소개는 거부감이 덜해 미혹되기 쉽다. 기독교 동아리에 들어가는 학생들도 그 안에 신천지 신도들이 있을 수 있다는 가능성을 배제하면 안 된다.

기독교와 관련 없는 동아리에 들어갈 때도 조심해야 한다. 신천지에서 만든 동아리도 있기 때문이다. 대학교에서는 그 학교의 기연 기독인연합회에 문의하는 방법이 가장 현명하다. 기연에서는 건전한 기독동아리와 이단동아리를 잘 파악하고 있기 때문이다. 기연을 찾기가 어려울 경우 학원복음화협의회(02-838-9743~4)에 연락해 각 대학의 기연회장을 소개받을 수 있고, 대학 내 이단단체의 활동에 대한 정보도 얻을 수 있다.

길거리 설문조사 주의!

신천지에 포교된 대다수 청년들은 신천지에서 진행하는 길거리 포교로 인해 신천지에 가게 된다. 신천지는 각양각색의 설문조사, 재능기부단체, 선교단체, 웹 드라마작가 등 다양한 방법과 기관을 사칭해 포교한다. 대부분 포교는 스마트폰을 통한 설문조사로 진행하지만, 사람들의 관심을 끌기 위해 큰 판넬을 가지고 포교하기도 해 길거리에서 진행하는 설문조사에 참여하지 않는 방법이 가장 좋다. 부득이하게 설문조사를 응하게 된다면 절대 자신의 개인정보를 알려주지 말아야 한다. 전화번호를 알려주지만 않아도 신천지에 포교되는 일이 훨씬 줄어들 수 있다.

교회 내의 지속적인 예방교육!

　교회는 담임목사의 의지가 가장 중요하다. 담임목사가 이단대처의 필요성을 느낀다면 건강한 교회가 될 수 있다. 예배 후 광고시간에 "이단을 조심하라."고 전달하거나 정기적으로 이단세미나를 개최한다면 신천지가 발붙이기가 어려울 것이다. 한 신천지 탈퇴자는 교회에서 이단을 주의하라는 광고나 이단세미나를 하면, 포교활동이 더뎌지거나 중단한다고 고백한다. 신천지로 탄로 날 경우 더 이상의 포교가 어렵기 때문이다. 성도들 간에 교제할 때에도 이단에 대한 대화를 하거나 요즘에는 어떻게 포교하는지 나눈다면 신천지의 접근에서 자유로울 수 있다.

　신천지는 날로 진화하고 있다. 신도들은 회의를 통해 서로 포교방법을 나누고 더 효과적인 방법을 지속적으로 개발하고 있다.「현대종교」, '바로알자신천지 네이버 카페', '무엇이든지 물어보세요 네이버 카페' 등을 통해 기사, 정보 그리고 경험담을 읽어 본다면 최근의 포교방법을 파악할 수 있다. 신천지의 포교에 많은 성도들이 미혹되고 교회가 피해를 입고 있는 이때에 그 포교방법을 파악하고 대처한다면 교회와 성도들을 확실히 지킬 수 있을 것이다.

신천지에 대한 정보를 얻을 수 있는 사이트

월간 「현대종교」 hdjongkyo.co.kr
네이버 바로알자신천지 cafe.naver.com/soscj
무엇이든지 물어보세요(네이버) cafe.naver.com/anyquestion
학원복음화협의회 kcen.or.kr

전국 신천지 상담소 연락처 (가나다 순)

강남상담소(김건우 목사) 010-3716-7196
강북상담소(서영국 목사) 010-3017-8291
경인상담소(주기수 목사) 010-7511-8523
광주상담소(강신유 목사) 010-3625-1638
광주상담소(임웅기 목사) 010-8611-7741
구리상담소(신현욱 목사) 0505-369-3391
군산상담소(장지만 목사) 010-2200-5544
대전상담소(강성호 목사) 010-2302-5580
대전상담소(정운기 목사) 010-8001-3281
목포상담소(오상권 목사) 010-2895-1551
부산성시화이단상담소(탁지일 교수) 0505-944-2580
서울상담소(이덕술 목사) 010-8907-9191
순천상담소(김종한 목사) 010-4616-0081
안산상담소(진용식 목사) 0502-838-1452
영남상담소(황의종 목사) 010-2553-0691
오산상담소(조영란 목사) 010-5207-5262
이음이단상담소(권남궤 목사) 051-915-1152
인천상담소(고광종 목사) 010-6321-0691
전주상담소(진용길 목사) 010-8646-8293
제주상담소(양이주 전도사) 010-3955-5818
천안상담소(유영권 목사) 010-3895-8890
청주상담소(이금용 목사) 010-9882-8353
한빛(대전)상담소(우석만 목사) 010-3936-9176

2

구 원 파

☐ 바로알자　　☐ 해외 활동 현황　　☐ 대처 노하우

□ 바로알자

기독교복음침례회 (권신찬, 유병언)
생명의말씀선교회 (이요한)
기쁜소식선교회 (박옥수)
구원파가 이단인 이유?
기독교복음침례회 예배 현장
생명의말씀선교회 예배 현장
기쁜소식강남교회 예배 현장

"구원파는
성경을 자의적으로 해석해
회개무용론과 깨달음을 통한 구원을
주장하고 있다."

　　　　　　　　　　구원파는 대표적으로 기독교복음침례회(권신찬, 유병언), 생명의말씀선교회(이요한), 기쁜소식선교회(박옥수) 세 파가 있다. 구원파는 침례교를 표방한 명칭 때문에 기성 교단인 "기독교한국침례회"에 큰 피해를 입히고 있다. 구원파는 어떤 단체인가?

기독교복음침례회 (권신찬, 유병언)

　　권신찬씨(1923~1996)는 1923년 1월 13일, 경북 영덕군 병곡면 원황리 934번지에서 태어났다. 1951년 11월 30일 목사 안수를 받고 1962년 12월 21일 경북노회로부터 이단으로 목사 면직처분을 받기까지 12년간 주로 경북지방에서 목회를 했다. 1962년 12월 30일 독립교회에서 시무하다가 1966년 2월 10일 인천에 있던 복음주의방송국(현 극동방송국)의 전도과장으로 일했다. 이후 권씨는 사위 유병언씨(1941~2014)를 부국장에 앉히고 구원파 신도들에게 간부직을 맡기는 등 극동방송국을 점거하려 했

권신찬씨의 생전 모습

권신찬씨의 사위 유병언씨 (출처: 「조선일보」)

으나 실패했고, 1974년 9월 10일 극동방송국 측으로부터 파면 당했다. 파면 이후 권씨는 은밀하게 소위 '방교회'라 불렸던 것을 표면화해 "한국평신도선교회"라 하여 서울 삼각지를 중심으로 기성 교단에 노골적인 대적자로 등장한다. 유병언씨는 방송국에서 쫓겨난 후 넘어져 가는 무역회사를 인수하여 삼우트레이딩 사장에 취임했다. 그리고 이 시기에 무역거래를 이유로 미국, 독일과 왕래하면서 교세를 확장시켰다. 이즘 유씨는 "기업이 곧 교회"라는 논리를 펴게 된다. 2014년 4월 16일 청해진해운에서 운항하는 세월호가 침몰했다. 청해진해운의 실질적인 소유주가 유병언씨 일가라는 점이 드러나면서 문제가 불거졌고, 6월 12일 송치재 별장에서 2.5km 떨어진 매실밭에서 유병언씨의 변사체가 발견됐다.

　권씨의 기독교복음침례회는 1961년 11월 네덜란드 선교사 케이스 글라스 Case Glass의 영향으로 "죄 사함을 깨달았다."는 권신찬과, 미국인 독립선교사 딕 욕 Dick York의 영향으로 "복음을 깨달았다."는 그의 사위 유병언에 의해 시작됐다.

활동내용

기독교복음침례회 권신찬, 유병언는 전도집회를 통해 포교하고 있다. 이들의 전도집회 순서는 먼저 인생과 성경의 과학적인 부분을 주제로 다루고 이스라엘 역사, 인생의 죄와 그 죄를 해결하기 위한 복음에 대한 내용을 다루고 있다.

생명의말씀선교회 (이요한)

이요한 본명 이복칠씨는 중학교 졸업 후 한국전쟁 기간 중 대구 임시 신학교에서 기독교복음침례회의 설립자 권신찬 씨에게 잠시 지도 받은 것이 교육배경의 전부인 것으로 알려지고 있다. 구원파 초창기인 1960년대 중반부터 목포에서 권씨와 함께 활동하다 1971년 권씨에게 목사안수를 받았다. 기성교회를 비판하고 시한부종말론 등을 내세운 이씨는 1983년 교회 헌금을 사업에 전용하는 것을 문제 삼아 "유병언의 사업이 천국일"이라고 주장하는 유씨를 비판하면서 "교회와 사업은 분리돼야 한다."는 성명을 내고, "복음수호파"로 분리해 서울 서초구 방배동에 "대한예수교침례회 서울중앙교회"를 설립했다. 서울교회

이요한씨 모습(상)과 생명의말씀선교회 홈페이지(하) (출처: jbch.org)

로 활동하다 1994년 경기도 안양 인덕원의 1000여 평 대지에 교회를 신축하고 서울중앙교회로 개칭했다. 생명의말씀선교회 지교회는 전국에 225개가 있다.

활동내용

생명의말씀선교회는 홈페이지 "생명의말씀선교회"를 통해 이요한씨 측의 국내외 교회 소식과 성경강연회 일정을 공개하고 있으며, 설교 동영상과 MP3 파일을 제공하고 있어 사이트를 방문한 사람은 누구나 설교를 들을 수 있도록 하고 있다. 출판사 "영생의말씀사"에서 이요한씨 측의 전도용 소책자와 신앙서적을 발행하고 있으며, "신앙상담" "성경강연회" 등을 열어 자신들의 교리를 설명하고 있다.

기쁜소식선교회 (박옥수)

박옥수씨는 경북 경산 선산군에서 1944년 6월 출생했다. 네덜란드 선교사 케이스 글라스 Case Glass의 집회에서 크게 감화 받은 박씨는 1968년 6월 8일 전역 후 신림동 어린이 천막집회 후 김천에 가서 전도하기 시작, "믿음의 방패 선교회"의 딕 욕 Dick York 선교사에게 목사 안수를 받았다고 주장한다. 박옥수씨 홈페이지에도 딕 욕 Dick York 선교사로부터 목사 안수를 받았다고 기록하고 있으나, '목사'라는 직위 자체에 대해 부정적인 딕

박옥수씨 (출처: https://ocksoopark.com/kr)

IYF 활동

욕 선교사는 박씨가 스스로 목사 안수를 준 것이라고 밝혔다. 박옥수씨는 '또별'이라는 녹차분말가루를 암과 에이즈에 효능이 좋은 것처럼 설교했다가 500만 원의 벌금에 처하기도 했으며, 박씨의 설교를 믿은 신도가 병원과 약을 포기하고 또별을 복용해 사망하기도 했다. 박씨는 『나를 끌고 가는 너는 누구냐』, 『마음을 파는 백화점』, 『내 안에 있는 나 아닌 나』라는 책을 출판, 마인드 교육 전문가란 이미지를 구축해 "마인드 강연"이란 이름으로 세미나를 개최하고 있다. 선교사들이 본국으로 돌아가면서 박씨가 선교학교를 이어받게 되었고 이때부터 박옥수 구원파는 본격적으로 시작됐다. 1990년 대전 한밭중앙교회를 중심으로 활동하던 박씨는 2004년 서울 양재동에 위치한 기쁜소식강남교회로 옮겼다.

박옥수 성경세미나 홍보 포스터

활동내용

　기쁜소식선교회 박옥수는 여름과 겨울수양회 및 학생캠프를 통해 박옥수 씨의 설교를 전파하고 있다. 주간 「기쁜소식」을 신문형태로 발행해 무료 배포하고 있고, 청소년 교양잡지로 가장한 월간지 「Tomorrow」를 통해 청소년들을 포교하고 있다. 박옥수 구원파의 핵심조직인 IYF International Youth Fellowship, 대표 박문택를 2001년 3월 조직, 대학교 내에서 영어말하기대회, 영어동아리 등 학생들이 관심을 가지는 외국어나 문화적 요소로 접근하고 있다. 또 청소년들의 해외문화에 대한 관심과 흥미를 자극해 굿뉴스코 해외봉사단을 모집하고, 매년 여름마다 월드문화캠프를 진행한다. 각종 문화공연과 국내외 박옥수 성경세미나와 마인드 강연도 열어 포교하고 있다.

이뿐만 아니라 2017년 박옥수씨가 설립한 기독교지도자연합CLF, Christian Leaders Fellowship을 통해 '목회자 세미나'를 이어오며 공신력을 높이려 하고 있다. 또 다른 유관기관인 국제마인드교육원을 통해 종교색을 노출하지 않으면서 공공기관에서 활동하고 있다. 또 아프리카 대륙과, 동남아시아 지역 국가들과 MOU를 맺고 마인드교육을 보급하며 세력을 확장하고 있다.

최근에는 미션스쿨 김천대학교 경영권을 인수했다. 김천대학교 이사회를 개최해 박옥수가 이사장, 그 외에 기소선 관련 인사들이 새 이사로 선임되었다. 박옥수 딸 박은숙그라시아스합창단 단장은 아동학대치사 혐의로 검찰에 송치되었다. 단원인 여고생이 기쁜소식인천교회에서 3개월 정도 숙식하며 지내다가 사망한 것으로 추정하고 있다.

구원파가 이단인 이유?

구원파는 성경을 하나님 말씀으로 인정하고 있지만 정통교회와 달리 성경을 자의적으로 해석, 자신들만이 깨달은 진리를 전하고 있어 기성 교단으로부터 "이단" 혹은 "이단사이비집단"으로 결의됐다.

1) 깨달음을 통한 구원

구원파는 "깨달음"을 통해서 구원을 받으며 한 번 구원의 확신을 받으면 어떤 죄를 지어도 구원이 취소되지 않는다고 주장한다. 따라서 구원받은 후에는 회개할 필요가 없다고 말한다. 또 이들은 회개하는 자는 죄가 있다는 증거요, 죄가 있으면 구원의 반열에 들지 못한다고 말해 기성교회 성도들을 혼란케 하고 있다. 정동섭 교수는 그의 저서 『구원파를 왜 이단이라 하는가?』에서 "구원파는 회개와 믿음이 빠진 '깨달음'을 통해서 구원을 받는다고 주장한다."며 "이는 역사적인 정통 개신교의 입장과 판이하게 다른 것이다."라고 비판했다. 또 "정통교회에서는 회개하고 예수님을 영접하게 되면 신분이 죄인에서 자녀로 바뀌지만 성품은 여전히 사함 받은 죄인이며 하나님 뜻대로 살지 못하는 자녀로서 여전히 반복적인 회개가 필요하다."고 말했다. 한일장신대학교 차정식 교수는 「현대종교」 2008년 11월호에서 "예수를 알고 나서도 회개하는 것이 사죄의 확신이 없는 불신의 증표이고 구원받지 못한 지옥백성의 증거라는 억설은 그야말로 성경을 잘못 읽어도 한참을 잘못 읽은 유치한 맹신의 발로이다."라고 비판했다.

2) 기성교회 제도의 부정

구원파는 기성교회 제도를 부정적으로 보고 있다. 정동섭 교수는 그의 저서 『구원파를 왜 이단이라 하는가?』에서 "구원파는 개인예배 및 공중예배를 드린다는 관념도 없다."며 "예배는 성도의 생활 그 자체, 다시 말해서 성도의 교제가 기도요 예배라고 믿고 가르치기 때문에 개인 및 공중기도, 경배와 찬양을 부정한다."고 말했다. 구원파는 믿음으로 구원을 얻었으니 교회의 제도에 얽매일 필요가 없고 주일성수, 새벽기도, 십일조 등도 율법의 소산이므로 지킬 필요가 없다고 주장한다. 이에 대해 예장통합 측은 『사이비이단 연구 보고집』에서 "성수주일, 새벽기도, 십일조 등은 구원을 얻기 위한 조건이 아니라 구원받은 하나님의 자녀들의 마땅한 의무일 뿐이며, 구원을 받았다고 해서 이것들을 모두 버려야할 이유는 없다."고 주장했다. 한편 유병언, 이요한, 박옥수씨의 사상적 배경인 딕 욕이 2010년 9월 내한해 성경세미나를 개최했다. 딕 욕은 유병

서울시 용산구 한강대로 62길 18에 위치한 기독교복음침례회 서울교회. 십자가와 간판이 없다.

언, 이요한, 박옥수의 분열을 비판하며 "다툼을 일으키는 단 하나의 이유는 '교만'"때문이라고 주장했다. 또 성직제도를 부정하며 이들(유병언, 이요한, 박옥수)의 '목사' 호칭을 강하게 비판했다.

기독교복음침례회 예배 현장

구원파는 기독교복음침례회권신찬, 유병언, 생명의말씀선교회이요한, 기쁜소식선교회박옥수 등의 세 계열을 지칭하는 표현이다. 모두 같은 뿌리에서 출발했으며 기성 교단에서 '이단'으로 결의하고 있다. 하지만 구원파를 기성교회로 혼동하는 사람들이 적지 않다. 기자는 기독교복음침례회 서울교회 예배에 직접 참석해 보았다.

기독교복음침례회기복침는 1961년 11월 네덜란드 선교사 Case Glass 한국

유병언씨의 영상을 통해 예배가 진행되었다.

기독교복음침례회 서울교회 본당에 구비되어 있는 '뉴글라세'

이름 길기수와 미국인 독립선교사 Dick York딕 욕의 영향을 받은 권신찬·유병언씨에 의해 시작되었다. 1963년부터는 선교사들과 관계를 끊고 독자노선을 구축했다.

서울시 용산구 한강대로 62길 18에 위치한 '기독교복음침례회 서울교회'를 찾아갔다. 교회는 상가건물 2층에 위치해 있다. 교회 간판이나 십자가가 없는 것이 특징이다. 입구 왼편에는 '기독교복음침례회 서울교회'라는 현판이 붙어있었다. 입구로 들어서자 본당으로 올라가는 계단과 지하로 내려가는 계단이 있었다. 지하로 들어가는 입구에 아이들의 신발이 많은 것으로 보아 유·초등부실이라는 것을 예상할 수 있었다.

본당은 네모반듯한 직사각형 구조였다. 강대상에는 3개의 대형스크린이 설치되어 있었고 중간에는 3대의 TV모니터가 설치되어 있다. 강대상과 멀리 떨어져 있어도 예배를 드리기에 큰 어려움이 없을 듯 했다. 내부를 둘러보니 본당 안에 사무실, 화장실, 상담실 모든 시설이 마련되어 있었다. 장의자도 있지만, 맨바닥에서 예배를 드릴 수 있게 방석도 깔려 있다.

예배 시작 전 성도들은 여름수양회 준비와 등록신청으로 분주했다. 분주함 속에 청년들이 접수를 받고 성도들이 수양회 등록에 차질 없도록 도움을 주었다. 서울교회 주일 오전예배는 11시다. 교회는 1000명 정도의 중·장년층을 중심으로 구성되어있다. 성도들을 유심히 살펴보니 대부분이 '뉴글라세' 생수병을 가지고 있었다. '뉴글라세'는 유병언씨 일가 계열사인 '온나라 유통'이 생산하는 제품이다.

10시 57분 쯤 30명 정도의 성도들이 성가대석으로 이동했다. 성가대복은 따로 없고 흰 셔츠나 블라우스로 통일해 입었다. 11시가 되니 성가대의 찬송으로 예배 시작을 알렸다. 성가대 찬송이 끝나고 영상을 통해 예배를 이어간다. 영상의 인물은 유병언씨였다. 젊은 날 모습으로 수수한 차림이었다. 영상 속 유씨는 찬양을 부르고 성경구절을 읽고 설교를 이어가는 중에 갑자기 특송을 시키고, 다시 기도를 하는 등 예배는 다소 두서없이 진행되었다. 성도들은 익숙한지 영상설교에 집중했다.

유병언씨는 영상설교 중 "예수를 믿어도 영원히 용서해주신 것을 모르는 사람이 많다. 이것을 모르는 게 죄가 아니냐?"는 질문을 던졌다. 신도들은 지속적으로 교육을 받은 것 마냥 동시 다발적으로 "죄 중의 큰 죄"라고 답했다. 유병언씨는 "허깨비에게 속은 사람들이 우리 중엔 없지만 기독교인에 많다"고 전했다. 이어서 "그리스도인이 10년이 지나도 구원받았는지 의심을 한다"며 이런 것은 "영적 어린아이"와 같다고기성교회를 비방했다.

예배를 마치고 나온 서울교회 측 신도에게 "구원 받으셨어요?"라고 물으니 곧장 "네"라고 대답했다. 또 "구원받은 날짜를 기억하세요?"라고 물으니 머쓱해 하며 "나도 오랜만에 교회에 나와 기억은 잘 안 나지만 89년도에 구원을 받았다"고 말했다. 유병언씨는 사망했지만 유씨의 생전 설교 영상을 통해 주일예배를 드려 그의 부재를 느끼기 어려웠다.

생명의말씀선교회 예배 현장

구원파의 초창기부터 권신찬을 추종했던 이요한씨는 1962년 '중생의 경험'을 했다며 권씨에게 안수를 받았다. 이씨는 유병언씨가 '기업이 곧 교회의 일'이라며 교회의 헌금을 사업에 전용하는 것을 비난했다. 이요한씨는 교회와 기업은 분리되어야 한다는 성명을 내고 '복음수호파'로 분파되었다. 현재 이요한씨는 경기도 안양시 동안구 관양로 305번길 37에 위치한 '대한예수교침례회 서울중앙교회'의 담임으로 있다.

기자는 서울중앙교회 주일예배에 참석했다. 서울중앙교회를 중심으로 교육관과 기숙사로 추정되는 건물이 있었다. 교회에 들어서자 로비에 설치되어 있는 세계선교현황판이 눈에 들어왔다. 현황판에는 세계지도와 함께 국내 교회 194곳, 해외 교회 388곳(아시아 151곳, 남아메리카 30곳, 북아메리아 54곳, 유럽 25곳, 오세아니아 3곳, 아프리카 125곳)이라 기록되어 있었다.

이단들도 선교에 열심이라는 것과 이미 적지 않은 선교사들이 파송되어 있음이 한눈에 들어왔다. 여름수양회 접수를 받는 기간이라 그런지 임시 부스도 설치되어 있었다. 교회통로를 따라 안쪽으로 들어가면 카페와 서점이 있다. 서점에는 기성교회에서 흔히 판매하는 신앙서적도 있었다. 하지만 상대적으로 이씨의 책이 더 많이 구비되어 있었다. 시선이

① 경기도 안양시 동안구 관양로에 위치한 대한예수교침례회 서울중앙교회
② 하계수양회 접수를 돕고 있는 청년들
③ 서울중앙교회 청년회관
④ 서울중앙교회 내부에 설치되어 있는 선교현황판
⑤ 서울중앙교회 내부에 있는 카페
⑥ 서울중앙교회 서점에는 이요한씨의 저서들이 나열되어 있다.

서울중앙교회 본당

가장 많이 가는 창가에는 이씨의 저서들이 나열되어 있었다.

본당은 3층과 5층에 위치해 있다. 예배가 시작되기 전부터 많은 성도들이 자리에 착석했다. 헤드폰(자동으로 번역해주는 기계로 추정)을 착용하고 예배에 임하는 외국인도 있었다. 시간이 지날수록 더 많은 신도들이 자리를 채웠다. 신도들은 1000명 정도인 듯 했다. 중·장년층이 많고 다음은 청년이다. 중·고등부 예배는 따로 드리는지 본당에 많지 않았다. 성구 암송을 시작으로 예배를 시작했고 이후 이씨가 나와 기도를 했다.

매우 엄숙했다. 수많은 사람이 쥐죽은 듯 조용히 기도에 임했다. 기도를 마치고 성가대의 찬송이 이어졌다. 성가대는 오케스트라 20여 명 찬양대 80여 명으로 구성되어 있다. 성가대 찬양이 끝나고 이요한씨가 에베소서 1장 3~6절을 말씀을 읽고 '성령 충만한 그리스도인의 생활'을 주제로 설교했다.

기자가 방문했을 당시 이씨는 깨달음을 통해 구원을 받는다, 한번 구원을 받으면 영원한 구원에 들어가기 때문에 회개할 필요가 없다는 구원파식 교리를 가르치진 않았다. 하지만 이요한씨는 2014년 4월 20일 주일예배 때 "우리는 죽지 않고 에녹처럼 살아서 주님을 맞이할 수 있는 시대에 사는 것이 확실합니다. 갑작스러운 사고로 죽지 않는다면 연세 많은 분들 조금만 건강하게 사시면 에녹처럼 살아서 주님을 맞이할 수 있을 겁니다. 왜냐하면 주님 재림하시기 전에 이루어질 징조는 다 이루어졌기 때문입니다"라고 설교한 적이 있다.

정동섭 교수_{사이비종교피해자연맹 총재}는 위의 내용에 '극단적 시한부 종말론'이라고 설명하면서 정 교수는 "이요한파는 예전부터 시한부 종말론을 설교하고 있다. 많은 사람이 구원파의 문제점을 그들의 왜곡된 구원관에서만 찾는다. 하지만 구원파의 교리 중 더 심각한 문제를 드러내는 것은 다름 아닌 종말관이다. 그들은 매우 급박한 종말론을 주장한다. 그들의 종말론은 왜곡되고 자의적인 성경 해석을 바탕으로 하는 변질된 극단적 세대주의 종말론이라고 할 수 있다"고 강조했다.

기쁜소식강남교회 예배 현장

기쁜소식강남교회_{담임 박옥수}는 서울 서초구 양재동에 위치해 있다. 700여 명의 신도들이 참석한 가운데 오전 10시에 주일예배가 시작됐다. 기쁜소식강남교회 예배당은 극장식 연결의자가 배치돼 있었고, 천장에는 많은 조명 기구들이 설치돼 있었다. 무대를 밝히는 조명은 은은했다.

필요없는 회개?

단상에 오른 박옥수씨가 성경을 펼치고 예레미야 31장 31절부터 34절까지 읽었다. 박씨는 "율법을 온전히 지킨 사람은 지구상에 한 사람도 없었다. 때문에 하나님이 새 언약을 세우셨다."고 말문을 열었다. 박씨에 의하면 하나님이 주신 새 언약은 예레미야 31장 34절 말씀처럼 하나님이 인간의 죄악을 사하고 다시는

설교 중인 박옥수씨

그 죄를 기억하지 않는다는 것이다. 박씨는 "성경은 하나님께서 '네 죄를 사하겠다, 기억하지 않겠다' 했는데도 오늘날 사람들은 자기 생각, 주관 때문에 받아들이지 않는다."며 "하나님을 거부하려는 마음은 사단이 준 마음"이라고 주장했다. 또 "하나님이 내 죄를 사하고 기억하지 않겠다는 말을 사람들이 못 받아들인다. 이 말을 하면 '저 이단들, 그러면 죄 막지어도 되겠네' 이런 엉뚱한 소리만 하고 있다."며 감정을 높였다. 설교는 한 시간여 지속됐다. 박씨는 설교의 결론에서 "나는 내 죄를 기

서울시 서초구 양재동에 위치한 기쁜소식강남교회

기쁜소식강남교회 예배 모습

억해도 주님은 내 죄를 기억하지 않는다."며 "우리가 내 죄를 빌 때 내 죄가 씻어지는 게 아니라 하나님이 내 죄를 도말했기에 내 죄가 씻어진 것이다."라고 강조했다. 박씨는 설교를 마무리하며 신도들에게 기도를 촉구했다. 짧은 시간 신도들은 눈을 감고 침묵했다.

성찬식 진행

기도가 끝난 후 성찬식이 진행됐다. 박옥수씨는 '구원의 확신'이 없는 사람은 참여하지 말 것을 당부했다. 찬송가 135장 "갈보리 산위에"를 불렀다. 성찬식 진행자에게 호명된 장로가 나와 '떡'을 위해 축사했다. 검은 정장을 입은 성찬 위원들이 담당 구역 신도들에게 엄지손가락 한마디 정도 되는 크기의 떡을 돌렸다. 신도들은 떡을 받아먹었다. 포도주를 마시는 과정도 떡을 먹는 과정과 동일했다. 박씨의 기도로 모든 예배가 마무리 됐다. 로비로 나온 신도들은 이야기를 나누며 교회 안에 위치한 식당으로 발걸음을 옮겼다.

기쁜소식강남교회 예배는 나름의 순서와 질서가 있었지만, 기성교회와 다르게 세세한 순서는 없었다. 신도들의 새신자를 향한 관심은 치밀하고 계획적이었다. 새신자 방문 시 담당 관계자가 접근, 새신자의 예배를 도왔고, 예배 후 '구원의 여부'를 물으며 교리적으로 접근했다. 이후 새신자반으로 안내해 교회를 등록할 수 있도록 유도했다.

구원의 진리를 깨달았다는 구원파의 포교로 기성 교인 및 새롭게 예수를 영접한 이들이 구원으로부터 멀어지고 있다. '회개무용론'을 주장하는 구원파의 교리는 죄책감에 시달리는 기성 성도에게 매력적으로 들리며 이러한 틈새를 이용한 구원파의 포교활동으로 믿음의 성도들이 미혹받고 있다. 또한 사회 봉사나 문화 단체를 표방한 구원파의 포교전략으로 많은 청소년들이 포교되고 있다. 구원파의 활동에 대한 한국교회의 '긴장된 경계'와 '신중한 대처'가 요구된다.

□ 해외 활동 현황

해외 지교회 현황

해외 포교활동

"구원파의 해외 포교활동은
성경집회를 중심으로 교리를 전한다는
공통점이 있다.
구원파의 성경집회, 각종 행사 등에
미혹되지 않도록 한국교회는
빠른 정보 제공과 선교사 간의
긴밀한 네트워크 등을 구축해야 한다."

구원파는 기독교복음침례회^{권신찬·유병언}, 생명의말씀선교회^{이요한}, 기쁜소식선교회^{박옥수} 세 분파로 분류된다. "구원의 확신"을 강조하는 공통분모를 가진 이들은 국내뿐 아니라 해외에도 활동 영역을 확장하고 있다.

기독교복음침례회 (권신찬·유병언)

기독교복음침례회 홈페이지_{ebcworld.org}는 해외 "전도집회" 모임 내용만 공개할 뿐 구체적인 해외 포교현황은 공개하지 않는다. 기독교복음침례회는 괌, 미국, 멕시코, 베트남, 일본, 캐나다, 유럽 등지에서 2박 3일에서 6박 7일 동안 "성경탐구모임" "건강캠프" "수양회" 등의 집회명으로 모이고 있다. 하지만 주로 기독교복음침례회 신도가 참석하는 것으로 보여, 해외 포교활동은 비교적 소극적인 것으로 파악된다.

전도집회 모습

구원파의 해외 포교활동은 성경집회를 중심으로 교리를 전한다는 공통점이 있다. 또 홈페이지를 통해 해외 집회를 적극 홍보하고 신속한 정보 교환을 하는 점도 유사하다.

하지만 다른 점도 있다. 서울중앙교회와 기독교복음침례회가 "수양회" "전도집회" 등 성경집회에 집중하는 점과 달리 기쁜소식선교회는 성경집회뿐 아니라 다양한 행사를 적극 이용하기 때문이다. 특히 청년들과 해외 현지인들을 겨냥한 월드캠프, 글로벌캠프, 해외봉사단 등 종교색을 감춘 포교활동을 하고 있어 각별한 주의가 요구된다.

해외 교포 및 유학생·해외 주재 기성교회가 구원파의 성경집회, 각종 행사 등에 미혹되지 않도록 한국교회는 빠른 정보 제공과 선교사 간의 긴밀한 네트워크 등을 구축해야 한다.

생명의말씀선교회 (대표 이요한)

경기도 안양시 동안구에 위치한 생명의말씀선교회는 아시아, 유럽, 아프리카, 북아메리카, 남아메리카, 오세아니아 6개 권역으로 나눈 60개국에 338개 해외 지교회를 세워 포교하고 있다. 인터넷 사이트 생명의말씀선교회jbch.org는 영어, 일본어, 중국어, 러시아어 지원을 통해 이요한 씨의 성경강연을 전하고 있다. 해외 포교와 관련, 생명의말씀선교회는 세계선교world.jbch.org 게시판을 개설해 파견된 국가에서의 선교일정, 교회현황, 선교소식 등 해외 현황을 수시로 게시함으로 소속 선교사들 간의 원활한 교류를 도모하고 있다.

1) 해외 지교회 현황

생명의말씀선교회의 해외 진출 지역은 다음과 같다.

대륙	국가	진출지역(교회명)
아시아	네팔	가이갓교회, 더먹교회, 던가디교회, 부토왈교회, 솔로쿰부교회, 이타하리교회, 쩌우말라교회, 치뜨완교회, 카트만두교회, 태초교회, 포카라교회, 헤따우드교회
	대만	대북교회
	말레이시아	쿠알라룸푸르교회
	몽골	날래흐교회, 농아인(몽골농아선교)교회, 다르한교회, 다르한서부교회, 돈드고비교회, 바그널교회, 바롱하라교회, 바양홍거교회, 버르운두르교회, 보건트교회, 볼강교회, 샌샨드교회, 사링걸교회, 세렝게이교회, 수흐바타르교회, 아르항가이교회, 알타이교회, 에르뜨네트교회, 우문고비교회,

대륙	국가	진출지역(교회명)
아시아	몽골	울란바토르동부교회, 울란바토르서부교회, 울란바토르중앙교회, 울항가이교회, 옵스교회, 유러교회, 준하라교회, 차강노르교회, 처이르교회, 초이발산교회, 헨티교회, 호탁운두르교회, 홉드교회, 홉스골교회, 후틀교회
	미얀마	네피도교회, 따이찌교회, 떼떼구교회, 라뺏따교회, 머라먀인준교회, 미양곤교회, 빤따나교회, 빤따나동부교회, 쉐비다교회, 양곤교회, 짜웅교회, 쫑표교회, 탄다빈교회
	방글라데시	가지푸르교회, 고피낫푸르교회, 다카교회, 시노이파라교회, 안타파라교회
	베트남	껀터교회, 사이공교회, 하노이교회
	스리랑카	모라투와교회
	싱가폴	싱가폴교회
	인도	고가묵교회, 구와티중앙교회, 나가밧교회, 데모라오잔교회, 도만티니알리교회, 두나구리교회, 디부르가교회, 딜리바리교회, 라우잔교회, 라투디교회, 랑골리교회, 무니카교회, 바라나다할리교회, 바루둠사교회, 벵갈루루교회, 상감비하르교회, 소나이굴리교회, 시멘사포리교회, 알라하바드교회, 오디샤(돔보셀트)교회, 오우구리교회, 왕케이교회, 임팔교회, 추라찬드퍼교회, 카탈구리교회, 키암게이교회, 티카데우리교회, 틸락푸르교회, 할마리교회
	일본	가와사키교회, 고리야마교회, 기후교회, 나고야교회, 니이가타교회, 동경교회, 동경신주쿠교회, 센다이교회, 야마가타교회, 오사카교회, 오사카중부교회, 요네자와교회, 후쿠오카교회
	캄보디아	바탐방북부교회, 바탐방시내교회, 바티민체서부교회, 바티민체시내교회, 시엠립북부교회, 켄달남부교회, 프놈펜교회

대륙	국가	진출지역(교회명)
아시아	키르기스스탄	까라발타교회, 까인다깐트교회, 나른교회, 도끄막교회, 비쉬켁교회, 탈라스교회
	타이(태국)	방콕교회, 치앙마이교회, 피사놀룩교회
	파키스탄	34초크교회, 구지란왈라교회, 구지란왈라선교센터, 굴샨임란콜로니교회, 깡그리왈라교회, 낭갈샤드한교회, 노쉐라로드교회, 데라바부교회, 둘레이교회, 라다이왈라고라야교회, 라왈리교회, 라즈푸라교회, 라호르교회, 레흐마니아콜로니교회, 마누아바드교회, 무리드케시티교회, 무리드케시티제2교회, 무리드케타운교회, 무슬림타운교회, 미스리미아니교회, 바티타운교회, 보파빌리지교회, 빌리지만교회, 사도키교회, 살라맛푸라교회, 샤드라교회, 샤라크푸교회, 샤코트교회, 쉐가르교회, 쉐이크푸라베다드교회, 아드레스타운교회, 아드레스타운제2교회, 찬다킬라교회, 찬드니초크교회, 코트하라교회, 타리크아바드교회, 타히리산시교회, 파이살콜로니교회, 파이잘타운교회, 파이즈아바드교회, 파쿼르푸라교회, 프란시스아바드교회, 프란시스아바드제2교회, 프란시스아바드제3교회, 하빕푸라교회, 하킴푸라교회
	필리핀	긱모또교회, 긴양안교회, 까가얀데오르교회, 까딴두아네스(바토)교회, 까딴두아네스(비락)교회, 까라모안교회, 까말릭교회, 까비야오교회, 까비테교회, 까일라와이교회, 깔라우안교회, 나가교회, 다바오씨티교회, 다바오토릴교회, 다스마리냐스교회, 다엣교회, 두마게띠교회, 두마란교회, 따까와얀교회, 딸락교회, 땀박교회, 라가이교회, 라몬교회, 라피다리오교회, 랑칸교회, 레가스피교회, 레이떼교회, 리가오교회, 마닐라시티교회, 마닐라중앙교회, 마릴라오교회,

대륙	국가	진출지역(교회명)
아시아	필리핀	말라시키교회, 말롤로스교회, 문틴루빠교회, 바공실랑교회, 바니교회, 바이바이교회, 바콜로드교회, 바클라란교회, 바탕가스따나우안교회, 발렌수엘라교회, 보홀교회, 볼리나오교회, 빤디교회, 산타로사교회, 산타루시아교회, 산타마리아교회, 산타크루즈교회, 산토니뇨교회, 산파비안교회, 산호세델몬테교회, 샌나르시소교회, 샤톤교회, 세부교회, 쇼트오폴교회, 수빅교회, 술탄쿠다랏교회, 시루마교회, 시포콧교회, 씨잇교회, 아그노교회, 앙갓교회, 앙헬레스교회, 오캄포교회, 올티가스교회, 우밍간교회, 이리가교회, 이무스교회, 일라간교회, 일로일로교회, 카스틸레오스교회, 컨셉션교회, 퀘존교회, 퀘존북부교회, 퀘존서부교회, 탄자교회, 팔라완교회, 팔라완로하스교회, 팔라완퀘존교회, 팜플로나교회, 필리교회, 하구노이교회
	홍콩	홍콩교회
유럽	독일	도르트문트교회, 쾰른교회, 프랑크푸르트교회
	러시아	모스크바교회, 블라디카프카스교회, 상트페테르부르크교회, 트베리교회
	루마니아	나사웃교회, 비스트리차교회
	스페인	갈라파가르교회, 꼬자도비잘바교회, 꾸엥까교회, 따랑꼰교회, 라코루냐교회, 란사로테교회, 로께따스데마르교회, 마드리드교회, 마드리드동부교회, 말라가교회, 메리다교회, 무르시아교회, 바르셀로나교회, 발렌시아교회, 세고비아교회, 알메리아교회, 폰페라다교회
	영국	런던교회
	이탈리아	밀라노교회
	프랑스	파리교회
중동	터키	이스탄불교회

대륙	국가	진출지역(교회명)
아프리카	가나	아크라교회
	카메룬	야운대교회
	케냐	나이로비교회
북아메리카	미국	LA교회, LA중앙교회, LA코로나교회, 괌교회, 남버지니아교회, 남일리노이교회, 뉴욕교회, 뉴저지교회, 달라스교회, 덴버교회, 라스베가스교회, 러튼(오클라호마)교회, 미시간교회, 새크라멘토교회, 샌안토니오교회, 시애틀교회, 시카고교회, 아틀란타교회, 에쉬빌교회, 워싱턴교회, 콜로라도교회, 하와이교회, 휴스턴교회
	캐나다	몬트리올교회, 밴쿠버교회, 캘거리교회, 토론토교회
남아메리카	도미니카공화국	산티아고교회
	멕시코	과달라하라교회, 과야메오교회, 그라할레스교회, 까르데나스교회, 까르멘교회, 깜뻬체교회, 께레따로교회, 꼬랄데뻬에드라교회, 노갈레스교회, 두랑고교회, 떼시우뜰란교회, 떼우아깐교회, 라글로리아교회, 메리다교회, 멕시코선교센타교회, 멕시코시티교회, 멘도사교회, 몬테레이교회, 미나띠틀란교회, 베라크루즈교회, 빅토리아교회, 빌라헤르모사교회, 빠추카교회, 뻬로떼교회, 뿌에블라교회, 사군교회, 산안드레스교회, 산파블로교회, 살떼뻭교회, 손골리까교회, 아카풀코교회, 야우떼뻭교회, 에까떼뻭교회, 에르모시요교회, 에스까르세가교회, 오리사바교회, 오메떼뻭교회, 오하까교회, 이쓰깔리교회, 치말루아깐교회, 치와와교회, 코르도바교회, 쿠아지교회, 쿠에르나바카교회, 쿨리아칸교회, 탐피코교회, 테픽교회, 토레온교회, 톨루카교회, 툭스틀라교회, 티후아나교회, 할라파교회, 후치딴교회
	베네수엘라	마라카이교회, 카라카스교회

대륙	국가	진출지역(교회명)
남아메리카	볼리비아	꼬차밤바교회, 꼼뻬교회, 라파스교회, 산타크루스교회, 세하교회, 수크레교회, 알또교회, 오루로교회, 트리니다드교회
	브라질	브라질리아교회, 상파울로교회, 수자누교회
	아르헨티나	부에노스아이레스교회
	에콰도르	과야낄교회, 과야낄수르교회, 까얌베교회, 깔데롱교회, 꼴리메스교회, 꾸엔카교회, 다울레교회, 두란교회, 리오밤바교회, 마카스교회, 바바오요교회, 바예데키토교회, 빈센스교회, 빠항교회, 빨랑께교회, 빼드로까르보교회, 뿌요교회, 산타루시아교회, 산토도밍고교회, 아마존_까야멘사교회, 아마존_꾸안꾸아교회, 아마존_디에즈데아고스토교회, 아마존_라우니온교회, 아마존_마시엔트교회, 아마존_마쿰마교회, 아마존_벨렌교회, 아마존_비수윗교회, 아마존_사운스교회, 아마존_산까를로스교회, 아마존_산테레시타교회, 아마존_산티악교회, 아마존_산후안교회, 아마존_세비야교회, 아마존_싸심교회, 아마존_아마조나스교회, 아마존_아유피교회, 아마존_우얌보야교회, 아마존_이비아교회, 아마존_차핀사교회, 아마존_추위타요교회, 아마존_춤피교회, 아마존_치키친넨샤교회, 아마존_캄포야유이교회, 아마존_코파타사교회, 아마존_쿠차엔사교회, 아마존_키루바교회, 아마존_틴치교회, 아마존_파브로섹스토교회, 에스메랄다스교회, 키토교회, 키토수르교회, 포르또비에호교회
	칠레	떼무꼬교회, 산티아고교회, 안토파가스타교회, 이끼께교회, 카라마교회, 코피아포교회

대륙	국가	진출지역(교회명)
	코스타리카	과뻴레스교회, 띠바스교회, 리베리아교회, 사라삐끼교회, 산라몬교회, 산호세교회
	콜롬비아	보고타교회
	쿠바	카마궤이교회, 피나르델리오교회
	파나마	파나마시티교회
	파라과이	루케교회, 밍가구아수(선교원)교회, 시우다드델에스테교회
	페루	리마교회, 아레키파교회, 우루밤바교회, 이까교회, 침보떼교회, 쿠스코교회, 트루히요교회
오세아니아	오스트레일리아(호주)	멜버른교회, 브리즈번교회, 시드니교회, 캔버라교회

출처: http://www.jbch.org/kor/world/index.php?sCode=10r14r14 (국가명: 대륙별 가나다 순)

2) 해외 포교활동

(1) 성경강연회

생명의말씀선교회 대표 이요한씨를 비롯한 소속 목사와 전도사들은 해외 지교회에서 6박 7일 동안 성경강연회를 개최한다. 2017년 현재 87회의 해외 지역 성경강연회를 진행했다.

(2) 단기선교

생명의말씀선교회는 소속 교역자를 중심으로 2~4주간의 단기선교를 진행한다. 생명의말씀선교회의 세계선교 world.jbch.org 게시판은 단기선교 일정을 월간보기와 연간보기로 나누어 기간과 파견 국가에 대한 상세 정보 및 선교후기를 제공한다. 단기선교에서는 현지인을 대상으로 전도집회를 열고 교리를 전한다. 2017년 현재 134회의 단기선교를 진행했다.

기쁜소식선교회 (박옥수)

기쁜소식선교회는 아시아, 오세아니아, 남아메리카, 북아메리카, 유럽, 아프리카 6대륙을 13개 권역으로 세분화하고 154개 해외 지교회를 세웠다. 해외 지 교회를 중심으로 산하 단체 IYF는 월드캠프, 글로벌캠프, 의료봉사, 문화행사 등을 통해 한국 유학생 및 현지인들을 포교한다. 또 홈페이지 goodnews.or.kr에는 영어, 스페인어, 독일어, 중국어, 일본어, 포르투칼어, 필리핀어, 헝가리어, 베트남어, 프랑스어, 몽골어, 러시아어 등의 외국어를 지원해, 13개 국어로 기쁜소식선교회의 소식 및 박옥수씨의 성경강연을 접할 수 있도록 하고 있다.

1) 해외 지교회 현황

기쁜소식선교회의 해외 지교회 현황은 다음과 같다.

대륙	국가명	교회명
아시아	네팔	카트만두교회
	대만	타이베이교회, 까오슝교회, 타이중교회
	라오스	비엔티안교회
	몽골	기쁜소식울란바토르교회, 기쁜소식에르데넷교회, 기쁜소식다르한교회
	베트남	기쁜소식다낭교회
	스리랑카	기쁜소식네곰보교회
	싱가포르	싱가포르교회
	일본	동경은혜교회, 오사카교회, 야마가타교회, 큐슈교회, 히로시마교회, 치바교회, 시즈오카교회, 나고야교회, 히메지교회, 사이타마교회
	카자흐스탄	알마티교회, 탈디코르간교회, 누르술탄교회
	캄보디아	기쁜소식프놈펜교회

대륙	국가명	교회명
아시아	키르기스스탄	비슈케크교회
	타이(태국)	기쁜소식방콕교회, 기쁜소식치앙마이교회
	타지키스탄	두샨베교회
	필리핀	기쁜소식케존교회, 기쁜소식세부교회, 기쁜소식파사이교회, 기쁜소식다바오교회, 기쁜소식타굼교회
	홍콩	기쁜소식홍콩교회
유럽	독일	프랑크푸르트교회, 괴팅겐교회, 뒤셀도르프교회, 베를린교회, 레겐스부르크교회
	러시아	기쁜소식모스크바교회, 기쁜소식상트페테르부르크교회, 기쁜소식하바롭스크교회, 기쁜소식이르쿠츠크교회, 기쁜소식블라디보스톡교회, 기쁜소식이젭스크교회, 기쁜소식블라디카프카즈교회, 기쁜소식니즈니노브고라드교회, 기쁜소식옴스크교회, 기쁜소식뷔보르그교회
	루마니아	부쿠레슈티교회
	마케도니아	기쁜소식스코페교회
	불가리아	기쁜소식플로브디브교회
	스페인	마드리드교회
	알바니아	기쁜소식티라나교회
	영국	런던교회
	오스트리아	비엔나교회
	우크라이나	기쁜소식키예프교회, 기쁜소식하리콥교회, 기쁜소식오데사교회
	이탈리아	기쁜소식로마교회
	체코	프라하교회
	포르투갈	리스본교회
	폴란드	바르샤바교회
	프랑스	파리교회
	핀란드	헬싱키교회
	헝가리	부다페스트교회

대륙	국가명	교회명
중동	터키	이스탄불교회
아프리카	가나	기쁜소식테마교회, 기쁜소식레곤교회, 기쁜소식아크라교회
	가봉	기쁜소식리브르빌교회
	감비아	반줄교회
	기니	기쁜소식코나크리교회
	나미비아	빈트후크교회
	나이지리아	기쁜소식라고스교회
	남아프리카공화국	기쁜소식요하네스버그교회, 기쁜소식케이프타운교회, 기쁜소식더반교회
	라이베리아	몬로비아교회
	레소토	기쁜소식마세루교회
	르완다	기쁜소식키갈리교회
	말라위	기쁜소식릴롱궤교회, 기쁜소식블랜타이교회
	말리	바마코교회
	모잠비크	마푸토교회
	베냉	기쁜소식코토누교회, 기쁜소식깔라비교회
	보츠와나	가보로네교회
	부룬디	기쁜소식부줌부라교회
	부르키나파소	기쁜소식파소와가두구교회
	세네갈	기쁜소식다카르교회
	시에라리온	프리타운교회
	앙골라	기쁜소식루안다교회
	에스와티니	기쁜소식만지니교회
	에티오피아	아디스아바바교회, 아와사교회, 메켈레교회, 짐마교회
	우간다	기쁜소식캄팔라교회, 기쁜소식은틴다교회
	잠비아	기쁜소식루사카교회, 기쁜소식키트웨교회, 기쁜소식리빙스톤교회, 기쁜소식칠랑가교회
	중앙아프리카공화국	기쁜소식방기교회
	짐바브웨	하라레교회

대륙	국가명	교회명
아프리카	카메룬	기쁜소식야운데교회
	케냐	기쁜소식나이로비교회, 기쁜소식키텡겔라교회, 기쁜소식나쿠루교회, 기쁜소식키수무교회, 기쁜소식몸바사교회
	코트디부아르	기쁜소식아비장교회
	콩고공화국	기쁜소식브라자빌교회
	콩고민주공화국	킨샤사교회
	탄자니아	기쁜소식다르에스살람교회, 기쁜소식아루샤교회
	토고	기쁜소식로메교회
북아메리카	미국	기쁜소식뉴욕교회, 기쁜소식맨하탄교회, 기쁜소식브롱스뉴욕교회, 기쁜소식브룩클린뉴욕교회, 기쁜소식애틀랜타교회, 기쁜소식필라델피아교회, 기쁜소식시카고교회, 기쁜소식워싱턴교회, 기쁜소식멤피스교회, 기쁜소식미네아폴리스교회, 기쁜소식올랜도교회, 기쁜소식뉴저지교회, 기쁜소식디트로이트교회, 기쁜소식인디아나폴리스교회, 기쁜소식마이애미교회, 기쁜소식뉴올리언즈교회, 기쁜소식잭슨빌교회, 기쁜소식플러싱뉴욕교회, 기쁜소식버팔로교회, 기쁜소식보스턴교회, 기쁜소식포트웨인교회, 기쁜소식도라빌교회, 기쁜소식시라큐스교회, 기쁜소식알바니교회, 기쁜소식LA교회, 기쁜소식LA중국인교회, 기쁜소식LA스페니쉬교회, 푸에르토리코기쁜소식교회
	캐나다	기쁜소식위니펙교회, 기쁜소식토론토교회, 기쁜소식오타와교회, 기쁜소식벤쿠버교회, 기쁜소식타코마교회, 기쁜소식앨버커키교회, 기쁜소식댈러스교회, 기쁜소식산호세교회, 기쁜소식산호세스페니쉬교회, 기쁜소식라스베가스교회, 기쁜소식솔트레이크교회, 기쁜소식오렌지카운티교회, 기쁜소식앵커리지교회, 기쁜소식엘파소교회

대륙	국가명	교회명
북아메리카	캐나다	기쁜소식포틀랜드교회, 기쁜소식덴버교회, 기쁜소식캔사스교회, 기쁜소식캔사스교회, 기쁜소식하와이교회, 기쁜소식휴스턴교회, 기쁜소식샌프란시스코교회, 기쁜소식피닉스교회, 기쁜소식새크라멘토교회, 기쁜소식오클라호마교회, 기쁜소식샌안토니오교회, 기쁜소식스프링필드교회, 기쁜소식오마하교회
남아메리카	과테말라	기쁜소식교회
	도미니카	기쁜소식산티아고교회
	멕시코	기쁜소식멕시코시티교회
	볼리비아	기쁜소식산타크루즈교회
	브라질	기쁜소식상파울루교회, 기쁜소식포르투알레그레교회, 기쁜소식리오데자네이루교회
	아르헨티나	기쁜소식부에노스아이레스교회
	아이티	기쁜소식교회, 기쁜소식까이교회
	에콰도르	기쁜소식키토교회
	온두라스	온두라스교회
	우루과이	기쁜소식몬테비데오교회
	자메이카	기쁜소식킹스턴교회
	칠레	기쁜소식산티아고교회
	코스타리카	기쁜소식산호세교회
	콜롬비아	기쁜소식보고타교회, 기쁜소식이바게교회
	트리니다드토바고	기쁜소식교회
	파나마	파나마교회
	파라과이	기쁜소식아순시온교회
	페루	기쁜소식리마교회, 기쁜소식초시카교회, 기쁜소식산타아니타교회
오세아니아	뉴질랜드	기쁜소식오클랜드교회, 기쁜소식왕가레이교회
	바누아투	기쁜소식포트빌라교회
	솔로몬제도	기쁜소식호니아라은혜교회

대륙	국가명	교회명
오세아니아	오스트레일리아(호주)	기쁜소식시드니은혜교회, 기쁜소식멜버른은혜교회, 기쁜소식타운스빌교회, 기쁜소식브리즈번교회
	키리바시공화국	기쁜소식타라와교회
	파푸아뉴기니	파푸아뉴기니교회
	피지	기쁜소식수바교회, 기쁜소식라우토카교회

출처: https://goodnews.or.kr/address/worldwideWeb (국가명: 대륙별 가나다 순)

2) 해외 포교활동

(1) 박옥수씨 성경세미나

박옥수씨는 국내에서와 마찬가지로 해외에서도 정기적으로 성경세미나를 열고 있다. 국내 세미나 형식 그대로 2~3일간 하루 두 번에 걸쳐 박옥수씨가 성경 강연을 하고 강연 후 각종 신앙상담을 해 준다며 기쁜소식선교회 측의 교리를 전한다. 박옥수씨의 해외 성경세미나에는 기쁜소식선교회 소속 그라시아스 합창단, 리오몬따냐 연주단 등이 함께 참여해 문화 행사로 접근하며 사전에 각국의 라디오, TV, 신문광고, 전단지 등을 활용해 홍보한다.

(2) 굿뉴스코(Good news corps) 해외봉사단

IYF는 2002년 시작한 "현장체험학습" 프로그램을 2005년 "굿뉴스코 해외봉사단"으로 개정했다. 굿뉴스코 해외봉사단은 IYF 측의 훈련을 받으면 지원한 나라에 1년 동안 파견돼 해외 현장체험을 할 수 있다며 일반 대학생 및 청년들을 모집한다. IYF 측의 훈련을 받은 사람들은 왕복 비행기 값과 개인 경비만 본인이 부담하고 숙식은 기쁜소식선교회의 현지 지교회에서 제공한다. 현지에서는 오지여행, 어린이 선교, 문화교류

굿뉴스코해외봉사단 홍보 및 활동모습 (출처: goodnewscorps.com)

활동, 캠퍼스 사진전, 의료 봉사, 영어 보급 활동 등을 통해 현지인들과 교류한다고 홍보한다. 굿뉴스코 해외봉사단은 아시아 13개국, 유럽 22개국, 아프리카 30개국, 북아메리카 2개국, 남아메리카 17개국, 오세아니아 5개국으로 파견되었다. 2017년 현재까지 IYF 자체 추산 결과 국내 431개 대학, 전 세계 89개국, 6091명으로 집계됐다. 다음은 굿뉴스코 해외봉사단 지부가 있는 해외지역 현황이다.

대륙	국가 및 지역
아시아	네팔, 대만, 라오스 말레이시아, 몽골, 미얀마, 베트남, 스리랑카, 싱가포르, 인도, 오만, 일본, 중국, 캄보디아, 타이(태국), 필리핀, 홍콩
유럽	네덜란드, 독일, 러시아, 루마니아, 마케도니아, 불가리아, 스위스, 스페인, 알바니아, 영국, 오스트리아, 우즈베키스탄, 우크라이나, 이스라엘, 이탈리아, 체코, 카자흐스탄, 크르기스스탄, 타지키스탄, 터키, 포르투갈, 폴란드, 프랑스, 핀란드, 헝가리
아프리카	가나, 가봉, 감비아, 기니, 나미비아, 나이지리아, 남아프리카공화국, 라이베리아, 레소토, 르완다, 말라위, 말리, 모잠비크, 베냉, 보츠와나, 부룬디, 부르키나파소, 세네갈, 시에라리온, 에티오피아, 콩고민주공화국, 탄자니아, 토고

대륙	국가 및 지역
북아메리카	미국, 캐나다
남아메리카	과테말라, 도미니카공화국, 멕시코, 베네수엘라, 볼리비아, 브라질, 아르헨티나, 아이티, 온두라스, 우루과이, 에콰도르, 자메이카, 칠레, 코스타리카, 콜롬비아, 파나마, 파라과이, 페루, 푸에르토리코
오세아니아	뉴질랜드, 바누아투, 솔로몬제도, 오스트레일리아(호주), 키리바시, 피지

출처: https://www.goodnewscorps.com/dispatch (국가명: 대륙별 가나다 순)

(3) IYF 월드문화캠프

IYF는 대학생들을 대상으로 월드문화캠프를 진행한다. 월드문화캠프는 "차세대 지도자로서 갖춰야 할 리더십 훈련을 통해 강한 마음을 가진 젊은 인재를 양산하는 목적"이라고 소개한다. 2001년 참가국 및 인원이 27개국 884명으로 시작된 월드문화캠프는 2016년에는 74개국 3029명으로 매년 늘고 있다. 행사는 매년 7월 중에 부산BEXCO, 김천IYF센터, 영동IYF캠프장 등에서 진행한다.

(4) 국제마인드교육원

올바른 인성과 마인드를 바탕으로 인생의 문제를 극복시키겠다는 취지로 세워진 국제마인드교육원. 2013년 설립된 이 단체 역시 기소선 유관기관이며, 이름과 같이 마인드교육을 주력으로 밀고 있다. 기소선 대표 박옥수 역시 마인드 강사로 활동하고 있다. 이들은 종교적인 색채를 숨기고 해외 주요 기관 및 공공기관에 접근하고 있으며, MOU를 맺는 방식으로 연결고리를 강화하고 있다. 그간 기쁜소식선교회 측이 해외 봉사를 실시하며 국가 고위 관계자들과 친분을 맺어와 보다 수월하게 진행되고 있다는 평이 지배적이다. 실제로 2022년 4월 기준 국제마인드교육

북미월드캠프와 런던월드캠프 홍보물

원 홈페이지에 따르면, 유럽 638회, 아시아 1948회, 서아프리카 607회, 동아프리카 618회, 오세아니아 141회, 북아메리카 400회, 중앙아메리카 169회, 남아메리카 359회의 활동을 했다.

(5) 세계기독교지도자모임(CLF)

CLF는 기쁜소식선교회 대표 박옥수가 설립한 것으로, 이름과 같이 범세계적 기독교 지도자들의 모임을 표방해 활동한다. CLF 측은 기소선과 무관한 단체라고 주장하나, 설립자 박옥수의 아들 박영국이 총재로 있는 점, 기소선 홈페이지 내 CLF 홈페이지 링크가 게재되어 있는 점, CLF 홈페이지 내 소개된 신앙서적에 박옥수의 저서만 있는 점 등을 고려할 때 깊은 관계가 있음을 알 수 있다.

☐ 대처 노하우

올바른 구원관이 필요하다!
교단명만 알면 구원파 교회를 알 수 있다!
변치 않는 행사명을 기억하라!
언론, 기관, 사업체로 구별하라!

"구원에 대해 정확히 알고만 있어도
이단에 빠지지 않는다."
"구원에 대한 올바른 지식은 필수적이다."
"구원에 대한 지식이나 확신이 부족해
구원파에 빠지고 있다."

　　　　　　　　　　　구원파는 이름에서도 알 수 있듯이 비성경적인 구원관으로 이단으로 결의된 단체다. 우리나라에는 대표적으로 세 곳이 있다. 기독교복음침례회 교단명을 사용하는 유병언 구원파, 대한예수교침례회 생명의말씀선교회라는 교단명을 사용하는 이요한 구원파, 기쁜소식선교회라는 명칭을 사용하는 박옥수 구원파 이렇게 세 단체로 나뉜다. 이 단체들은 기성교회 성도들의 구원관을 흔들고 있다.

올바른 구원관이 필요하다!

　구원관을 바로 아는 것은 크리스천들에게 필수적인 요소이다. 구원관이 필요한 이유는 구원파를 대처하기 위함만이 아니다. 이단을 상담하는 이들에게 이단대처를 위한 방안을 물으면 교회차원에서는 이단강의 등을 통해 이단에 대해 바로 교육하는 것이라고 주장하며, 더불어 개개인에게는 올바른 구원관이 반드시 필요하다고 강조한다. 구원에 대해 정

서울시 용산구 한강로1가에 위치한 기독교복음침례회 서울교회 현판

확히 알고만 있어도 이단에 빠지지 않는다고 할 정도로 구원에 대한 올바른 지식은 필수적이다. 역설적으로 그만큼 성도들이 구원에 대한 지식이나 확신이 부족해 구원파에 빠지고 있다는 것이다. 구원파를 대처하기 위해서는 최소한 바른 구원관이 무엇인지 인지하고, 구원파의 구원관이 기성교회와 어떻게 다른지, 왜 잘못됐는지 구체적으로 알아야 한다. 최소한 "예수님께서 십자가에 못 박혀 죽으심으로 우리의 모든 죄를 사해 주셨으니 이제는 회개할 필요가 없다." "자신의 육적생일을 아는 것처럼 구원받은 영적생일도 알아야 한다."는 그럴듯한 구원파의 주장에 흔들리지 않을 정도의 수준에 이르러야 하겠다.

서울시 서초구 양재동에 위치한 기쁜소식강남교회

교단명만 알면 구원파 교회를 알 수 있다!

이 세 단체는 이들만의 교단명을 사용한다. 기성교회와 교단명이 달라 구별하기 쉽지만, 반대로 헷갈릴 수 있으니 정확하게 기억해야 한다. 이요한 측은 '대한예수교침례회'라는 교단명을 사용한다. 기성 교단의 '대한예수교장로회'와 '기독교한국침례회'를 섞어놓은 듯한 느낌을 준다. 유병언 측은 '기독교복음침례회'라는 교단명을 사용한다. 전국에 수많은 구원파 교회를 모두 알기는 어렵다. 그러나 이 두 가지 교단명만 안다면 쉽게 대처할 수 있다.

경기도 안양시 동안구에 위치한 서울중앙교회

변치 않는 행사명을 기억하라!

　세 구원파는 정기적, 비정기적인 행사나 집회를 꾸준히 열고 있다. 그 행사명이 변하지 않고 있어 분별하기가 더욱 쉽다. 단, 그 행사명을 머리 속에 기억하는 수고가 있어야 한다. 세 구원파가 어떤 행사를 열고 있는지 알아보자. 먼저 박옥수 구원파는 여름과 겨울을 이용한 수양회, 세계화에 발맞춘 굿뉴스코 해외봉사단, 월드문화캠프, 세계문화체험박람회, 세계대회가 있다. 또 매년 두 차례 올림픽경기장에서 성경세미나를 하고, 전국 각 지역에서 크고 작은 성경세미나가 있다. 다양한 계층을 타깃으로 한 마인드강연도 진행한다. 영어를 이용한 행사도 여는데 무료 영어회화교실, 어린이영어캠프, 영어말하기대회가 그것이다. 기브온 인형극단, 리오몬따냐(통기타음악공연), 그라시아스 합창단의 공연 등 문화적인 행사도 하고, 대안학교 링컨스쿨을 주의해야 한다. 행사 종류가 많아 기억하기가 쉽지 않지만 대부분 주최하는 곳이 'IYF'나 '국제청소년연합'이니 유심히 살피면 구별하는 데에 도움이 될 것이다. 이요한 구원파는 박옥수 구원파와는 달리 복잡한 행사가 많지 않다. 전국 곳곳에서 열리는 '성경강연회'만 주의하면 된다. 유병언 구원파는 매년 여름수양회가 열리고 전국적으로 새신자 포교를 위해 전도집회를 하니 기억해야 한다.

언론, 기관, 사업체로 구별하라!

구원파에서 그들을 홍보하기 위해 언론을 이용하는 것은 당연하다. 책, 신문, 잡지를 비롯해 인터넷방송을 통해 지속적으로 자신들의 활동을 소개하며 긍정적으로 보도한다. 박옥수 구원파는 보통 '기쁜소식사'

박옥수씨의 저서 『회개와 믿음』

기쁜소식선교회 유관 잡지 「Tomorrow」

에서 관련 서적을 출판하고, 「주간 기쁜소식」, 「월간 기쁜소식」, 「Tomorrow」 등 정기적으로 잡지를 발간한다. 인터넷방송 'GNN방송'ignntv.com도 운영한다. 유병언 구원파는 기관이나 사업체를 운영하는 것으로 알려져 있다. 한국녹색회, (주)온나라유통, (주)세모를 비롯해 다정한 친구들, 청해진, 아해, 한국제약, 노른자, 한평신협 등에 관계된 사람들은 대부분 구원파 신도다.

자신들만이 구원받는다고 믿는 구원파. 이들을 대처하기 위해 가장 중요한 것은 올바른 구원관을 갖는 것이다. 성경에서 말하는 올바른 구원관만 있어도 구원파를 잘 대처할 수 있다. 더불어 구원파의 교단명, 행사명, 산하단체들의 이름과 활동까지 기억한다면 구원파의 어떤 미혹에도 흔들림 없이 올바른 구원의 길을 걸을 수 있을 것이다.

3

World Mission Society Church of God
하나님의교회 세계복음선교협회

□ 바로알자   □ 해외 활동 현황   □ 대처 노하우

□ 바로알자

안상홍은 누구인가?
하나님의교회는 무엇을 주장하는가?
하나님의교회 포교활동
하나님의교회 국내현황
하나님의교회 생명번호
하나님의교회 예식

"하나님의교회는
안상홍씨를 하나님,
장길자씨를 하늘어머니로 숭배하고 있다.
나아가 유월절과 안식일을 지켜야
구원받을 수 있다고 주장하고 있다."

하나님의교회 세계복음선교협회 총회장 김주철의 활발한 대외 활동으로 그 이미지가 수면 위로 부상하고 있다. 이로 인해 하나님의교회를 알지 못하는 일반인들은 이 단체를 사회봉사활동을 열심히 하는 건강한 교회로 오인하고 있다. 또한 하나님의교회는 '생명번호'가 부여된 신도 외에는 철저하게 내부 진입을 차단하고 있어, 기성 성도들조차 이 단체에 대한 정보를 제대로 파악하지 못하고 있다. 때문에 하나님의교회 포교에 무방비로 노출되는 사례가 빈번히 발생하고 있다. 하나님의교회는 어떤 단체인가?

안상홍은 누구인가?

안상홍씨는 1918년 1월 13일 전북 장수군 계남면 명덕리에서 태어났고, 1947년 7월 안식교에 입교했다. 1953년 안씨는 진리를 깨달았다며 재림 시기를 주장하는 "시기파"운동에 참여했다가 1962년 3월 17일 출

하나님의교회에서 하나님으로 믿는 안상홍씨

교 당했다. 이후 안씨는 23명의 안식교 교인과 함께 탈퇴해 1964년 4월 28일 부산에서 "하나님의교회 예수증인회"를 창설했고, 자신을 "육신을 입고 온 하나님, 보혜사 성령" 등으로 가르치기 시작했다. 이러한 가르침 때문에 안씨를 하나님으로 따르는 신도들은 안상홍의 이름으로 기도하고 침례를 베푼다. 하나님으로 자신을 신격화한 안씨는 1985년 2월 25일, 67세의 나이로 부산의 한 식당에서 식사 중에 뇌졸중으로 사망했다. 안씨 사후 안상홍증인회는 첫 부인을 하나님의 부인으로 섬기는 "새언약 유월절 하나님의교회"파와 장길자씨를 하나님의 부인으로 섬기는 파로 나누어졌으며 그외 몇몇 분파가 더 있는 것으로 알려지고 있다. 그 중 제일 큰 세를 갖춘 곳이 장길자씨가 "하늘어머니"로, 김주철씨가 총회장으로 있는 하나님의교회 세계복음선교협회이다. 장길자씨는 1981년 안씨를 통해

안상홍씨의 저서 『하나님의 비밀』

하나님의 신부로 택함 받았고, 신도들에게 "어머니 하나님"으로 칭송받고 있다. 1985년 3월 22일, 본부를 부산에서 서울로 옮긴 안씨의 추종자들은 단체명을 "하나님의교회 안상홍증인회"로 개칭했으며, 10월에는 관악구 봉천동으로 본부를 이전했다. 1988년, 1999년 등 계속되는 시한부종말설의 불발과 이로 인한 사회 비판적 여론을 의식, 지금의 하나님의교회 세계복음선교협회로 개칭해 활동하고 있다.

하나님의교회는 무엇을 주장하는가?

하나님의교회는 안상홍씨를 하나님으로 믿으며, 장길자씨를 하늘어머니로 숭배한다. 또 안상홍씨가 안식교 출신이기에 기초적인 교리 형태는 안식교와 유사하다. 이들은 유월절과 안식일을 지켜야 구원을 얻는다고 주장한다.

1) 재림 그리스도 안상홍 하나님

하나님의교회에서 안상홍씨를 하나님으로 믿는 이유는 다음과 같다.

▶ 예수님께서 어떻게 해서 다윗의 왕위역사 40년이 이루어질 것인가? 예수님은 30세에 침례 받으시고 겨우 3년 동안 실지 교훈으로 행하시고 복음을 전하시며 온 인류의 죄값으로 속죄 제물로 십자가에 희생되심으로 육신사업이 3년으로 끝마치셨다. 40년 역사가 겨우 3년으로 끝났으니 나머지 37년을 어떻게 처리해야 될 것인가? 이 37년이 마지막 때에 암행어사로 나타나셔서 37년 복음사업을 행하게 됨으로 40년의 예언이 성취될 것이다. 다윗왕의 40년 역사는 예언이 되어 예수님께서도 역시 육체로 오셔서 40년을 채우셔야 완전한 예언 성취가 된다. (『하나님의 비밀』, 안상홍, 79쪽)

예수님은 다윗의 위로 왔고, 다윗의 재위기간이 40년인데 반해 예수님은 3년밖에 일하지 못했기에 재림예수가 다시 와서 37년을 채워야 다윗의 재위기간 40년이 완성된다는 논리이다. 그렇다면 안씨가 주장하는 재림 예수는 누구인가? 안씨는 마지막 때에 잃어버렸던 절기(새언약)를 발견해 회복하는 사람이 성령이고 그 성령이 곧 육체로 오시는 예수라고 주장한다.

> ▶ 멜기세덱 당시에 떡과 포도주로 복을 빈 사람은 멜기세덱 뿐이었으며, 신약에도 떡과 포도주로 복을 빌어 주신분은 오직 예수님뿐이었다. 오늘날 유월절에 떡과 포도주로 제사드려 생명을 이어받는 교회는 오직 우리 교회뿐이다. (『하나님의 비밀』, 안상홍, 162쪽)
>
> ▶ 마지막 때에도 말씀이 육신이 되어 멜기세덱의 반차로 오셔서 우리 가운데 거하시게 되니 새 언약의 유월절 떡과 포도주로 생명을 주시게 됐다. (『하나님의 비밀』, 안상홍, 164쪽)

하나님의교회 총회장 김주철씨는 자신의 저서 『내 양은 내 음성을 듣나니』에서 마태복음 28장 19절 "아버지와 아들과 성령의 이름으로 세례를 주고"라는 말씀을 근거로 성령은 이름이 있는 인격체라고 주장하고 있다. 즉 안상홍이 바로 성령의 이름이라는 것이다.

결론적으로 이들의 주장은 마지막 때에 잃어버렸던 절기(새언약)를 발견해 회복한 사람은 성령이고 이 성령은 육체로 오는 예수이며 안상홍씨가 이 진리를 발견해 회복했기 때문에 약속된 성령, 육체로 온 예수라고 주장하는 것이다. 더 나아가 이들은 요한계시록 14장 2절 "많은 물소리 같고"의 물은 홍洪, "내게 들리는 소리는 거문고 타는 자들의 거문고 타는 것 같더라"에서 거문고 소리와 관계된 상商, 그리고 어린양이신 예수님은 안식일의 주인이므로 안安 등이 성경에 나타나 있고 이들을 모두 합치면 바로 "안상홍"이 된다는 억측을 진리인양 주장하고 있다.

2) 하늘어머니 장길자

하나님의교회는 하나님 형상 안에 남녀의 형상이 공존해 있고, 하와를 가리켜 재림 그리스도인 어린양의 아내를 표상하고 있다고 주장한다.

> ▶ 하나님이 "우리의 형상" 곧 "하나님의 형상"을 모델 삼아 그대로 창조하신 존재가 남자와 여자였다. 이는 곧 하나님의 형상 안에는 복수의 형상, 정확히 말하자면 남자의 형상과 여자의 형상이 존재하고 있다는 말씀이다. (『하나님의 부르심을 입은 자들』, 김주철, 186쪽)

> ▶ 아담은 오실자, 즉 재림 그리스도의 표상이었다. 그러므로 아담의 아내인 하와는 재림 그리스도이신 어린양의 아내를 표상하고 있다. (『하나님의 부르심을 입은 자들』, 김주철, 193쪽)

하나님의교회 성경 교재 『모세의 지팡이』에서는 "요한계시록 22장의 '신부'를 요한계시록 21장에서는 '하늘 예루살렘'이라고 했고, 갈라디아

하늘어머니라고 불리는 장길자씨

서 4장에서는 하늘 예루살렘을 '우리 어머니'라고 했다."며 "신부는 우리 어머니를 뜻한다."고 주장한다. 즉 이들이 말하는 "우리 어머니"는 안상홍씨가 하나님의 신부로 택한 장길자씨를 가리킨다.

이들의 주장처럼 "어린양의 아내" "신부" "새 예루살렘"은 "하늘어머니"를 가리키는 것인가? 진용식 목사는 『안상홍증인회의 실체는』에서 "에베소서 5장 22절부터 32절까지의 말씀의 '부부의 관계'는 예수 그리스도와 교회의 관계로 비유로 말하고 있다."며 그 의미를 밝혔다. 또 하나님의교회에서 "하늘어머니" 주장을 위해 택한 갈라디아서 본문 말씀에 대해 "유대교와 초대교회를 비교하는 비유"라며, "신약의 영적 성전 새 예루살렘은 하나님의 새로운 백성인 교회를 가리킨다."고 주장했다.

3) 유월절을 통한 구원

하나님의교회 신자들은 기성교회 성도를 포교할 때 "혹시 구원 받았는가?"라고 접근, 대상자가 구원 받았다고 대답하면 "유월절을 지키고 있는가?"라고 다시 되묻는다. 이처럼 하나님의교회에서 주장하는 구원의 조건은 "유월절" 준수 여부에 두고 있다.

- ▶ 오늘날 이 시대에도 유월절은 죄악에서 종노릇하는 우리들을 해방시켜 줄 것이며, 영원한 천국으로 인도하는 진리가 될 것이다. (『내 양은 내 음성을 듣나니』, 김주철, 79쪽)
- ▶ 유월절은 죽을 수 밖에 없는 우리 인생들에게 영원한 생명을 주기 위해 재정된 하나님의 계명이다. 예수님께서 영생을 얻으려면 유월절을 행하라고 가르쳐 주셨다. (『내 양은 내 음성을 듣나니』, 김주철, 82쪽)
- ▶ 우리는 죄와 사망의 법에서 해방됐다. 그것은 생명의 법, 즉 새 언약 유월절로 말미암아 성취되는 그리스도의 최고의 계명이며 규례를 통해 이루어졌다. (『내 양은 내 음성을 듣나니』, 김주철, 86쪽)

하나님의교회는 타락한 인류의 역사를 세 시대로 구분하는데 곧 성부, 성자, 성령의 시대라고 주장한다. 성부 시대에는 여호와 하나님이 구원의 주체로 유월절을 재정해 지키도록 명령해 이스라엘 백성을 구원하셨고, 성자 시대에는 예수께서 유월절 어린양으로 오셔서 예표된 절기를 그대로 이행함으로 구원의 길을 열어 놓으셨다. 또 예수께서 십자가에 돌아가시기 전 유월절을 성만찬으로 번역해 새 언약으로 세우셨고, 마지막으로 성령 시대에는 약속된 성령 곧 육체로 오신 예수(안상홍)께서 잃어버린 새 언약 곧 유월절을 회복하시게 되는데 이로 말미암아 구원이 완성된다고 주장한다.

하나님의교회의 주장처럼 유월절의 준수가 구원의 조건이 되는가? 이에 대해 진용식 목사는 『안상홍증인회의 실체는』에서 "유월절을 지켜서 죄사함을 받는 것이라면 성경에 죄사함 받은 수많은 사례들 중에 유월절을 지킴으로 죄사함 받은 사례가 있어야 한다."며 "신약성경 어디에도

하나님의교회 유월절 대성회에서 설교하는 김주철 총회장

유월절을 지킴으로 죄사함을 받은 기록은 없다."고 비판했다.

한편, 오늘날 한국교회에서는 유월절이 아닌 부활절을 지키며, 교회 절기 중 가장 중요 절기로 여긴다. 『예배학사전』에는 한국교회가 지키고 있는 "부활절" 절기가 유월절과 연관 있음을 밝히고 있다.

> ▶ 신약 시대의 교회가 부활절을 지키되, 그것은 고대 유월절과 아주 밀접한 관련이 있음을 알 수 있다. 즉 고대 유대인의 출애굽을 기념하는 유월절은 이제 그리스도이신 예수님 안에서 새롭게 완성되어 그리스도께서 십자가를 지심으로 죄와 죽음에서 놓여 난 부활절이라는 새로운 의미로 말하게 된 것이다. (중략) 다시 말하면 부활절은 그 당시에 여전히 살아 있던 고대 유월절을 번안한 것이라는 말이다. (『예배학사전』, 전장복 외, 132쪽)

4) 안식일 성수

안상홍씨는 안식교 출신이기 때문에 안식일에 대한 주장도 안식교와 같다.

> ▶ 마가복음 16장 9절에서 볼 수 있듯이 "안식 후 첫날"과 "일요일"은 같은 맥락에서 설명되고 있다. 안식 후 첫날이 일요일이라면 안식일이라는 단어를 토요일로 바꿔 대입시켜볼 때, 토요일 후 첫날은 일요일이라는 관계가 성립된다. (『내 양은 내 음성을 듣나니』, 김주철, 12쪽)

> ▶ 안식일은 예수님의 날이다. 그러면 일요일은 무엇인가? 그것은 태양을 신으로 섬기던 이교주의에서 기인된 태양신 숭배일이었다. (『내 양은 내 음성을 듣나니』, 김주철, 19쪽)

> ▶ 일요일에 하나님께 예배를 드리라는 제도를 법령화시킨 콘스탄틴 황제가 그 일요일을 "존엄한 태양의 날"이라고 한 것으로 보아 일요일이 태양신 예배일임을 잘 알 수 있다. (『내 양은 내 음성을 듣나니』, 김주철, 56쪽)

즉 구약시대는 물론 초대교회에서도 안식일을 지켰으나 A.D. 321년 콘스탄틴에 의해 일요일 예배로 변경되었다는 주장이다. 그러나 콘스탄틴 이전에도 주일(일요일)예배가 드려지고 있었다. 다음은 이에 대한 교회사적 증언들이다.

- ▶ 터툴리안: 주일에 그리스도인들은 주님의 부활을 기념해 모든 근심케 하는 일들을 삼가고 악마에게 빠지지 않기 위해 세상일을 잠시 제쳐놓아야 한다.
- ▶ 이그나시우스: 새로운 소망을 품고 있는 사람들은 더 이상 일곱째 날을 지키지 않으며 주일을 지키며 산다. 그 날에 우리의 생명이 그의 죽음에 의해 다시 소생함을 얻는다.
- ▶ 저스틴: 일요일은 모든 것이 새롭게 되는(고후5:17) 기념할 만한 날이었으며, 오늘날에도 그러하다. (중략) 여덟 번째 날(복음서에 의하면 첫날) 하나님은 그리스도를 죽음에서 일으키심으로 창조의 작업을 계속했다.

『예배학사전』에는 교회를 이스라엘과 그 사회의 나머지 다른 공동체들과 확실하게 구별지어 주는 것이 한 주간의 첫날에 드리던 예배라고 기술돼 있다. 이어 주일에 대해 "부활하신 주님께서 제자들에게 자신을 보여 주신 날이며, 그들과 함께 하나님 나라의 새로운 포도주를 마신 날" "예수님의 부활을 기념하며, 앞으로 오실 주님에 대한 소망을 품고, 그리스도인들이 한 자리에 모이는 날" "하나님의 말씀과 성례전을 통해 그리스도이신 예수님께서 예배하는 자들 가운데 실제로 임재하시며 이들과 교제하는 날"이라고 정리했다.

하나님의교회 포교활동

1) 적극적인 포교활동

하나님의교회 포교방법은 두 명씩 짝을 지어 각 가정집을 방문하거나 거리에서 설문지를 통한 설문조사식 포교를 한다. "하나님의교회"또는 "멜기세덱 성경연구원"이라는 명칭을 사용해 기성 교단의 교회인 것처럼 위장한다. "기독교 교리와 그 인지도에 대한 설문조사를 실시해 기독교 참 진리를 교육하는데 반영하고자 한다."며 접근, 설문지를 내밀어 응답해줄 것을 요구한다. 설문 내용은 "안식일" "크리스마스" "영혼" "구원" 등이 담겨 있고, 조금이라도 관심을 가지거나, 성경지식이 없다고 판단되는 사람을 집중적으로 포교한다. 최근에는 태블릿PC로 영상을 보여주며 설문조사를 한다.

2) 문서활동 및 UCC 동영상 유포

멜기세덱출판사는 인터넷 홈페이지에 "성경에 담겨진 인류를 향한 하나님의 사랑, 희생, 축복을 전 세계인들과 함께 나누기를 소망한다."고 소개하는 등, 기독교서적 출판사로 가장해 하나님의교회 교리가 담긴 책들을 출판하고 있다. 뿐만 아니라 어린이를 대상으로 자신들의 교리를 쉽게 전할 수 있도록 만화로 책을 만들어 판매하고 있다.

인터넷 포털사이트에 "하나님의교회"를 검색하면 하나님의교회 교리와 관련한 수많은 동영상들이 검색된다. 동영상은 누구나 쉽게 볼 수 있도록 설정해 놓고 있다. 하나님의교회 신도들은 동영상과 관련해 긍정적인 리플을 달아 일반인의 이목을 가리고, 기성 교인들의 믿음을 혼란케 하고 있다.

3) 하나님의교회 역사관

하나님의교회 역사관은 경기도 성남시 분당구 수내동에 위치한 하나님의교회 총회 본부 건물 4층에 있으며, 2006년 4월 7일 개관했다. 천상관을 시작으로 구약관, 신약관, 종교암흑관, 하늘아버지관, 하늘어머니관, 하나님의교회관, 미래관으로 이어지고, 영상관과 휴게실까지 총 10개 관으로 구성돼 있다. 하나님의교회 측은 역사관 안에 66권의 성경 기록이 고스란히 담겨 있어 일명 "눈으로 보는 성경"이라고 홍보하고 있지만, 각각의 "관" 명칭만 봐도 역사관은 하나님의교회 교리가 그대로 스며 있다. 김주철씨는 역사관 개관 후 국내 주요 언론단체를 초청해 기자간담회를 열어 하나님의교회 홍보성 기사를 보도케 했다.

4) 메시아 오케스트라

메시아 오케스트라는 창단부터 지금까지 연 30회가 넘는 오케스트라 연주 및 협연을 하는 등 왕성한 활동을 하고 있다. 또한 심장병 어린이 및 결손가정 어린이 돕기 연주회를 하며 대외적인 이미지 부각에 열을 올리고 있다. 그러나 메시아 오케스트라는 "우리를 불쌍히 여기옵소서" "모략을 세우셨도다" "하늘 어머니를 찬양하라" 등의 자체 작곡한 노래를 선보이는 등 하나님의교회 교리를 암암리에 전파하고 있다.

5) 샛별선교원

하나님의교회에서 운영하는 샛별선교원은 4세 미만반, 4세반, 5세반, 6세반, 7세반으로 나누어져 있으며, 각 반별로 다양하고 체계적인 교육 프로그램으로 진행돼 대외적인 이미지는 여느 기독교 부설 어린이 교육 기관과 비슷해 보인다. 그러나 샛별선교원은 안상홍을 하나님으로 가르

①, ②포교용 설문지, 전도지 ③하나님의교회 포교용 UCC 동영상
④하나님의교회 역사관 언론 홍보기사 ⑤메시아 오케스트라 인터넷 홈페이지 (출처: wmcmo.org)
⑥하나님의교회 봉사활동 ⑦샛별선교원 (출처: wmcsk.org) ⑧하나님의교회에서 받은 표창장

3. 하나님의교회 세계복음선교협회_바로알자 101

치고, 장길자를 하늘 어머니로 찬양하는 어린이 대상 전문 포교기관이 며, 이는 아이들을 대상으로 가르치는 노래에서도 확인된다. 다음은 "하나님의 은혜"라는 곡 가사다.

> ▶ 십자가 세우지 마세요 일요일도 거짓말예요 / 우리는 이 세상 교회 없는 어머니도 있죠 / 우리의 구원자 안상홍님도 계신답니다 / 안! 상! 홍! 님! 믿어야 하늘나라에 가죠

6) 활발한 사회봉사활동

하나님의교회는 2001년 이후 자신들이 했던 봉사활동을 언제, 어디서, 어떻게 했는지 상세하게 홍보하고 있다. 이들의 활동 분야는 환경보호, 아동복지, 노인복지, 구호활동 등 광범위하게 걸쳐있으며, 이러한 대외적인 봉사활동으로 대통령표창을 비롯해 국무총리표창, 시장표창 등 수많은 상을 받았다. 하나님의교회는 수상 내역들을 인터넷 홈페이지에 공개해 자신들의 공적을 치하하며, 공신력을 나타내고 있다. 이뿐 아니라 몇몇 언론에서는 이들의 봉사활동을 지속적으로 보도해 마치 한국교회를 대표한 사회에 귀감을 보여주는 교회로 이미지를 포장하고 있어 한국교회의 심각한 문제가 되고 있다.

7) 우리 어머니 전시회

'우리 어머니'는 2013년 서울강남하나님의교회에서 글과 사진을 전시하는 행사로 시작했다. 따뜻하고 그리운 어머니를 기억할 만한 추억의 물건을 전시했다. 배냇저고리, 도시락 가방, 대바구니 등 어려운 시절 어머니의 사랑, 정성, 희생을 떠올리게 하는 물건이다. 전시회는 2019년

60회를 돌파했고, 각 지역에 위치한 하나님의교회에서 전시회가 열리고 있다. 코로나 이후에는 홈페이지를 통한 전시관 가상체험을 진행하고 있다. 전시회를 통해 신도들은 자신의 어머니에 대한 사랑과 희생을 떠올리며 장길자 어머니와 오버랩 된다. 장길자에 대한 감사와 믿음, 하나님의교회에 대한 충성심과 결집력을 높이는 기회가 되고 있다. 전시회는 하나님의교회에서 진행해, 일반 사람들이 하나님의교회에 가는 문턱을 낮추는 역할을 한다.

8) 아세즈(ASEZ)

ASEZ는 하나님의교회 소속 대학생 봉사단체로 'Save the Earth from A to Z 처음부터 끝까지 지구를 구하자'라는 뜻을 담고 있다고 한다. 홈페이지를 통해 "어머니의 사랑, 그 따뜻함을 전 세계에 전합니다"라며 어려운 이웃과 세계에 어머니의 사랑을 전하는 단체라고 소개한다. 2015년부터 활동을 시작한 ASEZ는 학교 건축, 거리정화활동, 요양원 봉사활동 등 사회복지, 환경보호, 의식증진, 긴급구호 활동을 해왔다. ASEZ는 여러 대학교, 해외 단체와 MOU를 체결하며 국내뿐만 아니라 국외에서도 꾸준히 활동을 이어가고 있다.

9) 아세즈 와오(ASEZ WAO)

ASEZ WAO는 하나님의교회 소속 직장인청년봉사단체다. 'Save the Earth from A to Z 처음부터 끝까지 지구를 구하자'와 'We Are One 우리는 하나'의 약자로 "우리 모두가 하나 되어 처음부터 끝까지 세상을 구하자"라는 뜻이다. 소개 책자를 통해 "어머니의 사랑으로 인류가 행복한 세상을 만들고, 지구촌의 지속 가능한 발전과 평화를 구현한다"며 설립 목적을 밝혔다. ASEZ WAO는 긴급구호, 빈곤·기아해소, 물·위생보장, 복지증진, 교육지원, 건강보건, 범죄예방, 환경보전의 활동을 하고 있다. 국내외 리더들과 간담회를 가졌으며 여러 기관과 MOU 체결을 통해 단체를 홍보한다.

하나님의교회 국내현황

하나님의교회는 세계 175개국 7500여 교회 300만 성도, 국내에는 400여 교회가 있다고 홈페이지를 통해 주장하지만, 신도 수는 수십만 명 정도로 추산한다. 하나님의교회는 2000년 이후 단독 건물을 적극적으로 마련해 왔는데, 매입일 기준으로 2002년 1곳으로 시작해 2003년에서 2007년까지 5년 동안 한 해에 3~5곳의 건물을 매입했다. 2008, 2009년에는 각각 6곳, 2010년에는 9곳, 2011년에는 17곳, 2012년에는 20곳, 2013년에는 24곳, 2014년에는 19곳, 2015년에는 19곳, 2016년에는 11곳, 2017년에는 16곳, 2018년에는 12곳, 2019년에는 9곳, 2020년에는 4곳, 2021년에는 1곳으로 총 195곳에 단독 건물을 마련했다.

하나님의교회 생명번호

하나님의교회 관련 홈페이지도 일반적인 내용은 공개되어 있지만 내부 관련 자료는 반드시 로그인을 해야 한다. 회원 가입도 "생명번호"가 있어야 가능하다.

▶ 생명번호란?
하나님의교회 탈퇴자 증언에 따르면 하나님의교회는 생명책이 하늘에도 있듯이 지상에도 있고, 지상 생명책에 이름이 기록돼야 구원을 받는다고 주장하고 있다. 따라서 하나님의교회 신도들은 각각 "생명번호"를 부여받는다. 생명번호는 주민등록번호 체계와 흡사하며 다음과 같이 구성된다.
단위(소속 연합) – 년/월/일 – 성별구분 (남자는 1, 여자는 2) – 해당년에 침례받은 순서
생명번호를 부여받은 사람은 하나님의교회 관련 홈페이지에 가입할 수 있고, 하나님의교회 예배에 참석할 수 있다. 그러나 생명번호가 없는 사람은 하나님의교회 내부 진입이 불가능하다.

하나님의교회 예식

하나님의교회 예식 순서는 기성교회와 비슷하다. 묵상으로 시작해 기도와 찬양으로 이어지고, 이후 말씀이 선포된다. 말씀 선포가 끝나면 찬양과 헌금시간이 진행된다. 기성교회와 다른 점은 예배가 끝날 때 다음과 같이 하나님의교회 자체 기도문을 한다는 점이다.

▶ 하늘에 계신 아버지 안상홍님. 아버지께서 강림하실 날은 임박하였사오나 우리들은 아무 준비도 없사오니 아버지여 우리를 불쌍히 여기시고 아버지의 성령으로 말미암아 우리를 거듭나게 하사 아버지 강림하실 날에 부족함 없이 영접하게 하여 주시옵소서. 그리스도 안상홍님 이름으로 간구하옵나이다. 아멘.

하나님의교회는 예배가 마쳐짐과 동시에 영상을 보여준다. 해당 절기에 맞는 영상을 보여줄 뿐 아니라 종말에 관련된 영상도 자주 보여줌으로 신도들에게 임박한 종말을 은연중 강조한다. 하나님의교회 탈퇴자는 "2012년 영화가 나왔을 때 신도들에게 꼭 봐야할 영화라고 추천까지 했다."며 "종말을 대외적으로 공포하고 있지는 않지만 간접적으로 알리고 있다."고 증언했

1988년 종말을 주장했던 하나님의교회

다. 하나님의교회 "유월절 교리" 관련 영상에는 시종일관 끔찍한 재난을 비추고 있다. 홍수, 태풍, 지진, 폭염, 화제, 이상 기온, 토네이도, 싸이클론 등 자연 재해와 잔혹한 전쟁 영상을 보여줌으로 임박한 종말이 다가왔음을 알리며, 재난을 피할 길은 "유월절로 영생주고 천국으로 인도하는 하나님의교회"뿐이라고 강조하고 있다.

하나님의교회는 "안상홍"을 하나님으로, "장길자"를 하늘어머니로 신격화하기 위해 자의적으로 성경을 해석하고, 유월절과 안식일 교리를 강조, 임박한 종말을 은연중 증거해 신도들로 하여금 맹신의 길을 걷게 하고 있다. 나아가 적극적인 사회봉사활동과 재력을 바탕으로 이단 종파라는 오명에서 이미지를 개선시키려 하고 있고, 이를 위해 언론까지 동원하는 등 이들의 질주는 거침없이 감행되고 있다. 하나님의교회의 질주를 저지하기 위한 한국 기성 교단들의 연합적인 대처가 시급하다.

□ 해외 활동 현황

해외 포교활동

"하나님의교회는
해외 신도들이 한국을 직접 방문해
하나님의교회 교리를 배우게 하는 등의
포교활동을 하고 있다."

하나님의교회는 홈페이지에서 "해외 선교가 시작된 지 10년이 못되어 지구촌 곳곳에 세워진 하나님의교회"라고 홍보하며 아시아, 유럽, 아프리카, 아메리카, 오세아니아 등에 진출했다고 밝히고 있다.

해외 포교활동

하나님의교회는 공식 홈페이지 및 해외국 홈페이지를 활용한 온라인 포교를 비롯해 하나님의교회 해외 신도들이 한국을 직접 방문해 하나님의교회 교리를 배우게 하는 등의 포교활동을 하고 있다.

1) 하나님의교회 해외국

하나님의교회 해외국은 "생명번호"를 부여받은 하나님의교회 측 신도들에게 하나님의교회가 진출해 있는 국가 정보 및 해외뉴스, 생활정보,

유학정보, 여권·비자정보 등을 제공한다. 또 "외국어 진리교육"을 통해 국가별 현지 언어를 교육한다.

2) "해외 교회 뉴스"를 통한 포교

하나님의교회는 홈페이지 "해외 교회 뉴스" 코너를 통해 해외 신도들의 글을 게시하고 있다. 아메리카, 아시아, 유럽 등 하나님의교회가 진출해 있는 국가를 대륙 별로 나누어 해당 지역 신도들의 소식 및 글을 소개한다. 주로 "어머니를 향한 사랑과 그리움으로" "어머니의 부르심을 입은 예언의 주인공이 되어" "어머니는 진실로 사랑이시다" 등 "어머니 하나님"에 대한 내용이 대부분이다.

해외교회 뉴스   로그인을 요구하는 하나님의교회 해외국(wmcoverseas.org)   자료 열람을 위해 필요한 '생명번호'

3) 해외 신도들의 한국 방문

하나님의교회는 2001년 6월 미국 LA 하나님의교회 측 신도들의 한국 방문을 시작으로, 매년 수차례 해외 신도가 국내 하나님의교회를 방문하고 있다. 현재 70차례 이상의 방문이 이뤄졌다. 방문객의 나라는 미국, 호주, 뉴질랜드, 영국, 페루, 인도, 네팔, 브라질, 칠레, 아르헨티나, 러시아, 멕시코, 프랑스, 캐나다, 일본, 네덜란드, 독일, 남아프리카공화국, 베네수엘라, 아르헨티나, 우루과이, 스페인, 이탈리아, 아일랜드 등 넓게 고루 퍼져 있다. 해외 신도들은 유월절, 무교절, 부활절, 초막절 등 하나님의교회에서 지키는 절기에 맞춰 방문하거나, 여러 자체 행사가 열리는 날에 한국을 방문한다. 한국에서는 성경공부, 하나님의교회 역사관 관람, 새예루살렘 성전예배, 지역교회 및 연수원 방문, 각종 행사 참석, 한국 문화체험 등의 일정을 보낸다. 방문한 해외 신도들은 "어머니께서는 우리에게 사랑하는 법을 친히 보여주셨다", "문자적으로 알고 있던 아버지 어머니의 희생과 고통을 더욱 깊이 이해하게 되었다", "한국에 와서 내 모든 것이 달라졌다.", "눈이 열리고 귀가 열리고 마음이 열

외국어 성경발표축제 (출처: news.watv.org)

렸다", "하늘 어머니의 사랑은 말로 다 표현할 수 없다", "모든 일정이 어머니의 사랑을 느끼고 체험하는 시간이었다"라며 하나같이 장길자 하늘어머니에 대한 사랑을 느끼고, 더 충성을 다하겠다고 다짐하고 자신의 나라로 돌아간다.

하나님의교회 해외 교세가 확장되고 있다. 하나님의교회 해외 포교가 증가하는 데에는, 국내에서 마련되고 있는 "외국어 성경 발표대회" "외국어 진리교육" 등 하나님의교회 선교사 양성 프로그램과 해외 신도들의 한국 방문 행사 등이 적잖은 영향을 주고 있는 것으로 보인다. 한국교회는 하나님의교회의 이 같은 해외 교세 확장에 경각심을 갖고, 해외 주재 교포 및 외국인들이 더는 "어머니 하나님"에 미혹되지 않도록 정보 교류 네트워크 등의 실질적 대책을 마련해야 한다.

□ 대처 노하우

설문지로 포교하는 하나님의교회
침례를 강조하는 하나님의교회
언론을 이용하는 하나님의교회
봉사활동을 내세우는 하나님의교회

"'좋은 사람'으로 비춰지는
사람들도 있지만,
이들이 이단인 것은
바로 하나님의 말씀을 바로 믿지 않고
왜곡하고 있다는 점임을
잊지 말아야 한다."

주변에서 많이 만나는 이단 중에 하나가 바로 하나님의교회다. 어머니 하나님, 토요일 안식일, 십자가 우상, 종말론 등의 주장으로 잘 알려진 하나님의교회 신도들은 포교에 열의를 보인다. 하나님의교회의 포교방법을 통해 분별과 대처방법을 알아보자.

설문지로 포교하는 하나님의교회

하나님의교회는 설문조사를 한다며 포교한다. 대부분의 설문지는 비슷한 내용을 담고 있어 분별하기 쉽다. 설문조사를 주관하는 곳은 세계복음선교협회, 멜기세덱성서연구원 그리고 엘로힘아카데미이다. 설문내용은 "안식일은 무슨 요일인가?" "십자가에 대해 어떻게 생각하는가?" "성탄절은 12월 25일인가?" "유월절을 지키고 있는가?" "하늘 어머니는 누구인가?" 등 하나님의교회 주요 교리를 설명하기 위한 질문으로 이루어져 있다.

하나님의교회 설문지

먼저 설문조사를 주관하는 곳의 명칭을 기억한다면 쉽게 분별할 수 있다. 또 설문조사자의 말이나 설문지에 안식일, 십자가, 성탄절, 유월절, 하늘어머니 등의 단어가 등장한다면 하나님의교회임을 인식하고 그 자리를 피하는 것이 좋은 대처방법이다. 최근에는 태블릿PC 동영상을 보여주며 설문을 요청하는 방법을 사용하고 있으니 기억해야 한다.

침례를 강조하는 하나님의교회

하나님의교회 신도들은 포교할 때 침례를 주려고 노력하는 특징이 있다. 포교를 위해 기성교회의 잘못된 점을 꼬집고 하나님의교회를 홍보하면서 마지막에는 반드시 침례를 받아야 한다고 강조한다. 하나님의교회는 "하나님을 알고 나서 침례를 받아야 된다고 주장하는 것은 하나님께서 세우신 순서를 역행하는 것"이라고 믿고 있어 바로 침례를 준다. 포교를 하면서 침례를 주는 이단은 하나님의교회가 유일하다. 하나님의교회가 진리라고 설명한 후 침례를 꼭 받자며 하나님의교회 목회자를 불러 침례를 준다.

이런 과정을 거치는 곳이 바로 하나님의교회라는 이단이다. 침례를 받았다는 사람들은 대부분 '얼떨결에' 받았다고 고백한다. 주변 분위기에 이끌려 거절하지 못했다는 것이다. 침례를 주려는 곳이 있다면 그곳이 하나님의교회임을 기억하자. 분위기에 휩싸이지 말고 침례를 거부하겠다는 의사를 강하게 표현하자.

언론을 이용하는 하나님의교회

하나님의교회는 언론에 보도되는 횟수가 적지 않다. 신문, 잡지, 방송 등 여러 언론에서 하나님의교회의 홍보를 접할 수 있다. 또 이러한 기사들은 그들의 포교에 재사용되면서 포교도구로 활용된다.

잡지에 게재된 하나님의교회 기사

하나님의교회 홈페이지에 의하면 2010년 11월 24일 현재 하나님의교회 관련 기사가 신문에 776회, 잡지에 21회, TV에 36회, 인터넷에 78회 보도됐다며 그 내용을 올려놓았다. 이러한 보도는 하나님의교회의 이미지에 긍정적인 영향을 미치고 있다. 하지만 종교의 자유가 있는 대한민국에서 이단들의 활동이 언론에 보도되는 것을 막는 것은 불가능하다. 하나님의교회 홍보 패턴은 다음과 같다. 첫째, 지역 사회 봉사활동을 한 후, 그 내용을 상대적으로 통제가 용이한 지역 언론을 통해 기사화한다.

둘째, 해당 기사를 가지고 지역 공공기관을 찾아가 상장 수여를 요청한다. 주민 선거로 구성되는 지방자치단체들이 이를 거절할 명분을 갖기 어렵다는 것을 하나님의교회는 충분히 인지하고 있기 때문이다. 셋째, 수상 내용을 보도 자료로 배포하여 다시 기사화하거나, 자신들의 인터넷 홈페이지와 신도들의 블로그에 올려 선전한다. 넷째, 이를 밖으로는 포교에 적극적으로 활용하고, 안으로는 반대하는 신도들의 가족을 안심시키고 설득하는 데 사용한다. 이 과정을 국내외에서 반복하며 주변 사회에 성공적인 정착을 시도하고 있다.

먼저 언론에도 이단들의 활동이 다양하게 홍보될 수 있다는 사실을 담담하게 받아들여야 한다. 하나님의교회가 아무리 많은 언론에 등장해 긍정적인 보도가 나더라도 이단임을 잊지 않는 것이 무엇보다 중요하다.

봉사활동을 내세우는 하나님의교회

하나님의교회는 수상내역을 홍보하며 포교한다. 대통령, 장관, 시장 등 각계각층 인사와 기관에서 훈장, 표창, 감사패를 받았다. 대부분 봉사활동으로 받은 것들이다. 물론 봉사활동을 잘하는 것을 탓할 수 없다. 하지만 봉사활동을 잘한다고 이단의 굴레를 벗을 수는 없다.

이단들 중에는 '좋은 사람'으로 비춰지는 사람들도 있지만, 이들이 이단인 것은 바로 하나님의 말씀을 바로 믿지 않고 왜곡하고 있다는 점임을 잊지 말아야 한다. 이단을 결의하는 가장 중요한 기준이 사회·윤리적인 부분이 아닌, 성경을 올바로 믿고 가르치는 것임을 알아야 한다. 봉사활동을 잘하는 것이 이단을 결의하는 것과는 관계가 없음을 기억하자.

하나님의교회는 봉사활동으로 만들어진 좋은 이미지와 그 내용이 언론에 보도되어 믿지 않는 사람들에게 좋은 단체로 인식되고 있다. 심지어 크리스천들 중에도 이단을 잘 모르는 성도들이 그렇게 생각한다. 하지만 하나님의교회가 잘못된 교리를 믿고, 전하고 있다는 사실을 기억하고 대처해야 한다. 주변에서 쉽게 만나는 이단단체인 만큼 하나님의교회의 포교방법을 잘 파악해 효과적으로 대처해야 하겠다.

4

Korea Presbyterian Church Evangelism General Assembly

세 계 복 음 화 전 도 협 회
(다 락 방)

□ 바로알자　　□ 해외 활동 현황　　□ 대처 노하우

□ 바로알자

류광수는 누구인가?
다락방은 무엇을 주장하는가?
다락방 활동 현황
다락방 예배 현장

"다락방은 전도운동에 대해
우리가 처해있는 곳에
하나님의 계획과 목적이 있는 줄 믿고
전도 지역에 침투해 들어가
전도 활동을 펴기 위한
성경공부 활동이라고 주장하고 있다."

신약에 등장하는 마가 요한의 '다락방'은 보혜사 성령이 임재한 곳이요, 교회와 예수운동의 출발지로 '거룩함'을 상징하고 있다. 오늘날 한국교회 '다락방'이 가지고 있는 이미지는 신약시대의 그것과 사뭇 다르다. 류광수씨의 다락방전도운동이 한국교회로부터 이단으로 결의됨에 따라 다락방이 가지고 있던 이미지는 '거짓'으로 낙인 찍혔다. 왜 한국교회는 그들에게 '이단'이란 꼬리표를 달게 했는가?

류광수는 누구인가?

세계복음화전도협회 대표 류광수, 다락방 설립자 류광수씨는 1951년 10월, 경남 밀양군 상남면에서 태어났다. 류씨는 부산 수정동의 예장합동 일신교회에 출석했다. 그 후 대한예수교장로회 부산노회에서 운영하는 신학교를 다니다 1978년 고신대학교 연수과 2학년에 편입해 1981년 2월 동

세계복음화전도협회 대표 류광수씨 (출처: 예장개혁 홈페이지)

대학교 연수과를 졸업했다. 1982년 류씨는 고신대학교 신학대학원 연구과에 입학해 3학기를 마친 후 1984년 3월 총신대학교 신학대학원 연구과 3학년에 편입, 1985년 2월 동교 연구과를 졸업했다. 졸업 후 예장합동 부산노회에서 목사 안수를 받고 부산동성교회 부목사로 시무하던 중 1987년 부산동삼제일교회 청빙을 받아 부임하게 됐다. 류씨는 이때부터 본격적으로 다락방전도운동을 전개하기 시작했다. 교세의 성장을 이어가던 류씨는 1991년 11월 26일 부산노회 제133차 1회 임시노회에서 다락방 교리 및 도덕적인 문제로 목사 면직을 판결 받았다. 그 후 류씨는 1993년 10월, 교단을 옮겨 예장고신 남부산노회에 가입하지만 곧 가입 무효가 되고, 이에 1994년 10월, 예장합동 총회 산하 부산노회에 목사 면직에 대한 재심 청구를 올렸다. 예장합동 측은 1995년 제80회 총회에서 "다락방 확산 방지 및 이단성 규명 위원회"를 구성, 다락방 운동에 대한 구체적인 연구 조사에 착수하고, 제81회 총회에서 다락방을 이단으로 결의했다. 이후 장로교, 감리교, 성결교, 침례교를 비롯한 거의 대부분의 기성 교단들이 다락방전도운동을 "이단" 혹은 "사이비"로 규정하고 교단 소속 목회자들이 여기에 참여하는 것을 엄격하게 금지했다. 이단으로 결의된 류씨는 1997년 "대한예수교장로회 전도총회"를 결성했고, 지금까지 조직적으로 다락방전도운동을 전개하고 있다. 2011년 이후 예장개혁 교단에 소속해 활동하고 있으며, 다락방 지교회 수는 643곳으로 알려져 있다.

2024년 초부터 다락방 소속 교회와 목회자들이 대한예수교장로회 개혁 교단총회장 정학채 목사을 탈퇴하고 있다. 탈퇴 목회자들은 다락방 내부의 윤리·도덕·신학적 문제로 탈퇴를 결심했다고 고백했다. 7월 16일에는 세계복음화전도협회 탈퇴자 및 피해자 연대에서 성명서를 발표했다. 목회자들은 다락방 탈퇴 선언 및 이유를 공개하고, 성 피해자 실태를 폭로했다.

다락방은 무엇을 주장하는가?

1) 다락방 운동

류광수씨는 다락방전도운동에 대해서 "우리가 처해 있는 곳에 하나님의 계획과 목적이 있는 줄을 믿고, 전도 지역에 침투해 들어가 전도 활동을 펴기 위한 성경공부 활동"이라고 정의하고 있다. 이러한 "다락방전도운동"이 문제시 되고 있는 이유는 류씨의 잘못된 사상을 전파한다는 데 근본적인 문제가 있다. 류씨의 다락방전도운동에 대한 예장합동 연구보고서(제81회 총회, 1995년)에 따르면 "기존 신자들을 요원화하고 다락방화한다는 점에서 교회론에 심각한 문제를 제기하고 있다고 판단된다."며 "다락방 전도훈련은 구원론에 있어 신자를 오도할 우려가 있을 뿐만 아니라 교회 내에서 다락방화 된 신자와 그렇지 못한 신자 사이에 위화감을 조장하고 분열을 일으킬 위험성이 있다."고 밝히고 있다.

2) 마귀 사상

류씨의 핵심 사상은 구속사를 마귀와의 대결로 보는 잘못된 마귀론에 있다. 예장고려 연구보고서(제45회 총회, 1995년)에 따르면 류씨의 신학을 "비개혁주의 신학사상이요, 비복음주의적이며 균형 잃은 신학"이라며 "체험과 증거를 강조하는 감정신학이며, 사탄, 마귀, 귀신을 중심으로 인간의 죄와 구원을 풀어 가는 일종의 사탄신학 내지 축사신학이다."라고 밝히고 있다. 총신대학교 박용규 교수도 자신의 논문 "류광수 다락방전도운동 비판"(「신학지남」 2005년 봄호)에서 "류광수는 김기동의 귀신론의 영향을 받아 구속사를 마귀와의 대결로 보고 있다."며 "귀신론 중심의 성경 해석과 구속사 이해는 김기동 베뢰아의 가르침과 일치하고 있다."고 주장했다.

3) 다락방식 성경공부에 역점을 둔 전도운동

류씨는 다락방전도운동을 한다고 하지만 실상은 전도운동을 목적으로 다락방식 성경공부에 역점을 두고 있으며, 정통교회에서 수용할 수 없는 다락방 사상들을 주입시킴으로 성도들을 혼란케 하고 있다. 예장통합 연구보고서(제81회 총회, 1995년)는 "류광수씨의 다락방전도운동은 비록 전도운동이라 주장하지만 그 가르침 가운데 마귀론에서 오류를 범하고 있는 것으로 밝혀졌고 교회를 어지럽히고 성도를 혼란하게 한다."며 "이 운동(다락방전도운동)을 그대로 답습하는 일이 없어야 될 것이

렘넌트 관련 홍보 전단지

다."라고 천명하고 있다.

다락방 활동 현황

1) 렘넌트 운동

다락방전도운동이 이단으로 결의되자 류씨는 다락방전도운동의 확산을 위해 '렘넌트 운동'을 전개하고 있다. 류씨는 렘넌트에 대해서 "시대와 국가의 어두운 앞날을 책임지고 나아갈 남은 자, 흩어진 자"라 정의하며 이 운동의 당위성을 강조하고 있다.

2) RUTC

RUTC는 렘넌트 공동체 훈련장을 의미한다. 다락방은 RUTC란 이름으로 다락방 전도 운동을 펼치고 있다. 경기도 이천시 호법면 매곡리 산 53-5일대에 약 9만 평의 부지를 매입해 RUTC라는 이름으로 착공 중에 있다. 그곳에는 ▲집회시설 ▲숙박시설 ▲학교 ▲스포츠시설 등을 세워, "전세계 렘넌트들의 교류의 장"으로 활용할 계획이다. 이 외에도 RUTC 방송국을 개국해 다락방 측의 설교와 찬양 다큐멘터리 등을 송출하고 있다.

3) 세계선교대회

다락방 측은 세계선교대회를 개최하여 다락방 내 결속을 다지고 있다. 선교총국 홈페이지는 "세계선교대회는 류광수씨의 다락방전도운동의 역사와 흐름을 배우는 대회"라고 대회 성격을 밝히고 있다.

4) 교육 및 복지 활동

"렘넌트 지도자 학교" 등 대안학교를 운영하여 다락방의 사상적인 교리를 전하고 있고, '사회복지법인 렘넌트'를 설립해 어린이, 청소년, 노인복지분야를 중심으로 활동하고 있다. 대학현장에서 학생들을 포교하여 전문화된 요원을 양성하기 위한 DCM_{Department of College Ministry} 전문포교 단체를 만들어 현재 전국 대부분의 대학에 조직적으로 뿌리를 내리고 있으며, 필리핀 '아름다운 미션센터'를 설립해 필리핀 현지 유학생과 유학을 준비하는 학생들을 포교하고 있다.

5) OMC 설립

다락방 활동을 지원하고, 목적 사업을 지속할 수 있도록 돕는 OMC_{ONENESS MISSION CLUB}를 설립해 풍부한 재원 확보 사업을 진행하고 있다.

다락방 예배 현장

2009년 12월 30일. 하늘이 먹빛으로 물들 때 서울 도곡역 1번 출구 맞은편 S여자고등학교 소강당 111호는 환하게 불이 밝혀졌다. 찬송가가 울려 퍼졌다. 인도자는 피아노 반주에 맞춰 목청을 높였고, 신도들은 자신이 가지고 온 『개역개정 찬송가』에 시선을 집중시켰다. 오후 7시 30분. 100여 명이 모인 가운데 성가대 찬양과 함께 묵상기도가 시작됐다. 예배를 위한 잠깐의 묵도로 신도들은 침묵했고, 성가대는 소리를 줄였다. 묵도 후 찬송가 621장 "찬양하라 내 영혼아"를 부르자 신도들의 눈빛이 밝아졌다.

임마누엘서울교회 담임인 황○○씨가 단상에 올랐다. 시편 119편 1절과 데살로니가전서 5장 16절부터 18절까지 성경을 봉독했다. 이후 성가대가 기립하여 "시온성과 같은 교회"를 찬양했다. 20여 명의 성가대 울림은 힘찼고 웅장했다. 황씨는 "지금까지 주셨던 은혜"라는 제목으로 설교했다. 황씨 뒤에는 이동식 칠판이 있었다. 황씨는 한손에 마이크를 쥐고 또 다른 손에는 분필을 쥐었다. 신도들은 노트와 펜을 준비했다. 노트북을 준비한 신도도 있었다. 대다수 신도들은 '렘넌트 기도수첩'을 활용하여 황씨의 설교를 적었다. 설교 분위기는 대학 강의를 연상시켰다. 황씨는 2006년부터 2009년까지 '원단 메시지'를 요약 정리했다. 더불어 2010년 새롭게 받을 원단 메시지 제목을 기억할 것을 강조했다. 2009년 원단 메시지에 대해 설명하던 황씨는 "초대교회가 미래를 알았고, 바울이 미래를 알았다. 따라서 우리는 초대교회와 바울이 알았던 그 미래를 걸어가야 된다."며 "그 걸어갈 미래는 유일성의 다섯 가지 운동으로 '전도 운동' '렘넌트 운동' '중직자 운동' 'OMC 운동' 그리고 '유일성을 가진 사람들의 모임 운동'"이라고 주장했다.

이후 2010년은 RUTC 시대의 새로운 시작이라 강조하며 이를 위한 "세 가지 치유. 즉 과거, 현재, 미래의 치유가 있어야 된다."고 설교했다. 황씨는 결론에서 "2010년은 말씀 붙잡고 따라가야 된다. 말씀 속에 하나님이 역사하신다."며 "내 교회와 현장에 하나님이 어떻게 역사하실 것인가? 기대감을 가지라."고 당부했다.

설교를 마친 후 광고 시간이 이어졌다. 광고의 대부분은 성전 이전에 대한 내용이었다. 황씨는 "도곡동 시대는 마감됐고 장지동 시대가 열렸다."며 새롭게 이전한 교회에 대한 이야기를 풀어나갔다. 임마누엘서울교회는 도곡동에 위치한 S여자고등학교 강당에서 예배를 드려왔다. 이후 서울 장지동에 인테리어공사 비용만 20여억 원이 드는 대규모 성전을 건축해 2009년 12월 28일부터 본격적인 이전 작업에 들어갔다.

류광수씨의 다락방전도운동은 구체적인 비전과 체계화된 방법으로 사회 곳곳에 스며들고 있다. 그들의 운동은 동일한 목표를 세우고 확고한 비전을 수립해 계획적으로 진행되고 있다. 복지와 교육, 문화, 산업 등 전반적인 영역을 다락방전도운동의 시장으로 삼고 포교활동을 통해 세력을 넓혀나가고 있다. 과거 다락방전도운동이 서서히 엔진에 가속을 더할 때 한국 교계는 다락방전도운동의 신학적 연구를 통해 '이단'이란 브레이크를 걸어 속도를 저하시켰다. 이제 그들은 제 속도를 찾기 위해 사회 곳곳에 침투하여 구체적이고 계획적인 전략으로 포교활동을 벌이고 있다. 그들에게 다시 제동을 걸 브레이크는 한국 교계의 주의와 신중한 대처다. 한국 교인들이 이단에 미혹되지 않고 올바른 신앙생활을 유지하기 위한 교회 협력이 절실히 요구된다.

☐ 해외 활동 현황

해외 포교 역사

해외 포교 관리 시스템

해외 지교회 & 전도훈련원 현황

해외에서 진행되는 각종 집회

"다락방은 권역별로 10개 지역을 구분해
대륙별 포교활동을 강화하고,
국내외 교회와 목회자, 후원자 간의
연합을 통해 포교를 활성화하고 있다."

류광수씨의 다락방전도운동 다락방에 대한 이단 시비 문제는 기성 교단에서 끊임없는 논란을 일으켜 왔다. 다락방은 소속 교단에서 이단으로 결의되자, 1997년 독자적인 교단인 "예장전도" 총회를 만들어 활동해 왔다. 이후 다락방은 국내뿐 아니라 전 세계 각지에서도 활발한 포교활동을 하고 있어, 국내보다 비교적 정보가 빠르지 않을 해외 주재 한국 교회와 선교사, 성도들에게 다락방에 대해 알리는 것이 시급한 과제로 떠오르고 있다. 현재는 예장개혁 교단에 소속해 활동하고 있다. 류광수씨의 세계복음화전도협회의 해외 포교현황을 조사했다.

해외 포교 역사

2020년 8월 기준 (다락방)세계선교총국은, "파송선교사 및 자녀MK 현황"을 40개국 183가정, 360명 선교사라 기록했다.

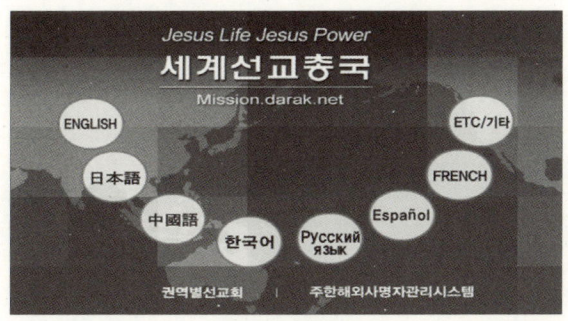

세계선교총국

해외 포교 관리 시스템

「세계복음화신문」에 따르면 다락방은 권역별로 10개 지역을 구분해 대륙별 포교활동을 강화하고, 국내외 교회와 목회자, 후원자 간의 연합을 통해 포교를 활성화하고 있다. 다락방의 "권역별선교회"는 "세계복음화상임위원회"와 "세계선교총국" 지도하에 선교사 발굴과 파송, 후원을 담당하고 나라 담당을 중심으로 강사단을 관리하며 다락방 측 선교사 자녀의 학업, 진로, 국내 전도 훈련을 적극 후원한다. 또 해외 현지인이 한국에 체류하며 훈련받는 동안 후원을 담당하고 선교 후원 교회와 개인 후원자의 발굴 및 관리도 주관한다. "협회선교국"은 한국에 전도훈련을 받기 위해 거주하는 해외 사명자(현지인, 교포)들을 중심으로 월 1회 정기모임을 가지며 한국 거주 기간 동안 전도훈련 인도를 잘 받을 수 있도록 돕는다. "세계선교총국"에 따르면 다락방의 전문별 선교국에는 태영아선교국, 어린이선교국, 청소년선교국, 대학선교국, 청년직장선교국, 태권도선교국, 찬양선교국, 공무원선교국, 군선교국, 농어촌선교국, 미자립선교국, 개척선교국, 북한선교국, 미션홈선교국, 전문사역선교국, 통번역선교국, 체육선교국, 다민족선교국, 위성선교국 등 19개 선교국을 만들어 전문적으로 포교하고 있다.

해외 지교회 현황

다락방은 유럽, 아시아, 아프리카, 오세아니아, 북아메리카, 남아메리카 곳곳에서 포교하고 있으며 해외 지교회를 다음과 같이 밝히고 있다.

대 륙	해외 지교회
유럽	런던씨티임마누엘교회, 모스크바제일교회, 사도행전교회, 사할린반석교회, 세계임마누엘교회, 여호와은혜교회, 옴스크임마누엘교회, 왕의왕교회, 워싱턴갈멜교회, 임마누엘교회, 캄차카교회, 파리생명교회
아시아	알마티평화교회, 호산나교회, 가스펠렘난트, 고베근원교회, 관동복음교회, 그리스도선교교회, 나고야중부교회, 누마즈예수교회, 니이가타제일교회, 대만까오송안디옥교회, 도원임마누엘교회, 동경아자부복음교회, 동경임마누엘교회, 동경안디옥교회, 렘넌트교회, 마닐라세계로교회, 말레이시아 소망교회, 말레이시아새창조교회, 뱅갈로임마누엘교회, 북오사카임마누엘교회, 비쉬켁복음교회, 사무이예원교회, 새생명교회, 생명빛교회, 시즈오카렘넌트교회, 아가페교회, 아름다운교회, 안디옥교회, 열방교회, 예수선교교회, 예원지교회, 예원교회, 오다와라임마누엘교회, 오사카임마누엘교회, 오카야마복음교회, 오카야마하나교회, 요코하마임마누엘교회, 은혜교회, 아케부크로임마누엘교회, 쿠라시키복음교회, 타이페이 예수생명교회, 필리핀 앙겔레스 임마누엘교회, 필리핀복음교회, 하마마쯔예원교회, 한빛선교교회, 홍콩새생명교회, 후쿠오카그레이스교회, Camp allen life givi, Czech Immanuel churc, Followers of Jesus, Global Mission, Immanuel Missions Ch, IMMANUEL SENDAI, Jesus family kalayaa, MIZPA, Taichung Mission

대륙	해외 지교회
아프리카	나이로비임마누엘교회, 아프리카선교교회, A.U.M 선교회, Gospel Unity Church
오세아니아	뉴질랜드 임마누엘 교회, 뉴질랜드 주원 교회, 브리즈번 임마누엘 교회, 새빛 교회, 시드니 복음 교회, 시드니 임마누엘 교회, 시드니 한빛 교회, 임마누엘 캔버라 교회, 임마누엘 호주 교회, 퍼시픽 임마누엘 교회, All nations communit
북아메리카	가주누림장로교회, 가주세계선교교회, 그루터기 선교교회, 그리스도 언약교회, 글로벌교회, 길 장로교회, 노스 시애틀교회, 노스밴쿠버교회, 뉴욕 동문교회, 뉴욕 세계로교회, 뉴욕그루터기교회, 뉴욕주찬양교회, 뉴저지생명샘교회, 뉴저지 안디옥교회, 뉴저지 에덴 장로교회, 뉴저지 하나로교회, 다메섹 언약교회, 덴버임마누엘교회, 로뎀장로교회, 리버사이드교회, 리버사이드 임마누엘 렘넌트교회, 메릴랜드 한빛교회, 미주복음교회, 미주임마누엘교회, 밴쿠버비전교회, 베이커스 필드교회, 비전안디옥교회, 새생명 세계로교회, 새소망교회, 샌디에고교회, 생수한인교회, 순복음 영생교회, 시카고 하나로교회, 시카고렘넌트교회, 시카고성국장로교회, 아리조나 임마누엘교회, 안디옥교회, 언약의교회, 에드먼드 연합교회, 에바다 장로교회, 오버레이크 한인 그리스도의교회, 오클랜드세계로교회, 워싱턴 새생명교회, 워싱턴 임마누엘교회, 워싱턴 초대교회, 워싱턴 한마음교회, 이빼띠교회, 임마누엘 복음교회, 임마누엘 산호세교회, 임마누엘 선교교회, 임마누엘 시애틀교회, 임마누엘 안디옥교회, 임마누엘 애틀랜타교회, 임마누엘남가주교회, 임마누엘시카고교회, 임마누엘어스틴교회, 조지아하나장로교회, 주님이 함께하는교회, 초대교회, 코너스톤 한인 침례교회, 키치너워터루안디옥교회, 타코마 선교교회, 토론토그루터기교회, 토론토임마누엘교회, 페더럴웨이 그리스도교회, 포틀랜드 미션 처치, 풍성한교회, 플러톤참사랑교회, 플라델피아그루터기 장로교회, 필라델피아예원교회, 하와이 드로아교회, 하와이 참빛교회, 한사랑 장로교회, 한울 장로교회, 휴스턴 안디옥교회, 휴스턴 한인 중앙 장로교회, ABUNDANT COMMUNITY, DFW(달라스) 임마누엘교회, Immanuel LA, NC

대륙	해외 지교회
북아메리카	임마누엘교회, NewYork Immanuel, Oneness 교회, ONENESS MISSION CHUR, Rainbow Community, Remnant Mission, Remnant Mission Chur
남아메리카	임마누엘교회, 임마누엘상파울교회, 임마누엘페루교회, iglesia evangelica h

출처: rutc 홈페이지

해외에서 진행되는 각종 집회

1) 해외 전도캠프

다락방 해외 전도캠프는 3~5일 동안 해외 지교회를 중심으로 한국과 기타 국가의 다락방 지원 하에 이루어지는 현지 포교활동이다. 노방공연 전도, 빈민가 전도, 캠퍼스 전도, 상가 전도 등 현지에서 가능한 방법을 모두 동원한다. 주로 4~5명이 한 조를 이루고 지역을 나누어 포교하며 비신도뿐 아니라 기성교회 파송 선교사들에게도 적극적인 포교활동을 벌이고 있어 문제가 되고 있다. 최근에는 패션쇼, 찬양콘서트, 뮤지컬 등을 기획해 "문화캠프"라는 명목으로 시선을 끈 후 다락방 메시지를 전하는 포교방법도 사용하고 있다. 이러한 해외 전도캠프를 통해 다락방, 미션홈, 지교회, 전문 교회가 세워지고 있다. 전도캠프가 끝난 후에는 류광수씨가 설교하는 해외집회에 전도캠프를 통해 포교한 사람들을 초청함으로 교세를 확장하고 있다.

2) 세계렘넌트대회

다락방에서 "렘넌트"는 중고등학생, 대학생, 청년들을 지칭한다. 렘넌트란 "그루터기"라는 뜻으로 이사야 6장 13절에서 따 온 말이다. 1998년

다락방 해외 전도캠프 (출처: darakcamp.net)

시작된 세계렘넌트대회는 전세계의 다락방 렘넌트들이 모이는 집회로, 류광수씨의 전도훈련 강의, 현장전도 포교 활동, 전도 활동 보고, 뮤지컬 등의 문화 행사로 진행된다.

3) 세계산업선교회

1996년 조직된 단체로 다락방 측이 "산업인을 살리고 전도와 선교에 필요한 경제를 회복한다."며 만든 "평신도 산업선교 모임"이다. 이들은 다락방의 또 다른 산업인 모임인 "OMC 원니스 미션클럽"과 밀접한 관계를 갖고 "기부금 작정" "장학금 사업" 등 재정 관련 부분을 담당한다. 2010년 현재 전국 18개 지회와 미국 뉴욕을 비롯한 15개 지회가 있으며, 매년 약 4일 동안 열리는 "세계산업인대회"를 통해 결속력을 다진다.

다락방의 해외포교 특징은 세 가지로 정리할 수 있다.

첫째, 다락방은 세분화된 포교시스템을 구축하고 해외 교세를 확장하고 있다. 각 국가에 전도훈련원을 개설하고 매년 전도캠프를 비롯한 각

①렘넌트컨퍼런스 ②유럽 렘넌트 클래식 콘서트 ③뮤지컬 "언약의 여정" ④댄스 공연
(출처: iremnant.com)

종 집회를 열어 해당 지역에 다락방, 미션홈, 전문 교회 등 다락방 유관 기관을 세우고 있다. 다락방 해외 포교 중 주시해야 할 점은, 이들은 비기독교인보다는 기성교회 목회자나 성도들을 목적으로 움직인다는 것이다. 다락방의 이러한 포교 정책 때문에 해외의 현지 기성교회들이 다락방화 되는 문제가 발생하고 있어 교계 차원의 대책이 필요하다.

둘째, 다락방의 해외포교에는 청년이 있다. 이들은 청년들을 "렘넌트"라 칭해 특별히 구별된 것 같은 인식을 심어주고, 세계렘넌트대회 등 청년들이 운집하는 각종 집회에서는 뮤지컬, 난타, 연주 공연 등 젊은 층에 어필할 수 있는 공연을 기획해 청년들의 주목을 끌어 포교하고 있다.

셋째, 다락방은 소속 선교사에 대한 관리가 철저하다. 다락방은 "세계복음화상임위원회" "세계선교총국" 등 선교사 발굴부터 후원 관리까지 선교사만을 담당하는 기관을 개설하고, 선교사들의 노후 대책, 의료 혜택, 안식년 훈련, 선교사 자녀 훈련 등 선교사들에 대한 구체적 보상을 마련하고 있다. 이를 통해 선교사들의 해외 포교에 대한 부담을 줄이고 부작용을 최소화하려는 것이다.

다락방의 해외 포교가 확대되고 있다. 한국 교계는 치밀하고 꾸준하게 침투하는 다락방의 포교에 해외의 기성교회와 성도들이 더 이상 미혹되지 않도록 보다 구체적인 대책을 마련해야 한다.

☐ 대처 노하우

교단명을 정확히 알자!
이런 단어를 기억하자!
도서, 신문을 확인하자!
캠퍼스 동아리 DCM 주의!

"다락방은
'대한예수교장로회'라는 교단명을
사용하고 있어 세심하게
살펴보아야 한다."

세계복음화전도협회_{대표 류광수, 다락방}는 1990년대 중반 이후 여러 교단에서 비성경성, 불건전운동, 이단성, 이단 등으로 결의된 곳이다. 그럼에도 불구하고 1997년 대한예수교장로회 전도총회를 설립한 후 2022년 현재 600여 곳의 교회가 있는 큰 규모로 발전해 기성교회 성도들의 주의가 요구된다. 기성교회와 비슷해 보이는 다락방을 어떻게 분별할 수 있는지 알아보자.

교단명을 정확히 알자!

다락방은 교단 설립 후 점차 그 규모가 커져 왔다. 2022년 현재 RUTC 홈페이지는 교회 수가 643개에 달한다고 밝히고 있다. 다락방 교회는 교회이름이 기성교회와 비슷하다. 하나님의교회, 몰몬교, 안식교와 같이 교회이름만으로 분별할 수 있는 이단이 아니라는 것이다. 다락방 교회는 교단명을 파악하면 구별이 가능하다. 그런데 다락방도 '대한예수교장로회'라는 교단명을 사용하고 있어 세심하게 살펴보아야 한다. 한국에 대한예수교장로회가 170여 개가 있기 때문이다. 구체적으로 교파가 어디인지까지 파악해야 하는 것이다. 건전한 대한예수교장로회 교단으로는 통합, 합동, 백석, 고신, 합신 등의 교단이 있다. 다락방은 대한예수교장로회전도총회

전도총회마크

또는 대한예수교장로회(전도)라고 사용해 왔다. 하지만 2011년에 예장개혁 측에서 영입해 현재는 예장개혁 교단에 소속해 있다. 다락방이 이 교단명을 사용한다는 점을 기억한다면 다락방 교회를 구별할 수 있다. 또 교단마크가 따로 제작되어 있다. 그 마크를 기억하는 것도 다락방 여부를 알 수 있는 좋은 방법이다.

이런 단어를 기억하자!

다락방에는 기성교회에서 듣기 어려운 단어들을 자주 사용한다. 몇 개의 단어만 기억해도 큰 효과를 거둘 수 있다. 첫째, '렘넌트'라는 단어다. 일반적으로 12~35세까지의 다락방 젊은이들을 지칭하는데, '남겨두신 언약의 사람들'이라는 뜻으로 사용한다. 둘째, 'RUTC'라는 단어다. RUTC는 Remnant Unity Training Center의 약자로 렘넌트 공동체 훈련장을 의미한다. 다락방은 현재 RUTC의 건립을 추진하고 있기 때문에 'RUTC시대' 'RUTC뉴스' 'RUTC방송국' 'RUTC24기도팀' 'RUTC소식' 'RUTC헌금' 등 관련된 단어들을 많이 사용한다. 셋째, 'OMC'라는 단어다. OMC는 Oneness Mission Club의 약자로 경제조직을 이루는 목적

으로 설립되었다. 기부를 받아 다락방 내에 물질을 지원하는 조직이다. 이외에도 렘넌트지도자학교, 아이렘넌트, 렘넌트총국, 렘넌트기도수첩, 다락넷, 다락웨드 등의 단어를 통해 다락방임을 알 수 있다.

한 가지 주의할 단어는 '다락방'이란 단어다. '다락방'은 이 이단단체를 지칭하는 단어다. 하지만 기성교회에도 '다락방'이라는 단어를 흔히 사용하고 있고, 정상적인 곳에서 발간하는 『다락방』이라는 소책자도 있으니 헷갈리지 말아야 한다.

도서, 신문을 확인하자!

발행하는 도서를 아는 것도 다락방을 분별하는 하나의 방법이다. 다락방도 자체적으로 사용하는 교재 등의 도서를 발행한다. 발행한 도서를 모두 기억할 수 없을 뿐만 아니라 이 서적들이 기독교서점이나 신학교 도서관에 진열되어 있어 주의해야 한다. 다락방 서적을 분별하기 위해서는 저자가 다락방 대표 '류광수'씨인지 확인하는 방법과 다락방 서적을 주로 발행하는 출판사인 '도서출판 생명'에서 발행한 책인지 확인하면 된다. 다락방은 자체 신문사를 운영하며 신문도 발간한다. 그 이름은 『세계복음화신문』. 이름은 그럴듯하지만 이단(옹호)언론으로 결의된 곳이니 꼭 기억하자.

다락방 신도들이 사용하는 「렘넌트기도수첩」

캠퍼스 동아리 DCM 주의!

다락방 대학생들은 캠퍼스에서 동아리 활동을 하고 있다. 동아리 이름은 DCM Department of College Ministry이다. 이 이름을 정확히 기억할 필요가 있다. 정상적인 기독교 동아리 중에 DSM이라는 곳이 있기 때문이다. 동아리 이름이 비슷해 혼동할 수 있다. DCM은 191개 대학(교)에 담당자가 있다고 밝히고 있는데, 국내에 총 350개 정도의 대학(교)이 있는 것을 감안하면 많은 대학(교)에 DCM이 자리 잡고 있는 것이다.

"일반 교회라고 생각한 곳이 다락방 소속 교회였다."는 문의를 종종 듣는다. 그만큼 비슷한 외형을 갖추고 있다고 해석된다. 대한예수교장로회라는 교단명, 기성교회와 다름없는 교회이름을 사용하는 600여 곳의 교회들, 기독교서점이나 신학교 도서관에서도 볼 수 있는 다락방 서적, 기독교 동아리를 자처하는 DCM은 다락방이라는 이단을 기성교회와 비슷한 교회로 오해하도록 만들고 있다. 비슷하지만 다른 다락방에 대한 세심한 주의가 요구된다.

5

Christian Gospel Mission
기 독 교 복 음 선 교 회
(J M S)

□ 바로알자   □ 해외 활동 현황   □ 대처 노하우

□ 바로알자

정명석은 누구인가?

JMS 주요 주장

JMS 주요 활동

JMS 국내 현황 및 최근 동향

JMS 예배 현장

"각 시대에 보냄 받은 메시아를
죽지 않고 믿을 때 이를 중생부활이라 하며
이미 죽은 후에 영으로 재림해
메시아를 영접하고 믿으면
이를 재림부활이라는 것이다."

성 스캔들로 유명한 정명석씨. 정씨는 기독교복음선교회JMS의 시대적 사명을 띤 메시아로 통한다. 정씨는 자신의 신적인 권한으로 많은 여성 신도들을 유린했고, 통일교 교리와 비슷한 주장으로 신도들을 미혹했다. 그러나 시사고발 프로그램인 〈그것이 알고 싶다〉에서 정씨의 여 신도 성추문 사건이 드러나자 도피 행위를 일삼았고, 사회를 경악하게 했다. 대전교도소에 강간 등의 성범죄 혐의로 10년 형을 선고받고 수감 중이던 정씨는 2018년 2월 18일 출소했다. 사회 일면을 장식할 정도로 부정적인 이미지로 각인된 JMS는 교묘하게 포교활동을 전개함으로 교세 확장을 시도하고 있다.

정명석은 누구인가?

JMS 설립자 정명석씨는 1945년 2월 17일 충남 금산에서 태어났다. 초등학교만 졸업한 정씨는 중학교 진학을 포기하고 산을 오르내리며 기도

JMS 설립자 정명석씨

원 생활을 했다. 22세가 되던 1966년, 군에 입대한 후 두차례 월남에 참전했고, 1969년 9월 전역했다. 전역 후 정씨는 성결교회에 잠시 다녔지만 이내 나운몽 장로의 용문산기도원, 삼각산기도원 등을 전전하며 다시 산기도 생활을 시작했다. 30세인 1975년 하나님으로부터 사명을 받았다며 산을 내려온 정씨는 고향에 있는 통일교에 입교했고, 그곳에서 국제승공연합 반공강사로 2년간 활동했다. 이후 1980년 통일교를 나와 젊은이 5인을 포섭해 "신촌 5형제"란 이름으로 의형제를 맺고 애천교회를 조직, 전도에 박차를 가하며 교세를 확장시켜 나갔다. 그러나 정씨의 여 신도 성추문 소문이 꼬리를 물고 등장하자 단체의 점진적 분열 조짐의 싹이 보이기 시작했다. 본지 1984년 9월호와 「CCC편지」에 정씨의 성추문과 관련한 기사가 게재되어 정씨의 성 스캔들이 처음으로 외부에 노출됐고, 이후로도 관련 기사가 여러 매체를 통해 보도됨으로 사회에 큰 파장을 일으켰다. 이러한 정씨의 비윤리적인 행각이 외부에 표면화됨에 따라 JMS 단체의 핵심인 안○현씨와 정씨의 사이가 틀어지기 시작했다. 1990년대 초 정씨가 교회를 맡고, 안씨가(1999년 이탈) 선교회를 맡는 이원화 구도가 깨지면서 갈등이 유발되자 정씨는 충남 금산 월명동으로 본부를 옮겨 친족구도로 운영체제를 갖추고 성역화 작업을 끝마쳤다. 그러나 시사고발 프로그램 〈그것이 알고 싶다〉 방영 파문으로 개혁을 주장하는 측과 친족중심의 수구 세력인 소위 왕당파간의 주도권 싸움이 발생했고, 이 싸움에서 개혁세력 측이 밀려나자 정씨를 추종하는 왕당파가 전권을 장악했다. 왕당파는 1999년 10월 15일 충남 유성에서 "대한기독교복음선교회"로 교단명을 변경하고 표면상으로 외국에 도피중인 정씨와 단절한 것처럼 외부에 공표했으나 실상은 정씨의 모든 지휘하에 움직였다. 2003년 정씨는 홍콩에서 불법체류혐의로 붙잡혔으나 보석금을 내고 풀려났고, 다시 중국으로 도주, 랴오닝성 첸산에 있는 별장 등에서 숨어 지내다 2007년 5월 16일 중국 공안당국에 의해 체포됐다. 2008년 2월 20일 국내로 송환된 정씨는 2009년 4월 23일 대법원에서 강간 등의 혐의로 징역 10년형이 확정돼 대전교도소에 수감됐다가 2018년 2월 18일 출소했다. 이후 JMS는 적극적인 포교활동을 감행, 교세 확장을 시도하고 있다.

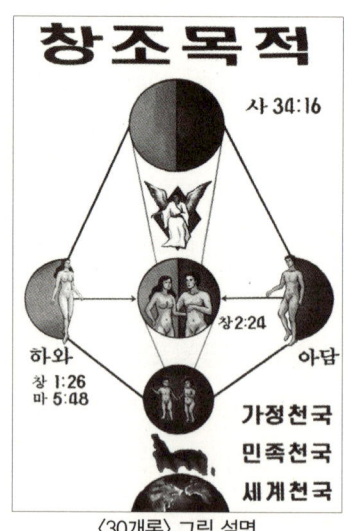

〈30개론〉 그림 설명

JMS 주요 주장

1) 인간 창조와 타락

정씨는 인간의 타락을 영적타락과 육적타락으로 구분한다. 정씨의 저서 『구원의 말씀』에 의하면 하나님은 에덴동산에서 아담과 하와를 택하시고 생육하고 번성케 해 가정천국, 민족천국, 세계천국을 실현함으로 땅에 보이는 천국과 보이지 않는 하늘의 천국을 이루려 하셨다. 그러나 하와가 사탄과 성적인 관계를 행함으로 영적타락을 했고, 타락한 몸으로 다시 아담과 성관계를 해 육적타락을 했다고 주장한다.

> ▶ 하나님은 에덴동산에 아담과 하와를 택하시고 그들에게 어렸을 때부터 말씀하시기를 사랑의 과일을 따먹지 말라고 했다. 하와의 사랑의 지체를 선악과로 비유한 것이다. 너희가 따먹는 날에는 정녕 죄를 짓고 죽으리라 말씀하셨다. 성장을 못했으니 이성관계를 하지 말라고 엄히 말씀하신 것이다. 그러나 하와는 십대 때 하나님의 말씀으로 성장도 않고 하나님의 말씀을 불순종해 뱀으로 비유한 천사장 루시퍼에게 사랑의 꾀임을 받고서 호기심에 사랑의 충동감을 참지 못하고 하나님과의 사랑을 끊고 그와 사랑의 관계를 맺어 이성의 타락을 함으로 영, 육으로 타락을 하게 된 것이다. 뿐만 아니라 하와는 그 타락한 몸을 가지고 아담을 사랑함으로 또 아담을 타락하게 했다. (중략) 이로 인해 가정지옥, 민족지옥, 세계지옥 같은 악의 주관권 세계가 되고 말았다. (『구원의 말씀』, 정명석, 207~209쪽)

정리하면 인간은 창조 목적에 맞게 생육하고 번성해야 하지만 성장하기까지 성관계를 하지 말아야 한다. 그러나 하와는 성장하기 전인 십대 소녀일 때 호기심을 못 참고 사탄에게 유혹당해 성적 관계를 맺었고, 이후 아담과도 성관계를 함으로 타락했다는 것이다. 이러한 성적 모티브를 통한 타락론은 통일교의 타락론과 상통한다. 원

정명석씨 저서 『구원의 말씀』

리강론에서는 인간 타락에 대해 "해와가 미완성기에서 천사장과 불륜한 혈연관계血緣關係를 맺은 후, 다시 뒤미처 아담과 부부의 관계를 맺었기 때문에 아담도 역시 미완성기에서 타락됐다."고 주장한다.

2) 인간 구원의 방법

정씨는 인간을 구원하기 위해 하나님께서 시대별로 구원자를 보내주셨다고 주장한다.

> ▶ 하나님은 시대마다 구원자를 보내어 그들을 구원시켜 주셨고, 신약시대 때는 더 큰 구원과 소망을 이루도록 메시아 예수님을 세상에 보내주어 그를 믿게 함으로 그 영이 영원히 멸망치 않고 구원을 받게 하셨다. 뿐만 아니라 하나님은 육적인 구원을 위해서 정치적으로나 사회적으로나 과학적으로, 혹은 종교적으로 육을 보다 이상적으로 살게 하려고 그에 해당하는 구원자를 그때마다 보내주셨다. (『구원의 말씀』, 정명석, 63쪽)

이어 정씨는 영 구원보다 육 구원이 우선이며 육의 구원을 통해 영을 구원할 수 있고 나아가 육 구원이 영 구원이라고 강조한다.

> ▶ 이 세상에 살 때 영의 구원보다 육의 구원이 급선무다. 육을 통해서 영도 구원에 이를 수 있는 것이다. 육이 하나님을 안 믿으면 그 영도 의로운 영이 될 수 없어 구원을 받을 수 없는 것이다. (『구원의 말씀』, 정명석, 82쪽)
>
> ▶ 영은 육을 발판으로 성장한다. 육이 죽으면 영도 떠나간다. 육 구원이 영 구원이다. (『구원의 말씀』, 정명석, 83쪽)

육의 구원은 어떻게 이룰 수 있는 것인가? 이에 대해 정씨는 시대에 보낸 사명자의 말을 믿고 따라 행하는 삶이 육의 구원이라고 주장한다.

> ▶ 자기를 구원시킨 자를 생사를 다해 끝까지 따라가야 구원이 이루어지는 것이다. (『구원의 말씀』, 정명석, 85쪽)

> ▶ 하나님께서 메시아를 보내어 육적인 구원 역사를 하시게 한 것이다. 메시아와 일체 돼 하나님을 사랑하며 그 뜻대로 사는 것이 육신 구원이며, 지상에서 천국을 이룬 삶이다. 영혼도 이에 따라 구원을 받아 살다가 천국으로 가게 하신다. (『구원의 말씀』, 정명석, 97쪽)

3) 시대성을 띤 구원

정씨가 주장하는 각 시대별 구원자는 누구인가? 정씨는 통일교와 마찬가지로 구약, 신약, 성약으로 시대를 구분 짓고, 각 시대마다 하나님께서 메시아를 보냈다고 주장한다. 그러나 정씨는 한 단계 더 나아가 각 시대별 구원의 한계를 거론하며 성약에서의 구원을 완성된 구원으로 본다.

> ▶ 아담이 범죄했을지라도 하나님은 아주 버리지 않고 4천 년 동안 종의 입장에서 구원의 길을 열어 주셨다. 하나님은 율법 말씀을 줘 이들을 엄하게 다스리시며 모세나 선지자, 사사들을 보내어 육을 중심해서 구원 역사를 이끌어 오셨다. (중략) 구약 형벌기간이 끝나고 하나님은 이들을 본래 상태로 구원하려 약속대로 메시아 예수님을 보내셨다. 예수님을 믿을 때 연대죄가 끝나게 될 뿐만 아니라 구약 사망권의 감옥을 벗어나 신약 생명권 속의 아들급 구원을 얻게 됐다. 단번에 종을 신부로 대할 수 없으므로 아들로 대할 수밖에 없었다. 고로 아들급으로 구원역사를 펼 수밖에 없었다. (『구원의 말씀』, 정명석, 106쪽)

다시 말해 구약에서는 모세나 선지자가 시대에 보내진 메시아이며 이들을 통해 종의 신분의 구원을 허락하셨다. 그리고 신약시대에는 예수가 시대에 보내진 메시아이며 예수를 통해 인간을 종의 신분에서 아들급 으로 구원의 역사를 폈다는 것이다. 그러나 정씨는 예수가 3년 밖에 복음을 전하지 못하고 죽으므로 다 펴지 못한 뜻을 성약시대 때 보내진 메시아를 통해서 구원역사가 이뤄진다고 한다.

> ▶ 하나님은 신약 때 이루지 못한 역사를 성약 때 정녕 이루신다. 성약의 역사는 신약역사의 재역사로 봐야 되겠다. (『구원의 말씀』, 정명석, 121쪽)

이어 정씨는 성약시대 때 보내진 메시아를 통해 인간은 아들급 구원에서 신부급 구원으로 구원의 역사가 이뤄진다고 주장한다.

> ▶ 예수는 약속대로 지상에서 자신을 극히 사랑해 신부 입장에서 하늘을 신랑으로 대하는 절대적인 자, 준비된 자를 육신 삼고 영으로 강림하신다. 종에서 신부로 구원하지 못하고 아들급으로 구원했던 이들을 이제는 신부로 대하며 구원 역사를 펴신다. (『구원의 말씀』, 정명석, 117쪽)

이러한 정씨의 초림 예수 사명의 불완전성은 통일교의 예수 실패론을 연상케한다. 통일교에서도 예수가 사명에 실패함으로 또 다른 구원자가 시대에 재림해 구원을 완성한다고 주장하고 있다. 통일교는 다시 재림한 구원자가 문선명이라고 믿고 있다. 그렇다면 정씨가 주장하는 성약시대에 보내진 메시아는 누구인가?

> ▶ 어느 시대든지 하나님이 주신 말씀을 전할 때 믿고 따라오면 구원을 받는 것이다. 구약은 모세를 중심해 율법말씀으로 구원을 시켜왔고, 신약은 예수님을 중심해 신약말씀으로 구원을 시켜왔으며, 이 시대

는 이 성약 말씀으로 구원 역사를 펴나가신다. (『구원의 말씀』, 정명석, 225쪽)

- ▶ 메시아가 오면 하나님의 생명의 말씀을 가지고 오므로 그 말씀을 들음으로 말씀을 통한 구원이 이루어짐을 깨달아야 되겠다. (중략) 오직 메시아만이 구원할 수 있는 생명의 말씀을 가지고 나타난다. (『구원의 말씀』, 정명석, 245쪽)

- ▶ 하나님의 말씀은 참으로 위대하다. 그 말씀을 받은 자는 참으로 위대한 자다.(『구원의 말씀』, 정명석, 246쪽)

즉 하나님의 말씀을 가진 자가 메시아라는 것이다. 그리고 정씨는 이 말씀을 가진 자가 바로 '정명석' 본인임을 자처하고 있다.

- ▶ 이 시대 하나님께서 택한 자들의 영혼을 구원하려면 하나님의 시대 말씀이 필요하다고 나를 깨우쳐 주었다. (『구원의 말씀』, 정명석, 262쪽)

- ▶ 금식과 각종 고뇌, 번뇌, 걱정, 염려 속에서 하늘의 시대 말씀을 하나하나 받고 깨닫게 됐고 배우게 됐다. 세상사람 중에서는 누가 가르쳐 주는 사람이 없었다. 내가 조건이 갖춰졌을 때 오직 예수님이 나타나 하나하나 가르쳐 주시고 떠나셨다. (『구원의 말씀』, 정명석, 263쪽)

이러한 정씨의 구원론을 요약하면 하나님은 구약 아담 때부터 시작해 4000년 동안 종급에 있는 자들을 신약의 예수님을 보내 2000년 동안 아들급 구원역사를 펴셨으며, 성약시대 때 정씨를 보내 신부급 구원 역사를 펴게 하신 것이다.

4) 재림부활과 중생부활

정씨는 부활을 중생부활과 재림부활로 구분 짓는다. 중생부활은 아직 죽지 않은 사람이 메시아를 맞이해 믿으므로 부활되는 것을 가리키고,

재림부활은 이미 죽은 사람이 영으로 지상에 와서 메시아를 영접해 부활하는 것을 말한다.

> ▶ 육신을 썼을 때 주를 맞이해 그의 말씀을 믿고 따라서 부활되는 것은 중생부활이다. (『30개론 강의안』, 정명석, 114쪽)
>
> ▶ 신약시대에 예수가 오셨을 때도 구약의 중심자 모세와 엘리야가 강림해 주를 따랐다. (중략) 하나님의 약속인 구원을 기다리는 구약의 중심자들도 이렇게 영으로 나타나 메시아를 따랐음을 볼 수 있다. 이들이 메시아를 믿고 따를 때 재림부활구원을 받는 것이다. 종급에서 아들급으로 변화된 구원이다. (『구원의 말씀』, 정명석, 119쪽)
>
> ▶ 엘리야와 모세는 메시아가 예수님인 것을 알고 지상에 재림해 신약시대로 부활되는 구원을 받은 것이었다. (중략) 고로 구약의 종급에 해당되는 자들은 육계에서 메시아를 기다리듯 죽은 후에 영계에서도 메시아를 기다렸던 것이다. (중략) 구약권의 영들도 영계에서 메시아를 기다리다가 모세와 엘리야처럼 재림해 예수님을 믿고 따라야 구원을 받는 것이다. 이것이 재림부활구원이다. (『구원의 말씀』, 정명석, 151쪽)
>
> ▶ 육계에서 재림주가 나타났을 때 그를 믿고 따름으로 신약권에서 성약권의 구원을 받듯이, 신약권에 있는 영들도 재림해 시대를 좇아 메시아를 믿고 따르면 재림부활구원을 얻는 것이다. 이것이 성약의 재림부활구원역사다. (『구원의 말씀』, 정명석, 158쪽)

더 나아가 정씨는 타 종교를 믿거나, 종교를 믿지 않은 사람이 죽으면 영계에서 고통 받다가 메시아가 가서 복음을 전할 때 믿으면 구원을 받는다고 주장한다.

> ▶ 구약의 종들로서는 아무리 하나님을 믿고 살았어도 구원 받고 하늘나라로 갈 수 없는 것이다. (중략) 구약시대 때 하나님을 믿다 죽은

자뿐만 아니라 어떤 종교라도 살았을 때 신앙생활을 하다 죽은 자들이나 신을 믿지 않다가 죽은 자들까지도 영으로서 재림해 다시 세상에 와서 하나님이 보내신 구원자의 말씀을 듣고 순종하며 하나님을 믿으면 재림부활구원을 받는다. (『구원의 말씀』, 정명석, 152쪽)

▶ 살았을 때 육으로 메시아를 믿지 않았든지 하나님을 불신함으로 육이 심판받고 그 영이 그대로 지옥에 가기도 하지만, 영계에서 영이 흑암권에 갇혀 있다가 새로운 시대 메시아의 말씀을 들음으로 다시 구원을 얻을 수 있는 기회를 얻어 구원받기도 한다. (『구원의 말씀』, 정명석, 154쪽)

정리하면 각 시대에 보냄 받은 메시아를 죽지 않고 믿을 때 이를 중생부활이라 하며 이미 죽은 후에 영으로 재림해 메시아를 영접하고 믿으면 이를 재림부활이라는 것이다. 구약에 이미 죽은 사람이 영으로 재림해 신약의 예수를 영접하고 믿음으로 아들급 구원을 이루고, 다시 신약(구약 종급에서 신약의 아들급 구원을 받은 영들 포함)의 죽은 사람이 성약의 메시아 정씨를 믿음으로 신부급 구원을 얻는다는 것이다. 즉 각 시대별 구원의 한계를 지적, 점진적 구원론을 주장한다.

이처럼 정씨가 주장하는 인간 타락과 하나님의 구원 섭리는 통일교 교리서인 원리강론과 그 맥이 상통한다. 이는 통일교 신도로 활동했던 정씨의 경력이 자신의 교리에 상당한 영향을 미쳤음을 알 수 있다.

정씨가 수감 중에 새로운 교리가 생기기도 했다. 과거에는 지구 대기권 내에 중간영계가 있는데 이곳을 지상영계라고 하며, 이곳에는 선영계[예수님을 안 믿었으나 착하게 산 영들이 모여 사는 곳]와 음부[예수님을 안 믿고, 악하게 산 영들이 모여 사는 곳]가 있다고 가르쳤다. 낙원은 예수님을 그리스도로 믿는 자들이 가는 영계이고, 천국은 불완전한 상태나 미완성의 모습으로 절대 들어갈 수 없는 하나님이 계신 나라라

기독교복음선교회 인터넷 사이트 cgm.or.kr CGM 문화예술공연

고 밝혀 왔다.

최근에는 과거에는 없던 새로운 교리를 가르친다. 100선, 200선, 300선 등으로 천국의 단계를 나눈다. 더 높은 곳에 가기 위해 많은 기도와 노력이 필요하다. 가장 높은 곳에 있는 황금성에 들어가는 것이 최종 목표다. 황금성은 이 시대의 JMS 회원만 갈 수 있고, 100선, 200선, 300선을 지나야 입장이 가능하다고 주장한다.

JMS 주요 활동

1) 기독교복음선교회 CGM (Christian Gospel Mission)

기독교복음선교회는 현재 JMS단체가 사용하는 정식 명칭이다. 대부분 대학에서는 CGM이란 동아리명으로 활동하고 있으며, 주로 문화, 예술, 스포츠 등과 관련한 취미 코드로 대학생들에게 접근하고 있다. 정통 기독동아리 학생들의 증언에 의하면 CGM은 여행, 운동 등 취미 동아리로 위장해 활동했으며, 연결된 사람에게 성경공부를 요구했고, 이후 JMS 단체로 포교했다. 인터넷 사이트 "기독교복음선교회"에는 정명석 씨의 생애와 사상을 알리고 있고, 단체의 사역을 소개하고 있다. 또한 사

일출예술단　　　　　　　　　스타모델단일출예술단

회에 노출된 정씨의 부정적 이미지를 쇄신시키기 위한 변증의 장場을 개설, 나아가 일부 언론에 보도된 정씨의 긍정적인 기사를 홍보하고 있다.

2) 문화아카데미

JMS는 청년들 포교에 중점을 두고 있다. 따라서 젊은 감각에 맞는 포교 방법을 동원하고 있다. JMS는 각 교회마다 문화아카데미를 운영하고 있으며 CGM과 마찬가지로 악기 연주, 여행, 축구 교실, 봉사, 모델 등 다양한 장르를 소개해 청년들의 흥미를 유발, 이목을 집중시키고 있다.

3) 예술, 모델단 활동

JMS는 전문 예술단인 "일출예술단"과 모델 전문 양성 기관인 "스타모델단"을 운영하고 있다. 이러한 예술단과 모델단을 통해 관심있는 청년들을 포교하고 있고, 대외적인 활동을 통해 JMS 단체를 적극적으로 홍보하고 있다. JMS에서 발간한 잡지 「알아라 山」에 의하면 "일출예술단"은 경음악, 국악, 오케스트라, 뮤지컬, 현대무용, 재즈댄스 등 40여 개 부분에서 전국 5000명의 회원이 활동하고 있고, "스타모델단"은 "개성

JMS 봉사활동 (출처: 「알아라 山」)

의 계발"이라는 기치 아래 전국 대도시를 중심으로 세계 15개국에서 500여 명의 모델들이 활동하고 있다. 예술성과 스타성을 띤 활동은 성장기에 있는 학생과, 청년들의 흥미와 감각을 자극하기에 충분하다. JMS 탈퇴자의 증언에 따르면 이러한 예술단과 모델단의 활동들이 이미 JMS에 소속된 학생들에게 동경의 대상이 되고 있다.

4) 평창 동계올림픽 사칭해 홍보단 모집

JMS는 2018년 평창동계올림픽을 앞두고 홍보단을 사칭해 모집했다. 캠퍼스 내에서 눈에 띄는 키 크고 스타일 좋은 여학생이 주요 타깃층이며, 유동인구가 많은 역 근처에서도 진행했다. 모집에 참여한 한 여학생에 따르면, 4주 이상 워킹, 의전, 비즈니스 영어 등의 수업을 진행했고,

나중에는 좋은 말씀을 들어보겠냐며 멘토를 소개해 주고 JMS 교리를 듣도록 했다.

5) 사회 봉사활동

JMS는 대외적으로 활발하게 봉사활동을 전개하고 있다. 기독교복음선교회 인터넷 사이트에는 CGM 전국자원봉사단에 대해 "그리스도의 사랑을 실천하자는 이념으로 인류가 지향하는 사랑과 평화 실현을 실현코자 설립됐다."며 취지를 밝히고 있다. 또한 JMS에서 발간한 잡지「알아라 山」에는 봉사활동을 통한 수상내역을 홍보, 단체의 공적을 치하하며 긍정적인 이미지를 부각시키고 있다. JMS는 "가정평화실천본부, 하나사랑회, 실천사랑자원봉사단, 평화의료봉사단, 밝은미소운동본부"등의 사업명을 홍보하며 단체 이미지를 쇄신하고, 나아가 건전한 단체임을 부각시키고 있다.

JMS 국내현황 및 최근 동향

JMS 탈퇴자 최경주(가명)씨에 따르면 JMS는 전국적으로 400여 개 교회가 있고, 신도수는 약 3만 명에 이른다. 현재 JMS는 외부에 드러나지 않도록 위장교회를 만들어 포교활동에 열을 내고 있다. 최근 파악된 JMS 위장교회는 "대한예수교장로회"등 국내 기성교회 교단명을 그대로 사용하고 있어 일반 성도들을 혼란시키고 있다. 또한 JMS는 2009년부터 "새롭게 변화"를 슬로건으로 정하고 "천국성령운동"이란 이름으로 활발히 활동하고 있고, 이에 대한 활동을 일부 국내 언론사를 통해 홍보하고 있다. 이러한 JMS의 변화는 정씨가 감옥에 들어감으로 단체에 미친

혼란을 잠재우기 위한 것으로 파악된다. 탈퇴자 최씨에 따르면 정씨가 재판과정 중에 자신은 메시아가 아님을 주장함으로 신도들에게 혼란이 찾아왔고, 이를 대처하기 위해 JMS 안에 "계시자"가 등장했다. 계시자들은 정씨가 메시아가 아닌 예수의 일등신부로 묘사했고, 영계에서 정씨가 예수와 손을 잡고 거닐고 있다고 주장했다. 이와 관련 정씨는 꿈을 통해 예수로부터 계시를 받았다며 다시 예수가 모든 일을 하기로 했다고 주장함으로 JMS 안에 혼란을 잠재우고 안정을 도모했다. 따라서 현재 JMS는 표면적으로 정씨 중심이 아닌 예수 중심으로 변화를 꾀하고 있는 것이다. 그러나 탈퇴자 최씨는 "최근 정씨의 그간의 사역이 예수의 몸으로 한 것"이라며 "JMS 안에 정씨를 다시 드러내기 시작했다."고 밝혔다. 나아가 JMS 신도들은 정씨의 일등신부 주장에 대해 "모사"로 생각하며 인정치 않고 정씨가 메시아란 변함없는 믿음을 유지하고 있다고 말했다.

2015년에는 정명석씨 생일인 3월 16일을 '성자승천일'이라며 특별한 날로 지정했다. 또 117기도를 권장하는데, 오후 1시, 저녁 7시, 새벽 1시에 기도하는 것이다. 정씨가 기도하는 시간이라며, 이 시간에 정씨가 깨달을 수 있도록 정씨를 위해 기도하라는 것이다. JMS는 정조은, 정범석을 두 감람나무로 칭한다. 정범석 목사는 정명석씨의 동생으로 육적 증거자, 정조은씨는 영적 증거자라고 말한다. 정씨가 수감 중인 요즘 이 두 사람이 중심이 되어 JMS를 이끌어가고 있다.

경기도 분당에 세운 분당주님의교회를 중심으로 부산, 인천 송도 등에 큰 교회를 마련하면서 기존의 몇몇 교회가 합쳐 교회 수는 줄었다. 출소를 1년 남짓 남긴 2017년 초에는 정명석씨가 대전교도소 수감 중에 시집을 발간해 신도들의 규합과 결집을 꾀했다.

JMS는 2020년 본격적으로 SS Shining star: 중고등학생을 지칭를 위한 프로그램을 진행하기 시작했다. 2020년 1월에는 레볼루션 킹덤 JMS 중고등부 집회이라는 집회를 열었고, 연중행사로 자리를 잡았다. 같은 해 10월에는 슈퍼스타 예배라고 부르는 전에는 없던 중고등부 주일예배를 시작했다. JMS 본부 교회인 주님의흰돌교회에서 정조은 목사의 설교로 주일 2시에 진행한다. 또 온갖 흥미로운 이벤트와 참여를 독려하는 영상 제작에 JMS 중고생들은 적극적으로 참여하며 열광하고 있다. 코로나로 인해 외부 포교가 어려워 내실을 다지기 위함으로 해석된다.

2022년 3월 16일에는 정명석 출소 후 성폭력 피해자 기자회견이 열렸다. 영국 국적인 피해 여성 메이플(Maple)씨는 정명석 출소 후 2021년 겨울까지 열다섯 차례 성폭행을 당했다고 밝혔다. 호주 국적의 또 다른 피해자 A씨 역시 JMS로부터 하나님의 신부라는 등의 세뇌를 당한 이후 강제추행을 당했고 전했다. 한국에 들어온 2018년 7월부터 지금까지 다섯 차례에 걸쳐 강제추행 등의 피해를 당했다고 호소했다.

정명석은 준강간 등으로 1심에서 23년 형을 선고받았으며, 고소한 피해자는 점차 늘어 22명이다. 2인자로 불리던 정조은(본명 김지선)은 준유사강간 등의 혐의가 인정되어 1심에 이어 2심에서도 7년 형을 선고받았다.

JMS 예배 현장

JMS의 예식 순서는 묵상으로 시작해 기도와 찬양으로 이어지고, 이후 설교가 진행된다. 주기도문과 사도신경도 외우며 헌금, 성가대찬양 등 예배의 순서 및 모양새는 기성교회와 다르지 않다. 탈퇴자 최씨는

①상가 입구에 붙어있는 주○에교회 표식 ②서울 상봉동에 위치한 JMS 주○에교회(상가 3층)
③주○에교회가 운영하는 조○문화센터

"JMS는 예식 순서 및 방법 등 최대한 기성교회와 유사하게 진행하기 위해 노력하고 있다."고 밝혔다.

   JMS 예배 현장을 취재하기 위해 서울 상봉동에 위치한 JMS 위장교회를 찾았다. 예배당은 상가 3층에 위치해 있었다. 여느 JMS 위장교회처럼 간판이나 교회를 표시하는 십자가 등은 전혀 없었다. 다만 상가 입구 유리문에 다른 상호명과 같이 붙어있는 "주○에교회" 표식만이 그 건물 안에 교회가 있음을 알리고 있었다. 육안으로 자세히 살펴보지 않는 이상 그 곳이 교회임을 알기는 쉽지 않았다. 3층 예배당 맞은 편 사무실에는 조○문화센터 사무실이 있었고, 신도들은 두 공간을 왕래하며 분주하게 움직이고 있었다.

약 100평 규모의 예배당 안에 70여 명의 신도가 모였다. 대부분 여자 청년 신도들이었고, 30, 40대 주부들도 눈에 띄었다. 교회 벽면에는 정씨 특유의 서체인 "2010년도 주님과 생명구원"이란 표어가 붙어있었다.

오전 9시 30분, 예배가 시작되자 신도들은 "태산을 넘어 험곡에 가도" 찬송가를 불렀다. 기자가 예배당에 앉은지 5분도 채 안 돼서 한 신도가 다가왔다. 신도는 "이 곳은 등록된 신도만 예배드릴 수 있다."며 다른 교회에서 예배드릴 것을 강요했다. 기자의 요청에도 신도는 단호하게 거절했다.

기독교복음선교회 인터넷 홈페이지에는 지교회 주소록이 나와 있지 않고, 예배에 대한 안내도 없다. 다만 등록을 원하는 사람은 홈페이지에서 등록 의사를 밝히고 개인 신상을 기록한 후에 JMS로부터 연락을 기다려야 한다. 탈퇴자 최씨에 따르면 현재 JMS는 행정자체도 폐쇄성을 띠고 있으며 외부 노출에 민감하게 반응하고 있다.

JMS 주일 예식 설교는 정씨가 감옥에 들어가기 전에는 화상을 통해 전국 각 지교회에서 정씨의 설교를 들었으나 정씨가 감옥에 들어간 후 정씨가 교도소에서 작성한 설교문이 각 교회에 전달돼 예배 시간에 대독되고 있다. 탈퇴자 최씨는 "각 교회에 어떤 문제가 발생하면 그 문제가 교단본부에 보고되고 정씨의 귀에까지 들어가고 있다."며 "정씨의 설교문에는 각 교회 문제에 대한 행동 방침까지 세세하게 기록돼 있었다."고 증언했다.

JMS는 정명석씨의 여신도 성폭행 사건으로 사회에 물의를 일으키며 사이비 단체로 낙인찍힘에 따라 주춤하는 듯 보였으나 신도들의 정씨를 향한 철저한 믿음과 수행원들의 교묘한 계략으로 빠른 시일동안 다시 회복세에 들어서기 시작했다. 정씨의 부정적 이미지 쇄신을 위한 인터넷에 변증의 장場을 만드는가 하면 단체의 긍정적 이미지를 부각시키기 위해 적극적인 사회봉사활동을 감행하고 있다. 뿐만 아니라 단체의 정체를 감춘 위장교회를 설립해 지역 주민들을 포교하고 있고, 청년들의 감성과 흥미를 자극하는 문화센터를 운영해 포교의 덫을 넓히고 있다. JMS는 통일교의 주장과 상통하는 반기독교적 이단 단체이다. 한국교회는 JMS의 차후 변화된 행보와 위장활동에 주의를 기울이고, 특히 청년들 포교를 예방하기 위한 신중한 대처 방안이 요구된다.

□ 해외 활동 현황

해외 지교회

해외 활동

"JMS는
종교색을 배제한 봉사활동에
초점을 맞춰 국내외에 공개하고 있다.
각 국가에 지교회를 꾸준히 진출시키고
정기적으로 포교활동을 하는 것으로
드러났다."

JMS는 CGM기독교복음선교회, 밝은미소운동본부 등에서 해외활동 모습을 공개하고 있다. 특히 밝은미소운동본부는 문화관광부에 비영리민간단체로 등록해 해외 봉사 등의 활동을 하고 있어 주의가 요구된다.

해외 지교회

JMS기독교복음선교회, CGM는 홈페이지cgm.or.kr는 기독교복음선교회가 정명석이 1978년도 6월에 출발했고, 세계 50개국에 열매를 맺었다고 주장한다. 그러나 JMS는 해외에 진출한 국가 및 지역명에 대해 구체적으로 명시하지 않는다.

해외 활동

1) 밝은미소운동본부

　JMS는 2003년 밝은미소운동본부 smilekorea.org를 문화관광부에 비영리 민간단체로 등록해 본격적인 해외 봉사활동을 시작했다. JMS는 밝은미소운동본부가 해외 NGO들과의 교류를 통해 한국의 위상과 이미지를 고취시킨다며 세계친절운동본부, 스마일 코리아 홍보사절단, 한국체험행사 등을 진행한다. 이 행사들은 모두 종교색을 띄고 있지 않아 JMS 측 행사임을 알리는 적극적 홍보와 주의가 요구된다. 최근 진행된 JMS 측의 해외 행사는 다음과 같다.

(1) 원더풀 코리아! 밝은미소로부터

　JMS는 "서울시가 후원하는 해외네트워킹 프로젝트 '원더풀 코리아! 밝은미소로부터'"를 진행했다. 이 행사는 서울시가 후원하는 해외네트워킹 프로젝트의 일환으로 인도의 NGO 단체인 Kindness Unlimited 제휴 및 인도 태권도 협회의 후원으로 2010년 8월 26~30일 인도 뭄바이에서 태권도 캠프인 "태권브이 V" 프로그램과 밝은미소 글로벌 리더십 교육 "Fisherman leadership"을 실시했다. JMS가 내세운 행사의 명목은 "인도의 자라나는 100여 명의 청소년들에게 한국의 태권도에 담겨있는 정신을 통하여 건강한 육체, 건강한 정신이 자신들의 꿈과 희망을 이루어 줄 수 있는 원동력임을 캠프 및 교육을 통해 일깨워주는 시간을 갖게 된다."였다.

밝은미소본부 주체의 해외봉사활동

(2) 아름다운 한국인의 마음을 잇는 희망 커넥션

JMS는 "한국인이 웃으면 세계가 웃습니다!"라는 캐치프레이즈를 내걸고 2008년과 2009년 네팔에서 "아름다운 한국인의 마음을 잇는 희망 커넥션"을 진행했다. 이 행사에서 JMS는 현지 NGO 단체 Environment Conservation Initiative Nepal ECI-NEPAL과 네팔 프라임대학교와 부드하 닉칸타 학생클럽을 방문해 청소년들을 위한 강의를 진행했다.

(3) 외국인과 함께하는 거리공연 서울탐방 캠페인

JMS는 지난 5월, G20 정상회의 홍보를 위한 "밝은미소외국인홍보사절단"을 모집했다. JMS는 G20 참석국가 국적의 한국 거주 외국인들을 주 대상으로 치어댄스 배우기, 서울탐방 등의 행사를 마련했다.

2) 세계 속의 섭리

JMS는 기관지 「조은소리」의 "세계 속의 섭리" 코너를 통해 해외 교회

외국인들과 함께 하는 거리공연 서울탐방 홍보

활동 내용을 알리고 있다. 다음은 2009년 「조은소리」에 게재된 해외 활동 내용이다.

(1) 대만, 말레이시아 교류

2009년 2월 JMS 대만 신도 25명이 말레이시아에서 4박 5일간 문화교류 활동을 진행했다. 화교가 많은 말레이시아의 특성을 이용해 JMS 대만 신도들은 1990년대 중반 말레이시아에 진출해 왔다. 동 행사도 JMS 대만 신도들이 말레이시아 사람들과의 스포츠, 문화 교류 활동을 통해 포교 기반을 닦은 것으로 보인다.

(2) 미국, 일본 신도들의 전도 행사

미국 시카고에서 JMS 일본 신도들이 전도 행사를 진행했다. "일본의 하나님 문화"라는 주제의 이 행사는 2009년 2월 12일 시카고의 한 캠퍼스에서 다른 기독교 클럽 회원들과 대학생 120여 명을 초대한 가운데 열

JMS의 해외 활동 (①대만 ②영국 ③홍콩)

렸다. JMS 측은 이 행사에 대해 캠퍼스 내 다른 기독교 클럽에 JMS 소속 클럽인 섭리클럽을 알리는데 중점을 뒀다고 언급해, JMS가 해외 캠퍼스 포교활동에 주력하고 있음을 시사했다.

(3) 대만 유니버시아드대회에서 공연

2017 타이베이 하계 유니버시아드대회(8월 19~30일) 기간 중 대만 기독교복음선교회 일출예술단이 축하공연을 보였다. 대만 CNA 중앙통신사와 CD뉴스에 따르면, 지난 8월 29일 일출예술단은 타이베이 엑스포공원에서 열린 축하공연에 합창단, 댄스팀, 치어리더, 관악대가 함께했고 모델, 남자 만국기 쇼 등을 펼쳤다.

(4) 그 밖의 활동

영국, 캐나다, 대만 등지에 있는 JMS 신도들은 크리스마스, 신년 등을 기념하기 위해 행사를 마련했다. 재외 JMS 신도들을 비롯한 현지인들이 함께 참가해 자체 행사 및 JMS 교리 등을 나눈 것으로 보인다.

JMS는 종교색을 배제한 봉사활동에 초점을 맞춰 국내외에 공개하고 있다. "밝은미소운동본부"라는 단체명에서 알 수 있듯 거부감 없는 일반적인 봉사, NGO 관련 행사를 기획하고, 이를 통해 일반인 및 국내 거주 외국인을 미혹하고 있다. 외부에 밝히는 해외 봉사활동과 달리, JMS 내부적으로는 각 국가에 지교회를 꾸준히 진출시키고 정기적으로 포교활동을 하는 것으로 드러났다. 특히 해외 캠퍼스 내 클럽 활동을 통해 대학생 및 청년들을 미혹하는 것으로 밝혀져, JMS의 포교에 대한 예방교육 및 홍보가 시급하다.

🗆 대처 노하우

〈30개론〉 주의

교단명 주의

문화·예술·봉사활동 주의(GACP, CGM)

정기간행물 주의

"JMS를 대처하기 위해서는
무엇보다도 필수적으로 가르치는
〈30개론〉의 주요 주제를 파악하고,
'예수교대한감리회 진리 측'이라는
교단명을 기억해야 한다."

JMS 총재 정명석씨는 지난 2009년 4월 23일, 대법원에서 징역 10년형이 최종 확정됐다. 법정에서 자신이 메시아임을 부정해 메시아로 믿던 신도들과 몇몇 교회가 JMS를 탈퇴했으나, 지금도 그 명맥을 유지하고 있다. JMS의 활발한 포교가 여전한데, 어떤 부분을 주의해야 하는지 알아보자.

〈30개론〉 주의

성경공부는 JMS를 분별할 수 있는 중요한 요소이다. JMS에서 사람들을 미혹해 처음에 교육하는 내용이 동일하기 때문이다. JMS의 교리인 〈30개론〉을 가르치는데, 그 과정은 입문(5과목), 초급(7과목), 중

JMS의 〈30개론〉 교재들

예수교대한감리회 간판이 걸려 있는 JMS 교회

급(8과목), 고급(10과목) 등 4단계로 되어 있다. 주요 내용은 '성경보는 관', '베드로와 물고기', '엘리야 까마귀밥', '태양아 멈추어라', '비유론', '삼분설' 등의 주제이다. 언제, 어디서, 누구와 성경공부를 하게 되더라도 위의 내용을 공부한다면 그것은 JMS의 〈30개론〉임을 기억하자.

교단명 주의

기독교복음선교회라고 불리는 JMS는 교단명을 주의해야 한다. 정통 교단과 비슷한 교단명을 사용하기 때문이다. JMS가 사용하는 교단명은 "예수교대한감리회 진리 측"이다. 정통 교단 중에도 "예수교대한감리회"가 있어 비슷한데, JMS는 뒤에 "진리 측"이라고 붙여 사용한다. JMS 교회의 간판에는 교단명을 "예수교대한감리회"라고 표기하고 있으니 겉으로 보아서는 JMS 여부를 파악하기가 어렵다. JMS가 정통교회와 비슷한 교단명을 사용하고 있음을 반드시 기억하자. 한편 최근에는 "대한예수교장로회"라는 교단명을 사용하기도 하니 주의해야 한다.

문화·예술·봉사활동 주의(GACP, CGM)

　JMS는 주로 문화·예술활동을 통해 포교한다. 재즈, 밴드, 악기, 보컬, 미술, 벽화, 모델, 치어, 축구, 춤, 요가 등 사람들이 관심 갖는 모든 분야에서 활동을 한다. 특히 GACP라는 단체에서 접근한다면 이곳은 JMS다. 길거리에서 GACP라는 곳에서 캐스팅되었다는 학생들이 괜찮은 곳이냐고 문의하기도 하는데, GACP라는 단체라며 길거리 캐스팅을 하는 것은 JMS의 전형적인 포교방법이다. 최근 학생들이 가수, 연기, 모델 등 문화·예술활동에 큰 관심을 보이고 있어, 초·중·고·대학생들의 특별한 주의가 필요하다. 기독교복음선교회를 의미하는 CGM이란 단체명도 주의해야 한다. CGM 의료봉사단, CGM 자원봉사단이란 이름으

밝은미소운동본부 행사 현장

로 활동하는 곳은 바로 JMS이기 때문이다. JMS 유관단체 중 밝은미소 운동본부 smilekorea.org라는 이름으로 여러 행사나 봉사활동을 하는 곳도 있으니 주의해야 한다.

정기간행물 주의

JMS는 정기적으로 간행물을 발행한다. 「섭리세계」, 「조은소리」라는 잡지로 시중에서 쉽게 구할 수 있는 잡지는 아니다. 전국의 JMS 교회나 본부 소재지인 월명동(충남 금산군 진산면 석막리)에서 구할 수 있다. 하지만 그 잡지의 이름을 기억한다면, 아는 사람의 소개로 생소한

JMS에서 발간하는 잡지들

교회를 갔을 때 이 잡지를 보거나, 다른 사람이 이 잡지를 읽어보라고 권면한다면 JMS라고 생각할 수 있다. 한편, JMS의 소식을 전하는 인터넷 언론을 기억해 분별할 수 있다. '조은소식' joeunnews.co.kr이라는 곳으로 JMS의 문화, 봉사활동을 긍정적으로 소개하고 있으니 주의해야 한다.

JMS를 대처하기 위해서는 무엇보다도 필수적으로 가르치는 〈30개론〉의 주요 주제를 파악하고, "예수교대한감리회 진리 측"이라는 교단명을 기억해야 한다. GACP나 CGM이라는 단체명을 이용한 문화·봉사활동, 발행하는 잡지와 인터넷신문의 이름을 기억하는 약간의 노력을 들인다면 어떤 방법으로 JMS가 접근하더라도 그 미혹에서 벗어날 수 있을 것이다.

6

Seventh-day Adventist Church
제칠일안식일예수재림교회

☐ 바로알자   ☐ 해외 활동 현황   ☐ 대처 노하우

□ 바로알자

윌리엄 밀러와 엘렌 지 화이트

안식교의 주요 주장

안식교의 주요 활동

안식교 국내 현황

안식교 한국 전래 경위

안식교 예배 현장

"안식교는
자신들의 교리에 입각해
윤리적으로 결점 없는 삶을 살기 위해
노력하는 종교 단체이나
조사심판, 안식일 및 율법 준수 등
기성교회와 성경 해석에
다른 입장을 고수하고 있다."

제칠일안식일예수재림교회_{안식교}가 한국에 전래 되지 한 세기가 넘었다. 초기 안식교는 한국 근대화를 위한 많은 사회 활동을 전개해 괄목할 만한 기여를 했고, 지금껏 그 명맥을 이어 다양한 사회 활동에 참여하고 있다. 안식교는 자신들의 교리에 입각해 윤리적으로 결점 없는 삶을 살기 위해 노력하는 종교 단체이다. 그러나 기성교회와 성경 해석에 다른 입장을 고수하고 있고, 정통 교리에서 이탈한 주장을 함으로 한국 교계에서 "이단"으로 결의됐다.

윌리엄 밀러와 엘렌 지 화이트

안식교의 개조격인 윌리엄 밀러William Miller는 1782년 2월 15일 미국 미사츄세츠주 피츠필드에서 출생했다. 그는 전형적인 침례교인으로서 열성파에 속했고, 16년 동안 종말론에 관해 성경연구를 했다. 그리고 1843년, 1844년 두 차례에 걸쳐 그리스도의 재림에 관한 예언을 했지만 실패, 그 후 엘렌 지 화이트Ellen G. White가 1915년 죽기까지 안식교 지도자로

윌리엄 밀러   엘렌 지 화이트

활약했다.

1844년 "대 실망 사건"(재림 예언 실패) 직후 화이트는 재림파 신도들이 하나님의 찬란한 도성에 도달할 때까지의 여행을 하는 첫 환상을 경험했고, 이후 두 번째 환상을 보며 그 내용을 말하기 시작했다. 화이트는 그녀가 본 환상과 받은 계시들을 성경보다 우선시했다. 이에 재림파 추종세력들은 화이트가 환상과 예언을 따르는 참 여선지자로 믿기 시작, 메인주 포틀랜드 주변에서 큰 집단을 형성했다. 1847년 화이트는 거룩한 지성소에서 언약궤 안에 있는 십계명과 십계명 중 안식일 계명 부분이 영광의 광채가 빛나는 환상을 보았다고 주장했다. 화이트는 자신의 환상 체험을 다양한 주제들에서 언급했고, 따라서 안식교 신앙과 활동이 대부분 화이트의 환상이나 예언에 근거하고 있다.

안식교의 주요 주장

1) 선지자 엘렌 지 화이트

엘렌 지 화이트는 자신의 해석이 성경과 같은 권위를 갖는 것으로 간주했다.

▶ 내가 여러분께 경고와 책망의 증언을 보내면 여러분들 중의 많은 사람들이 이것은 단순히 화이트 자매의 주장에 불과하다고 선언하고 있다. 그것으로 인해 여러분들은 하나님의 성령을 모욕한 것이다. (『증언』, 엘렌지 화이트, 661~664쪽)

안식교 신도들도 화이트의 권위를 인정하고 있으며 "선지자"로 호칭한다. 안식교 잡지 「The Adventist Review and Herald」 1928년 10월 4일자에는 "제칠일안식일예수재림교회는 엘렌 지 화이트가 오늘날 그리스도교회에 대해 선지先知였음을 믿는다."고 고백하고, 안식교 한국 잡지 「교회지남」에서도 엘렌 지 화이트의 글을 다루면서 "오늘을 위한 현대 선지자의 증언"이라고 가리키고 있다. 안식교 기본신조 17 "예언의 선물"에는 "하나님의 사자로서, 그(엘렌 지 화이트)의 저술들은 지속적이고도 권위있는 원천으로서 교회에 위로와 인도와 교훈과 교정을 제공한다."고 주장, 엘렌 지 화이트가 하나님께 속한 하나님의 메신저로 믿고 있다.

2) 2300주야와 조사심판

안식교는 다니엘 8장 14절, 9장 25절, 에스라 7장 11절부터 26절 등 2300주야와 관련된 성구를 인용해 예수 그리스도의 재림 시기를 예언했다. 다니엘 8장 14절에서 다니엘이 본 환상으로서 "그가 내게 이르되 2300주야까지니 그때에 성소가 정결함을 입으리라"고 기록됐고, 이 2300주야에 대한 환상을 다니엘 9장 25절의 예루살렘을 중건하라는 말과 연결시켰으며, 그것을 다시 에스라 7장 11절부터 26절에 나오는 아닥사스다왕이 에스라에게 내린 조서와 연결시켰다. 즉 아닥사스다왕의 조서가 내려진 때를 B.C. 457년으로 정한 후에 2300주야를 2300년으로 계산, 결과는 A.D. 1844년에 예수 그리스도가 재림한다는 것이다. 그러나 1844년 예수 그리스도 재림 예언이 실패하자 안식교 신도들의 큰 실망을 경계한 화이트와 몇몇 안식교 신도들은 교리 변증을 시작해 또 다른 해석을 감행함으로 "조사심판"교리를 창시했다. 다음은 『예언과 역사』(저자 엘렌 지 화이트)에 기록된 조사심판 교리 관련 부분을 요약 정리한 것이다.

『예언과 역사』

▶ 다니엘 8장 14절 말씀으로 예언적 기간이 1844년 가을로 마치게 되는 것으로 나타났고, 재림 신자들 역시 다른 일반 그리스도인들처럼 성소가 이 세상 혹은 세상의 어떤 지역이라는 견해를 가지고 있었다. 그들은 성소의 정결이란 마지막 큰 말에 이 세상이 불로 정결해지는 것을 말하고 그 일은 재림의 때에 이루어질 것이라고 이해했다. (403쪽)

▶ 그들(안식교 신도)은 그들의 견해를 다시 검토해보고 그들의 잘못을 발견하기 위해 성경을 연구했다. 예언 기간을 계산하는 일에 아무런 착오가 없는 것을 깨닫게 되자 그들은 성소 문제를 한층 더 세밀하게 연구하게 됐다. (중략) 그들의 연구를 통해 성경에는 이 세상이 곧 성소라고 하는 일반적 견해를 지지할만한 아무런 근거가 없다는 사실을 깨닫게 됐다. (405쪽)

▶ 히브리서 8장 1절과 2절 "이제 한 말에 중요한 것은 이러한 대제사장이 우리에게 있는 것이라 그가 하늘에서 위엄의 보좌 우편에 앉으셨으니 성소와 참 장막에 부리는 자라 이 장막은 주께서 베푸신 것이요 사람이 한 것이 아니니라" 여기 새 언약의 성소가 나타나 있다. 첫 언약의 성소는 사람이 치고 모세가 세운 것이었으나 이 성소는 사람이 친 것이 아니요 하나님께서 치신 것이다. (406쪽)

▶ 하나님 앞에 속죄 제물의 피를 드리고 이스라엘 자손들의 기도와 함께 올라간 향을 피우는 것은 매일의 봉사에서 제사장이 하는 일인 것처럼 그리스도께서는 죄인을 위해 당신의 피를 가지시고 아버지께 탄원하며, 회개한 신자들의 기도를 당신의 귀중한 의의 향기와 함께 그분 앞에 드리신다. 그와 같은 것이 하늘 성소의 첫째 칸에서 행하는 봉사 사업이었다. (412~413쪽)

▶ 약 1800년 동안 성소의 첫째 칸에서 이 봉사 사업이 계속 됐다. 회개한 죄인들은 그들을 위해 애소하시는 그리스도의 피로 말미암아 죄의 용서를 얻고 아버지께 가납되었으나 그들의 죄는 여전히 기록책에 남아있었다. 모형적 봉사에서 일년의 마지막 속죄 사업이 있었던 것처럼 인류의 구속을 위한 그리스도의 사업이 마치기 전에 성소에서 죄를 도말하기 위한 속죄 사업이 있게 된다. 그것은 2300주야가 끝났을 때 시작된 사업이다. (413쪽)

▶ 예언의 말씀의 빛을 따른 사람들이 깨달은 바와 같이 2300주야가 마치는 1844년에 그리스도께서 이 세상에 오시는 것이 아니라 당신의 재림의 준비로 속죄 사업을 마치기 위해 하늘 성소의 지성소에 들어가셨다. (414쪽)

▶ 품성을 검사하는 일, 곧 누가 하나님의 나라에 들어갈 준비가 됐는지 결정하는 것이 곧 조사심판이요, 하늘 성소에서 하는 마지막 사업이다. (420쪽)

정리하면 안식교는 예수께서 하늘 성전 첫째 칸인 성소에 계시다가 1844년 10월 22일에야 하늘 성전 둘째 칸인 지성소에 들어가셔서 지상 인간들의 행위를 살펴보고 흠과 티가 없는 자만 구원받게 하기 위해 조사심판을 하고 있다는 것이다.

안식교의 2300주야와 조사심판에 대해 진용식 목사는 『안식교의 5대 오류』에서 "예언의 1일을 1년으로 계산하는 것은 성경에 근거 없는 오류"라고 주장했고, B.C. 457년에 아닥사스다 왕이 조서를 내렸다는 주장에 대해 "예루살렘 성전은 B.C. 516년에 완공됐다. 59년 전에 완공돼 낙성식까지 했던 예루살렘을 왜 또 중건령을 내리겠는가?"라고 비판했다.

3) 토요일 안식일 준수
안식교는 토요일 안식일 준수 여부를 구원의 조건으로 보고 있다.

> ▶ 안식일은 그리스도 안에 있는 구속의 상징이요, 성화의 징표이며, 우리의 충성됨의 표현이며, 하나님의 나라에서 경험할 우리의 영원한 미래를 미리 맛보는 시간이다. 안식일은 하나님과 그 분의 백성 사이의 영원한 약속을 나타내는 중요한 관계에 대한 표식이다. (『행복을 나누는 이웃』, 25쪽)

안식교 계열 삼육대학교 신학교 교수 신계훈씨는 『어두움이 빛을 이기지 못하더라』에서 "일년에 한번씩 부활절로 부활을 기념한다면 왜 또 일요일을 지켜 부활을 이중으로 기념하는가?"라고 반문, "창조는 엿새 동안에 이루어졌으므로 제칠일마다 안식일을 지켜 창조를 기념하는 것은 기념일로서 논리가 서지만, 부활이 일요일에 있었다고 매 일요일을 부활의 기념일로 삼는 것은 논리가 부당하다."고 주일예배를 비판했다. 나아가 안식일이 주일(일요일)로 바뀐 것은 A.D. 321년의 콘스탄틴 황제의 칙령에 의해서이며 태양신을 숭배하는 날에서 기원했음을 주장했다.

> ▶ A.D. 321년 로마 황제 콘스탄틴의 주재로 개최된 역사적인 니케아 종교회의 칙령에 포함된 감독들에게 보낸 서한을 통해 동방에 있는 교회들도 유대인과 함께 하지 말고, 로마 교회와 같은 날을 부활절로 기념하라고 명령함으로써 오랜 부활절-일요일 논쟁에서 로마 교

회가 승리했음을 공인했다. (『어두움이 빛을 이기지 못하더라』, 신계훈, 120쪽)
- ▶ 일요일과 함께 부활절 자체가 태양과 관련된 이교도 축제였음은 명백한 사실이다. (『어두움이 빛을 이기지 못하더라』, 신계훈, 124쪽)
- ▶ 콘스탄틴 황제가 휴업하도록 명령한 날의 대상인 "존경스러운 태양"은 예수 그리스도가 아니라, 황제 자신을 포함한 로마인들이 섬겨온 "무적無敵의 태양" 곧 "미드라Mithras 태양신이었다. (『어두움이 빛을 이기지 못하더라』, 신계훈, 127쪽)

이러한 안식교의 안식일 주장에 대해 진용식 목사는 『안식교 5대 오류』에서 "콘스탄틴이 A.D. 321년에 일요일에 휴업하고 예배하라는 칙령은 기독교를 핍박하기 위해 안식일을 지키지 못하게 하고 억지로 우상숭배 하는 일요일을 지키라고 내린 법령이 아니고, 이미 주일에 예배하고 있는 기독교인들을 돕기 위해 내린 법령이었다."며 "당시의 교회가 안식일(토요일) 예배를 하고 있었다면 기독교를 위한 이 법령이 강제로 날짜를 바꿀 이유가 없다."고 반박했다. 또 "유대인의 구약적인 안식일(토요일)은 신약에 와서 폐했다."며 "신약성경에 구약의 폐한 안식일(토요일)을 거룩히 구별해 지키라고 명령한 곳이 한 구절도 없다."고 밝혔다. 더 나아가 진 목사는 신약에 나타난 주일의 역사를 다음과 같이 정리했다.

안식교 교리 관련 책들

- ▶ 예수 그리스도께서 첫째날에 부활하셨다. (요20:19)
- ▶ 주일의 첫날 저녁에 19명의 제자 앞에 나타나셨다. (요20:19)
- ▶ 그 다음 주일 첫날에 11명의 제자 앞에 나타나셨다. (요20:26)
- ▶ 성령 강림이 첫째날에 이루어졌다. (행2:1)
- ▶ 그 주일에 삼천명이 회개했다. (행2:1)
- ▶ 드로아에서 그 도시의 그리스도인들이 첫날에 예배로 모였다. (행20:6~7)
- ▶ 주일 중 첫날에 초대 교회는 예배와 헌금을 드렸다. (고전16:2)
- ▶ 사도 요한은 주의 날에 계시를 받았다. (계1:10)

4) 율법준수로 얻는 구원

안식교는 구원을 큰 구원과 영원한 구원으로 나눈다. 큰 구원은 믿음으로 얻는 구원이나 취소될 수 있는 불완전한 구원이고 영원한 구원은 율법을 지킴으로 얻어지는 구원으로서 흠도 티도 없어야 받는 완전한 구원이라고 주장한다. 즉 다시 말해 율법 준수 여부에 따라 구원이 결정된다는 것이다.

- ▶ 주의 이름을 믿는다고 해서 모두 구원을 얻는 것이 아니라 조사심판의 결과에 따라 구원이 확정된다는 사실을 기억하자. 조사심판에 의해 우리의 말과 생각, 행동, 동기와 목적, 선악간에 끼친 감화 등 드러난 범죄는 물론 은밀한 것들이 심판을 받게 될 것이며 하나님의 율법은 조사심판의 기준이 될 것이다. (『세 천사의 기별을 경험하라』, 강대천, 94쪽)
- ▶ 그들이 그리스도의 의에 참여하는 자가 되고 그들의 품성이 하나님의 율법과 조화된다는 것이 나타날 때, 그들의 죄는 도말되고 그들 자신이 영원한 생명을 받기에 합당한 사람이 될 것이다. (『세 천사의 기별을 경험하라』, 강대천, 98~99쪽)
- ▶ 현대진리의 원수들은 사람은 연약하기에 죄짓지 않는 생애를 살 수

없다고 할 것이다. (중략) 현대 진리의 원수들은 인간은 결코 완전할 수 없으며 다만 최선을 다하면 나머지는 주님께서 채워주실 것이라고 말할 것이다. (『세 천사의 기별을 경험하라』, 강대천, 140쪽)

▶ 마음을 다하고 뜻을 다하여 이 말씀을 믿지 않고 전심으로 순종의 생애를 살지 않는다면 (중략) 결코 심판을 피하지 못할 것이다. (『세 천사의 기별을 경험하라』, 강대천, 144쪽)

안식일의 "율법준수에 따른 구원 여부"에 대해 진용식 목사는 『안식교 5대 오류』에서 "예수 그리스도의 십자가는 인간의 노력으로 구원받을 수 없기에 우리의 죄를 구속하신 것인데 율법을 완전히 지킬 수 있다면 예수님의 구속이 왜 필요하겠는가?"라며 "성경은 분명히 살아있는 동안 완전성화가 불가능하다고 가르치고 있다."고 율법준수 교리를 비판했다. 이어 "오직 구원은 예수 그리스도를 믿음으로 얻는 것임을 밝히 깨달아야 한다."고 강조했다.

5) 부정하고 가증한 음식

안식교는 레위기 11장에 나오는 말씀을 토대로 부정하고 가증한 음식을 구분해 먹는 것을 금지시키고 있다. 또한 건강개혁이라고 해서 육식을 금하며 채식을 강조하고 있고 심지어 음식 규례 준수 여부를 구원으로 연결시키고 있다.

▶ 사람이 피조물의 생명을 먹는 일은 하나님의 계획이 아니다. 그러므로 육식을 폐하기로 목표를 세우지 않고 하나님의 창조하신 동물의 생명을 취하고 그 고기를 먹는 자들은 하늘나라에서 베풀어질 만찬에는 초청받지 못할 것이다. (『세 천사의 기별을 경험하라』, 강대천, 153쪽)

- ▶ 채소와 과실과 곡식들이 우리의 식물로 구성되어야 할 것이다. 약간의 고기도 우리의 위장에 들어가지 않게 할 것이다. (『세 천사의 기별을 경험하라』, 강대천, 154쪽)

- ▶ 오늘날 세상에는 "오직 믿음으로만 구원을 받고 오직 믿음으로만 온전함을 얻는다."라는 외침이 들려오고 있다. 그러나 그 믿음이 건강개혁의 중요성을 무시하는 믿음이라면 그 믿음은 거짓된 믿음이요 잘못된 믿음이다. (『세 천사의 기별을 경험하라』, 강대천, 159쪽)

- ▶ 살아서 변화 승천하기를 원하는 자들은 반드시 건강개혁의 원칙을 순종하므로 그리스도와 협력해야 한다. 그렇지 않으면 품성완성에 실패할 것이다. (『세 천사의 기별을 경험하라』, 강대천, 159쪽)

안식일의 음식 규례에 대해 진용식 목사는 『안식교 5대 오류』에서 "신약에는 부정과 가증의 규례가 없어졌다. 부정한 음식을 금하라고 하는 곳은 한 구절도 없다."며 "육식은 사람이 스스로 먹기 시작한 것이 아니고 하나님께서 인간에게 직접 허락하신 것"이라며 안식일 음식 규례를 부정했다. 나아가 "우리의 모본되시는 예수님도 잡수셨고, 선지자, 사도들도 먹었던 육식을 화이트는 왜 금하라 하는가?"라고 물으며 디모데전서 4장 1절에서 5절 말씀을 인용, "식물을 폐하라 하는 자는 마귀의 영을 받은 자"라고 비판했다.

안식교의 주요 활동

안식교는 선교활동과 더불어 교육, 구호, 의료, 출판, 건강식품 등 다양한 활동을 하고 있다.

1) 출판시설

안식교 출판시설은 대표적으로 "시조사"가 있다. 시조사는 1909년 의명학교 삼육대학교 전신에서 시작한 이래 현재 100년이 넘은 국내 대표 출판사로 서울시 동대문구 청량리동에 위치해 있다. 시조사 홈페이지 sijosa.com에는 시조사 사명에 대해 "사람들에게 예수 그리스도를 소개하고 제칠일안식일예수재림교 신앙을 긍정하고 확대 보급시킬 서적과 정기 간행물, 전자매체 및 기타 제품을 개발하고 생산, 보급함으로써 그리스도와 함께 그분의 사역에 참여하는 것이다."라고 밝힘으로 포교를 위한 전문 출판사임을 명시하고 있다. 제칠일안식일예수재림교 한국연합회 홍보부에 따르면 2004년 기준, 월간 「시조」는 약 12만 부가 발행되고 있고 이 가운데 2만 부는 이웃 포교용으로, 6만 부는 교도소와 구치소, 군대, 도서관, 전국 관공서 등에 배포되고 있다. 또한 월간 「건강과 가정」과 월간 「교회지남」은 매월 6만 부씩 발행하고 있다고 밝히고 있다. 시조사에서는 잡지 뿐 아니라 매년 70여 종 20만여 권의 단행본과 출판물을 발행하

서울 동대문구 청량리동에 위치한 시조사

고 있다. 이처럼 안식교는 문서를 통해 대대적인 포교 활동을 감행하고 있다.

2) 의료시설

안식교 의료시설은 대표적으로 "삼육서울병원구 서울위생병원"을 비롯해 치과병원, 부산위생병원, 위생한방병원, 에덴요양병원, 여수에덴요양병원, 에덴노인전문요양센터 등이 있다. 삼육서울병원은 설립목적에 대해 "치료, 선교, 교육"을 명시하고 있으며 "선교"부분은 "의료선교사업을 통해 크신 의원이신 예수그리스도의 사업과 그의 왕국을 발전시킨다."고 밝히고 있다. 즉 의료사업을 통해 안식교 교세 확장을 시도하고 있는 것이다. 삼육서울병원은 1908년에 설립, 현재 100년이 넘은 병원으로 해마다 1만여 명의 사람들이 이용하고 있다. 뿐만 아니라 "5일 금연학교"를 통해 주민건강증진에 기여했다는 평가를 받고 있고, 생활금연프로그램, 스트레스 관리 및 성인병 예방학교, 임산부 부부교실, 산모교실, 당뇨교

서울 동대문구 휘경동에 위치한 삼육의료원 서울병원

실, 모유수유교실, 아가 마사지교실 등 특수 교육 프로그램을 개발해 다양한 활동을 전개함으로 사람들의 이목과 관심을 집중시켜 인지도를 높이고 있다.

3) 교육시설

안식교는 의료 분야 못지않게 교육 분야에도 상당한 투자를 감행하고 있다. 삼육의명대학 부속유치원, 삼육초등학교(10곳), 삼육중·고등학교(15곳), 삼육재활학교, 삼육대학교, 삼육의명대학, 삼육간호보건대학 등 유치원부터 대학에 이르기까지 다양한 교육시설이 있다. 안식교 교육시설은 "삼육교육이념"을 바탕으로 교육 목표를 세우고 있는데, 그 이념은 다음과 같다.

"본교는 제칠일안식일예수재림교회의 학교법인 삼육학원이 경영하는 중등교육기관으로 사람을 창조하신 하나님의 목적이 실현되도록 사람 안에 조물주의 형상을 회복하고 사람이 창조함을 받던 당시의 완전한 상태로 되돌아가도록 지·덕·체의 균형된 발달을 도모하는 전인 교육을 근본 이념으로 한다."

이처럼 안식교 교육시설은 안식교 교리 이념에 입각해 학생들을 지도

삼육외국어학원

삼육대학교 신학과 건물

하고 가르치고 있으며 더 나아가 전문 사역자를 양성시키고 있다.

삼육외국어SDA학원은 전국 43개 학원이 설립돼 있고, 제칠일안식일예수재림교회에 따르면 2008년 기준, 하루 평균 5만 3000명이 수강하고 있다고 한다. 현재 국내 외국어 관심도 상승에 비례해 볼 때 더욱 많은 사람들이 삼육외국어학원을 이용하고 있는 것으로 보인다. 특히 삼육외국어학원은 1987년부터 1989년까지 법무부 출입국 관리사무소 전국 직원 영어실력 평가를 주관했고, 1999년 교육부로부터 학점은행 인증기관으로 선정되는 등 교육 프로그램과 그 실력을 인정받고 있어 사람들의 선호가 점점 높아질 것으로 예상된다.

2008년부터 SDA킨더레스트어학원 사업도 시작했다. 킨더레스트는 5-7세를 대상으로 진행하는 SDA 삼육어학원의 영어전문교육 프로그램이다. 주입식 교육이 아닌 원어민, 한국인 교사들과 신나는 체험활동을 하며 즐겁게 영어를 학습하는 것으로 알려졌다. 현재 휘경, 별내, 야당, 용인, 제주, 천안 등 전국 각지에 SDA킨더레스트어학원이 존재한다.

4) 복지시설

안식교는 2001년 "사회복지법인"을 설립, 가정복지, 아동복지, 청소년복지, 장애인복지, 노인복지, 지역복지, 재가복지, 자활지원사업 등을 전개하고 있다. 1993년 광주광역시 "두암종합사회복지관" 수탁을 시작으로, 동해시노인종합복지관, 동대문종합사회복지관, 에덴노인전문요양센터, 동해시노인요양원, 정읍노인종합복지관을 개관, 복지사업에 박차를 가하고 있다. 더 나아가 안식교가 성경에서 발견한 건강원리를 토대로 "뉴스타트" 프로그램을 적용, 실시하고 있다. 뉴스타트는 엘렌 지 화이트가 저술한 "치료봉사"에 처음 소개된 것으로 영양 Nutrition, 운동 Exer-

동대문종합사회복지관

cise, 물 Water, 햇빛 Sunshine, 절제 Temperance, 공기 Air, 휴식 Rest 그리고 하나님에 대한 신뢰 Trust in God의 첫 글자를 조합한 것이다. 이처럼 안식교는 복지사업이란 미명 아래 자신들의 교리를 은연중 알리고 포교를 시도하고 있다.

5) 기타시설

안식교는 1948년 "성경의 교훈과 교단의 이념에 따라 국민건강을 증진"시킨다는 명목 아래 건강식품사업을 시작했다. 1974년 현재 사람들에게 잘 알려진 "삼육식품"회사를 창설, "맛 두유"를 생산했고, 1982년 천안 공장의 준공과 함께 순 식물성 단백질 고기 "베지버거"를 생산하기 시작했다. 현재 삼육식품은 국내 두유업체 가운데 1, 2위를 다툴 정도로 기업 평가가 높으며, 1999년 12월 "다양한 신제품 개발, 철저한 품질관리"를 인정받아 ISO9002 인증을 받게 됐다. 삼육 식품에서 생산 판매되

삼육식품에서 생산하는 삼육두유

는 제품은 "삼육두유, 삼육메론, 삼유후루츠콜, 베지미트, 베지링크, 아기두유, 딸기와 바나나 두유, 위조이"등이 있고 일반인 뿐 아니라 기성 교회 성도들에게도 친근한 상품으로 여겨질 정도로 가깝게 자리매김하고 있다.

6) 위장잡지로 포교

안식교는 안식교 위장잡지인 「The Change(변화)」와 『내 백성아 거기서 나오라』란 제하의 소책자를 발간해 포교를 펼치고 있다. 「The Change(변화)」의 발행처는 진리횃불선교회, 홈페이지는 www.changesoul.com이라고 나온다. 선교회명만으로 단체의 성격을 파악하기가 어렵지만 안식교 잡지다. 「The Change(변화)」는 개신교인을 포교하기 위한 목적으로 매월 2만 2000명에게 배포하고 있으며, 안식교는 이 일을 '비밀연합작전'이라고 명명한다. 조용히 지혜롭게 연합해야만 원하는 결과를 얻을 수 있고, 정확한 협조 아래 초교파적으로 진행할 수 있다고 강조한다.

진리횃불선교회는 선교월간지를 발행, 1만 2000여 개신교인에게 배

국내 첫 안식교 신도 손흥조, 이응현

포하고 했다. 『내 백성아 거기서 나오라』란 제하의 소책자 또한 소책자만 봐서는, 어떤 단체에서 배포한 것인지 알 수 없으나 소책자 마지막장에 기록되어 있는 발행처 "진리를 찾는 사람들(진찾사) / 초교파 선교센터"를 추적하면, 안식교와 관련된 곳임을 알 수 있다.

안식교 국내 현황

안식교는 2013년을 기준으로 신도 수 23만 2559명과 교회 수 711곳이 있다. 2011년 9월, 안식교 침례자 수는 총 4011명으로 전년 같은 기간 대비 69명이 증가했으며, 이는 하루 평균 15.85명이 침례를 받은 것이라고 분석했다. 특히 제주지역이 매년 지속적으로 증가하고 있다. 안식교 한국연합회는 전국을 동중한합회 서울 경기동부, 강원도 지역, 서중한합회 서울·경기지역,

영남합회 경상도, 충청합회 충청도, 호남합회 전라도로 5개 선교지역으로 나눠 포교활동을 감행하고 있으며, 산하 60여 개의 기관에서 목회직에 890여 명, 교사직에 690여 명, 의료직 및 일반직 등에 3000여 명의 교역자가 일하고 있다.

안식교 한국 전래 경위

안식교가 한국에 전해진 것은 1904년 미국 하와이로 노동이민의 길을 떠났던 개신교인 이응현과 손흥조가 일본 고베에서 잠시 체류할 동안 일본인 안식교 전도사 쿠니야 히데로에게 전도와 침례를 받게 되면서 부터였다. 그해 6월 이응현과 달리 손흥조는 하와이 이민행을 포기하고 귀국하던 중 감리교인 임형주를 만나게 되고, 안식교 교리를 가르쳐 안식교 신도로 개종시켰다. 진남포에 머물게 된 임형주는 곧 주변 사람들에게 포교해 새로운 안식교 신도들을 얻었으나 성경지식에 한계를 느껴 1904년 쿠니야 전도사를 초청, 8월에 쿠니야 전도사가, 9월에 일본주재 안식교 선교책임자인 필드 F.W.Field 목사가 내한해 71명에게 침례를 베풀고 4개의 안식교회를 세웠다. 1905년 11월 일본으로 돌아간 필드 목사는 한국 선교 상황을 안식교 세계선교본부인 대총회에 보고했으며, 대총회에서는 한국 최초의 안식교 선교사 스미스 W.R.Smith 목사 부부가 내한해 평안남도 진남포에 거처를 정하고 포교활동을 전개했다. 1907년 1월에는 여자 선교사 샤펜버그 M.Scharffenburg 가 한국에 부임해 왔고, 9월에는 스미스 목사와 샤펜버그 선교사가 순안지역 신도들의 협력을 얻어 한국 최초의 남녀공학인 순안의명학교를 설립해 전도자양성 학교를 개설했다. 1908년 최초 의료선교사로 러셀 Riley Russed 이 내한해 의료 진료소를 세워 진료와 구호 사업을, 1909년 순안 의명학교 한 방에서 출판사업을 시작했다. 1910년 8월 국내 선교지역을 동·서·남·중으로 4개 구역으로 분할해 조직적인 선교활동에 들어갔고, 1915년 4월 미순 연회에서 한국인으로서는 최초로 이근억과 정문국이 목사 안수를 받았다. 1917년 2월 조선선교지역이 승격해 대회 Conference가 됐고, 4월에는 조선, 일본, 만주를 통합하는 선일만 연합회가 조직돼 서울에 그 본부를 뒀다. 1931년 서울에서 의료사업이 시작됐고, 1936년 1월 경성요양원을 설립했는데 이것이 후일 위생병원이 됐다.

1941년 외국인 선교사들이 일제에 의해 모두 추방됐다. 25년 동안 발행된「교회지남」과 30년 이상 발행된「시조」가 일제에 의해 강제 폐간됐고, 1943년 최태현 목사는 경찰의 심한 고문으로 목숨을 잃었다. 이러한 일본의 모진 탄압으로 안식교는 결국 강제 해산됐다. 일제에 의해 안식교가 이토록 탄압을 받은 이유는 교리적으로 재림사상이 강하고 신사참배를 적극 반대하는 등 총독부정치에 정면으로 위배되는 요소가 농후하다는 이유 때문이었다. 1945년 10월 해방 후 교회 재건을 위한 전국신도총회가 소집됐고, 1948년 경기도 광주군에 삼육신학이 설립됐다. 1950년 한국 전쟁이 발발하자 1951년 1월 교단전체가 제주도와 거제도 학신리로 집단 피난을 떠났고 그해 3월 서울 위생병원부산분원을 설립, 전쟁 의료 구호활동을 전개했다. 1958년 안식교의 "구호봉사회"가 한미구호협정의 결과로 국내 10대 구호 단체 중 하나로 선정됐으며 매년 평균 8만 명의 극빈자를 구호했다. 1968년 경제 악화로 침체기를 맞아 선교 지역이 3개 대회로 축소됐고, 1970년 3개 대회로 축소됐던 선교구역이 5개 대회로 확대 개편되면서 오늘에 이르고 있다.

안식교 예배 현장

제칠일안식일예수재림교회_{대표 홍명관, 안식교}는 토요일 안식일을 지키는 것이 구속의 상징, 성화의 표징, 충성의 표라고 주장한다. 안식교 측이 출판한 『경건의 연습』이란 책에는 "(안식교는) 각종 기독교 종파 중의 하나가 아니다", "사람들에게 계명과 말씀을 증거하여 진리로 돌이키게 하는 마지막 위대한 사명을 가진 백성들"이라며 안식교의 정체성을 규정한다. 기자는 안식교를 대표하는 본부교회(서울 동대문구 왕산로 312)를 찾아갔다.

다양한 종류의 포교법

토요일 오전 10시 40분. 본부교회 앞은 차들로 빼곡하다. 본부교회 예배시간이 11시이기 때문이다. 본부교회 주변에는 본부교회의 교육관 격인 '어린이청소년비전센터'와 '제칠일안식일예수재림교 한국선교본부'가 자리잡고 있다. 안식교 출판사로 알려진 '시조사' 건물과, 본부교회에서 운영하는 '새하늘어린이집'도 눈에 들어온다. 본부교회 정문에 들어서면 '발 마사지무료 봉사안내', '힐링 채식요리 강습회'를 알리는 플래카드가 붙어있다. 플래카드 내용을 미뤄 보았을때 안식교는 세미나를 통해 포교하고 있음을 짐작할 수 있었다.

건물 안으로 들어가면 게시판이 하나 있다. 게시판에는 개신교 선교 월간지 『The Change(변화)』를 소개하는 포스터가 붙어 있었다. 본지는 지난 2015년 9월호를 통해 '안식교 잡지 『The Change(변화)』 안식교 출처 언급 없이 개신교인들을 포교 목적으로 배포'란 제하의 기사를 보도

서울시 동대문구 왕산로 312에 위치한 안식교 본부교회

안식교 예배 모습

한 바 있다. 본부교회에 게시된 「The Change(변화)」 포스터를 통해 기사가 사실임을 재차 확인할 수 있었다. 2층으로 올라가자 본당과 휴게실이 있었다. 휴게실에는 안식교 관련 책자와 포스터들이 비치되어 있었다.

본부교회 어린이청소년비전센터

안식교 '한국선교본부'와
안식교 출판사로 알려진 '시조사'

본부교회에서 운영하는 '새하늘어린이집'

본부교회 정문에 걸려있는 플래카드

"영혼불멸, 영원지옥 거짓이다"

11시가 되자 집회가 시작되었다. 본당엔 중·장년층이 주를 이룬 200여 명의 신도로 채워져 있었다. 예배순서는 기성교회와 크게 다르지 않았다. 성가대 찬양이 끝나고 담임 신양희씨가 나와 설교를 이어갔다. 신씨는 영혼불멸설과 영원지옥설이 진리인 양 교회를 장악하고 있지만 "영혼불멸, 영원지옥은 거짓이다"라고 주장했다. 신씨는 영혼불멸설과 영원지옥설이 가짜인 이유에 대해 다음과 같이 정리했다.

첫째, 마귀의 거짓말로부터 시작되었다. 영혼불멸설과 영원지옥설은 자신의 거짓말을 합리화시키기 위해서 창안해 낸 거짓의 아비(요8:44) 마귀

「The Change(변화)」 포스터를 본부교회 게시판(좌)과 휴게실(우)에서 볼 수 있다.

의 속임수에 불과하다. 결코 죽지 아니하리라(창3:4)와 하나님 같이 되어(창3:5)라는 거짓말을 합리화시키기 위하여 고안해 낸 것이 영혼불멸설이다. 지옥은 죽지 않는 영혼을 처리하기 위해 창안해낸 것이다.

둘째, 하나님의 품성과 절대적으로 모순된다. 자기 의지와 상관없이 세상에 출생된 인간이 하나님을 믿지 않았다는 이유만으로 지옥에서 영원히 고통당한다는 주장은, 인간을 구원하기 위해 십자가에서 자기 생명을 버리시고 누구든지 예수를 믿으면 무조건 용서하시는 하나님의 사랑과 공의라는 품성과 조화되지 않는다.

셋째, 부활과 모순된다. 성경에는 사후에 몸으로부터 분리되어 나가는 영혼이 있다거나 영혼이 불사불멸한다는 언급이 전혀 없다. 성경이 주장하는 사후 현상은 두 가지다. 하나는 잠자는 것처럼 죽은 자는 아무것도 모른다는 것과(전9:5) 다른 하나는 나를 믿는 자는 죽어도 살겠고 무릇 살아서 나를 믿는 자는 영원히 죽지 아니하리니(요11:25~26)라는 부

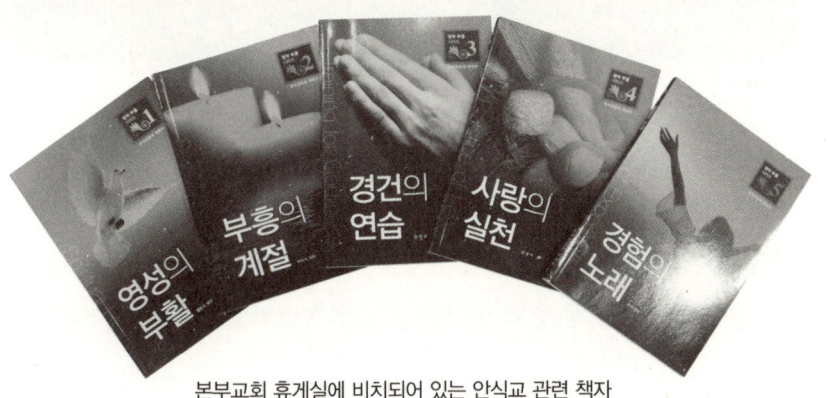

본부교회 휴게실에 비치되어 있는 안식교 관련 책자

활과 영생이다. 영생은 예수께서 재림하실 때 부활한 성도들에게 주어지는 조건적 불멸이다(살전4:16~17).

넷째, 예수님의 말씀과 정면으로 배치(背馳)되기 때문이다. 몸은 죽여도 영혼은 능히 죽이지 못하는 자들을 두려워하지 말고 오직 몸과 영혼을 능히 지옥에 멸하시는 자를 두려워하라(마10:28)고 하셨는데 이 말씀은 영혼이 지옥에서 불멸한다는 사상을 정면으로 부정하시는 말씀이다.

다섯째, 번역상의 오류 때문이다. 예수께서 다시 크게 소리 지르시고

예배 중인 안식교 신도들

영혼이 떠나시다(마27:50)라는 번역은 영혼이 존재함을 기정사실화 시킨다. 하지만 영혼으로 번역된 원어 '프뉴마'는 다섯 가지 형태(바람, 호흡, 생명, 영, 성령)로 번역이 가능하다. 공동번역성경처럼 '예수께서 다시 크게 소리 지르시고 숨을 거두셨다'라고 번역할 수도 있다는 것이다.

그러나 진용식 목사 한국기독교이단상담소협회장는 다음과 같이 안식교 교리에 대해 비판했다. "영원지옥을 부인하고 영혼소멸설을 주장하는 안식교의 교리는 여호와의 증인과 동일하다. 안식교는 영혼은 육체와 분리될 수 없으며 육체의 생명이 끝나면 영혼이 따로 존재할 수 없다고 주장한다. 즉 사후에는 존재자체가 없고 아무것도 알지 못한다는 것이다. 예수님께서는 직접 사후 영혼의 존재에 대해 말씀하셨다."며 다음의 성경구절을 제시했다. "이에 그 거지가 죽어 천사들에게 받들려 아브라함의 품에 들어가고 부자도 죽어 장사되매, 저가 음부에서 고통 중에 눈을 들어 멀리 아브라함과 그의 품에 있는 나사로를 보고, 불러 가로되 아버지 아브

본부교회 주보에 영혼불멸, 영원지옥설이 거짓이라고 주장하는 내용이 실려있다.

라함이여 나를 긍휼히 여기사 나사로를 보내어 그 손가락 끝에 물을 찍어 내 혀를 서늘하게 하소서 내가 이 불꽃 가운데서 고민 하나이다"(눅 16:22~24)

뿐만 아니라 "죄인이 죽은 후에 지옥의 형벌이 어떠한 것인지도 소개하셨다"며 "만일 네 눈이 너를 범죄케 하거든 빼어버리라 한 눈으로 하나님의 나라에 들어가는 것이 두 눈을 가지고 지옥에 던지우는 것보다 나으니라 거기는 구더기도 죽지 않고 불도 꺼지지 아니 하느니라 사람마다 불로서 소금 치듯함을 받으리라"(막9:47~49)라는 말씀으로 반증했다. 성경에 분명하게 기록된 지옥과 인간의 사후 영혼을 부인하는 이들의 주장은 비성경적인 엉터리 주장이라고 할 수 있다고 밝혔다.

본부교회 2016년도 사업계획서

안식교, 육식하면 영적인 본성이 약해진다

예배가 마치고 신도들은 점심 식사를 위해 식당이 있는 지하 1층으로 내려갔다. 식단에는 육류 음식이 없었다. 마주 앉은 신도에게 "재림교회는 육식을 하지 않죠?"라고 묻자 우리 교회는 채식을 한다고 답했다. 『경건의 연습』에는 "고기를 즐겨 자주 먹으면 동물적인 본성은 강해지고 영적인 본성은 약해진다, 고기를 계속 많이 먹으면 하나님이 인간과 교통하시기 위해서 장치해 놓은 그 영적인 센서가 자꾸 둔해진다는 것입니다"라며 육식을 금하는 이유를 밝히고 있다. 안식교 홈페이지에는 "인간을 위해 하나님께서 정하신 본래의 음식물에는 육식이 포함되지 않았다", "신약은 정하고 부정한 육식의 구분을 철폐하지 않았다"고 주장했다.

안식교는 기성교회와 다른 교리를 주장하고 가르치고 있다. 다른 교리

안식교에서 제공하는 점심

를 믿는 자신들이 바른 교리를 믿고 있다고 피력한다. 나아가 바른 교리를 믿는 자신들이 바른 것을 전하고 가르쳐야 할 '사명자'로 인식한다. 이러한 안식교의 배경 탓에 다양하고 교묘한 방법으로 기성교인들을 포교하려는 것이라 생각된다.

☐ 해외 활동 현황

해외 교회 현황

해외 활동

"제칠일안식일예수재림교회는
선교 제 2세기를 맞이하여
전교인의 성숙한 역량을 전도에 쏟아
민족구원과 교회 발전의 새로운 계기를
마련하고 있다고 소개한다."

제칠일안식일예수재림교회 안식교는 세계 공식홈페이지 adventist.org에서 "선교 제 2세기를 맞이하여 전교인의 성숙한 역량을 전도에 쏟아 민족구원과 교회 발전의 새로운 계기를 마련하고 있다"고 소개한다. 1800년대 중반 미국에서 시작돼 현재 거의 모든 국가에 진출한 안식교의 해외 교회, 해외 활동 현황 등을 조사했다.

해외 교회 현황

안식교는 주로 중남미, 아프리카, 필리핀 등지에 집중되고 있으며, 신도는 아프리카 39%, 히스패닉 30%, 동아시아 14%, 백인 11%의 비율을 보인다. 2020년 12월 31일 기준

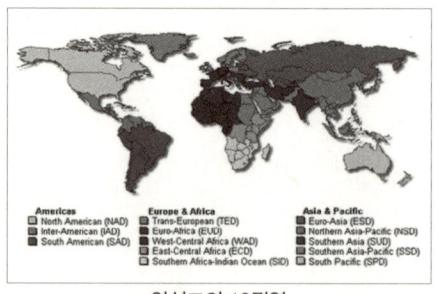

안식교의 13권역

안식교 세계홈페이지가 밝힌 안식교 현황은 다음과 같다.

UN 집계 국가	235국	교회	92,876개
안식교가 들어간 국가	212국	신도	21,723,992명
안식교가 출판과 선교에 사용하는 언어	535개	현직 안수 목사	20,924명
총 학교	9,419개	교단 직원	322,120명

안식교는 아시아, 아메리카, 아프리카, 유럽 등을 13지회 및 연합회로 나누어 관리한다.

지 회	연합회가 있는 국가 및 지역
동중앙아프리카(ECD)	브룬디, 콩고민주공화국, 지부티, 에리트레아, 에티오피아, 케냐, 르완다, 소말리아, 남수단, 우간다, 탄자니아
유로아시아(ESD)	아프가니스탄, 아르메니아, 아제르바이잔, 벨로루시, 그루지야, 카자흐스탄, 키르기스스탄, 몰도바 공화국, 러시아 연방, 타지키스탄, 투르크메니스탄, 우즈베키스탄
미주(IAD)	앵귈라, 앤티가 바부다, 아루바, 바하마, 바베이도스, 벨리즈, 영국령 버진 아일랜드, 케이맨 제도, 콜롬비아, 코스타리카, 쿠바, 퀴라소, 도미니카, 도미니카 공화국, 엘살바도르, 프랑스령 기아나, 그레나다, 과들루프, 과테말라, 가이아나, 아이티, 온두라스, 자메이카, 마르티니크, 멕시코, 몬세라트, 니카라과, 파나마, 푸에르토리코, 세인트키츠네비스, 세인트루시아, 세인트빈센트그레나딘, 신트마르텐, 수리남, 트리니다드토바고, 터키, Caicos 제도, 미국령 버진 제도, 베네수엘라(볼리바리아 공화국)
유럽연합(EUD)	안도라, 오스트리아, 벨기에, 불가리아, 체코, 프랑스, 독일, 지브롤터, 교황청, 이탈리아, 리히텐슈타인, 룩셈부르크, 몰타, 모나코, 포르투갈, 루마니아, 산마리노, 슬로바키아, 스페인, 스위스
북미(NAD)	캐나다 버뮤다, 미크로네시아 연방, 괌, 존스턴 섬, 마샬 군도, 미드웨이 군도, 북마리아나 군도, 팔라우, 미국, 웨이크 군도, Saint Pierre & Miquelon의 프랑스 소유
북아시아 태평양(NSD)	북한, 남한, 일본, 몽골, 대만

지회	연합회가 있는 국가 및 지역
남미(SAD)	아르헨티나, 볼리비아, 브라질, 칠레, 에콰도르, 포클랜드 제도, 파라과이, 페루, 우루과이
남태평양(SPD)	아메리칸 사모아, 호주, 쿡 제도, 피지, 프랑스령 폴리네시아, 키리바시, 나우루, 뉴칼레도니아, 뉴질랜드, 니우에, 파푸아뉴기니, 핏케언, 사모아, 솔로몬 제도, 토켈라우, 통가, 투발루, 바누아투, 월리스, 푸투나 제도
남아프리카-인도양(SID)	앙골라, 보츠와나, 코모로, 에스와티니, 레소토, 마다가스카르, 말라위, 모리셔스, 마요트, 모잠비크, 나미비아, 레위니옹, 세인트 헬레나, 상투메 프린시페, 세이셸, 남아프리카 공화국, 잠비아, 짐바브웨
남아시아(SUD)	부탄, 인도, 몰디브, 네팔
남아시아태평양(SSD)	방글라데시, 브루나이 다루살람, 캄보디아, 인도네시아, 라오스, 말레이시아, 미얀마, 파키스탄, 필리핀, 싱가포르, 스리랑카, 태국, 동티모르, 베트남
유럽 횡단(TED)	올란드 제도, 알바니아, 보스니아 헤르체고비나, 크로아티아, 덴마크, 에스토니아, 페로 제도, 핀란드, 그리스, 그린란드, 건지, 헝가리, 아이슬란드, 아일랜드, 맨 섬, 저지, 라트비아, 리투아니아, 몬테네그로, 네덜란드, 북마케도니아, 노르웨이, 폴란드, 세르비아, 슬로베니아, 스웨덴, 그레이트브리튼 및 북아일랜드 연합왕국, 키프로스 남부
서부 중앙 아프리카(WAD)	베냉, 부르키나파소, 카보베르데, 카메룬, 중앙아프리카공화국, 차드, 콩고, 코트디부아르, 적도기니, 가봉, 감비아, 가나, 기니, 기니비사우, 라이베리아, 말리, 모리타니, 니제르, 나이지리아, 세네갈, 시에라리온, 토고

해외 활동

1) 미디어

안식교는 세계홈페이지를 중심으로 진출한 국가 간의 네트워크를 형성하고 있다. 이곳에서 안식교 신도들은 세계 뉴스 열람 및 정보 자료를 내려 받을 수 있다. 안식교는 1994년에 자체 홍보매체인 재림교회 뉴스 네트워크 Adventist News Network, ANN를 출범했고, 2003년에는 재림교회 텔레비전 네트워크 Adventist Television Network, ATN이 "희망채널"이라는 명칭으로 24시간동안 안식교 관련 프로그램을 방송하고 있다. 안식교 방송은 남미와 북미지역에서 볼 수 있으며, 인공위성을 이용해 안식교 세계 회의를 40개국 언어로 동시 방송한다. 재림월드라디오 Adventist World Radio, AWR는 70개국 언어로 번역돼 방송되고 있다. 또 1849년 엘렌 지 화이트에 의해 시작된 잡지「재림리뷰」Adventist Review는 현재까지도 발행된다. 온라인 미디어가 발달하면서 모든 미디어를 종합해놓은 '재림마을'이라는 홈페이지가 개설됐다. 안식교는 재림마을을 재림을 사모하는 성도들의 모임터라고 소개한다. 홈페이지에 안식교의 여러 활동 관련 소식, 설교, 강의, 부흥회, 예배, 선교지 소식, 공연 등의 뉴스와 방송을 모아두었다. 그뿐만 아니라 공지사항, 구인·구직, 부동산, 결혼/중매 등 다양한 정보도 볼 수 있다.

안식교의 TV "희망채널"

2) 교육

안식교가 진출한 국가에서는 우리나라의 삼육초등학교, 삼육중고등학교, 삼육대학교와 같은 교육기관을 운영한다. 교육 잡지로는 격월간으로 발행되는 「재림교육」Journal of Adventist Education, 대학생들을 위한 「다이얼로그」Dialogue 등이 있다. 안식교 소속 교육기관 및 학생 수는 다음과 같다.

기 관	기관 수(개)	학생 수(명)
사역자 양성소	45	6,857
초등학교	5,763	989,039
중고등학교	1,678	433,397
대학교/전문대학/대학원	111	116,171
전 체	7,597	1,545,464

3) 의료 및 복지

안식교는 성경의 말씀을 인용해 "우리 몸이 살아있는 성전"이라며 안식교 초창기부터 건강과 장수를 강조했다. 전 세계에 171개의 병원 및 요양원, 129개의 노인복지시설, 429개의 의원 및 진료소, 33개의 고아원 및 어린이집, 10개의 의료선교용 비행기 및 의료용 선박을 운영한다.

4) 구호 활동

안식교는 국제개발구호기구 아드라 Adventist Development and Relief Agency, ADRA를 운영한다. 2017년 현재 아드라가 진출한 나라는 126개이며, 2016년 아드라의 연간 운용 자금은 8억여 원에 이른다. UN 경제사회이사회는 1997년 아드라에 "일반협의지위"를 부여했으며, 우리나라에서는 지난 1995년 "사단법인 아드라코리아"라는 명칭으로 정부의 승인을 받아 활동하고 있다.

아드라 구호활동

안식교는 교육, 의료, 구제 등의 사회사업 및 봉사활동을 통해 세계적으로 교세를 확장하며 긍정적 이미지를 높이고 있다. 그러나 안식교는 시한부종말론, 율법주의적 구원론, 토요일 안식일 문제, 엘렌 지 화이트의 계시론, 영혼멸절설, 영원지옥부재설 등의 이유로 한국장로교에 의해 1915년 처음으로 이단 결의됐으며, 하나님의교회 세계복음선교협회 안증회의 태동에 영향을 준 단체이기도 하다.

(사진출처: 안식교 세계공식홈페이지 adventist.org)

☐ 대처 노하우

교단명을 기억하자!
교리를 기억하자!
사업체를 기억하자!

"안식교는 토요일 안식일 주장은 물론
"영혼은 소멸된다."
"영원한 지옥은 없다."며
기본적인 정통교회의 교리와
상반되는 주장을 한다."

제칠일안식일예수재림교회^{안식교}는 한국에서 잘 알려진 이단이다. 2004년에는 한국선교100주년 행사도 마쳤다. 역사가 깊은 만큼 우리 주위에 익숙한 단체로 자리매김했다. 폭넓은 활동과 함께 사업체 경영으로 경제적인 수익을 올리고 있는 안식교를 대처하는 방법을 살펴보자.

교단명을 기억하자!

안식교 교회를 분별할 수 있다면 혹 주위의 권유로 교회를 가거나 주위 사람들이 안식교를 가는 것을 막을 수 있다. 하지만 안식교 교회이름은 특이하지 않다. 일반 교회와 똑같은 교회명을 사용하기 때문에 교회이름만으로는 알기가 어렵다. 게다가 국내에만 안식교 교회가 890여 개가 있어 모두 기억하는 것은 불가능하다.

안식교 교회는 공통적으로 교회이름 앞에 "제칠일안식일예수재림교"

제칠일안식일예수재림교라는 명칭을 사용하는 안식교 교회

라는 공식명칭을 반드시 기재한다. 교회이름만으로는 절대 안식교 여부를 알 수 없지만, 안식교의 경우 공식명칭이 쓰여 있는지를 유심히 관찰한다면 구별할 수 있다.

교리를 기억하자!

안식교를 잘 대처하기 위해서는 먼저 그들의 주장을 알아야 한다. 대부분의 사람들이 안식교는 단순히 "토요일에 예배를 드리는 교회" 정도로 알고 있다. "토요일에 예배드리면 이단인가요?"라는 문의도 가끔 들어온다. 안식교가 주장하는 교리를 아는 것은 좋은 대처방법 중에 하나다. 안식교는 토요일 안식일 주장은 물론 "영혼은 소멸된다.", "영원한 지옥은 없다."며 기본적인 정통교회의 교리와 상반되는 주장을 한다. 재림파의 창시자 윌리엄 밀러는 1843년 8월 21일 종말을 주장했으나 불발, 다시 1844년 10월 22일 종말을 예언했으나 불발했다. 이후 추종자 중 하

엘렌 지 화이트 저서 『예언과 역사』에 나오는 1844년 종말론 실패에 대한 글

나인 엘렌 지 화이트가 1844년은 지금까지 성도들의 죄를 하나하나 조사하는 조사심판을 시작한 해라고 재해석해 지금에 이르고 있다. 또 엘렌 지 화이트의 계시를 "예언의 신의 선물"이라며 성경과 비슷한 권위에 두고 믿는다.

안식교에서 주장하는 교리를 아는 것은 안식교를 대처할 수 있는 기초가 된다. 정통교회와 다른, 아니 틀린 주장이 무엇인지 기억하고 이단으로 결의될 이유가 충분함을 인지해야 한다. 더불어 안식일이 토요일이라며 매주 토요일에 예배드리는 점, 돼지고기는 부정한 짐승이라며 먹지 않는 점 등을 발견한다면 안식교임을 확인할 수 있다.

사업체를 기억하자!

안식교는 경제적인 수익을 얻을 수 있는 사업을 적극적으로 운영하고 있다. 사업의 종류도 다양하다. 선교, 출판, 교육, 외국어학원, 구호, 복지, 의

SDA 삼육외국어학원 광고

료, 식품, 상조 등의 사업을 진행하고 있다. 특히 주위에서 쉽게 볼 수 있는 다양한 사업의 결과물이 있다. 대표적으로 삼육두유, SDA삼육외국어학원, 삼육초·중·고등학교, 삼육대학교, 위생병원, 시조사 등이다. 대부분 "삼육"이란 단어가 들어가 있으니 구별하기 어렵지 않다.

안식교는 자칫 이단이라는 생각을 흐릴 수 있다. 한국에 정착한지 110년이 넘었고, 현재 사회·윤리적인 문제가 드러나는 단체도 아니다. 게다가 식품사업, 교육기관 등으로 사람들에게 익숙해 친근하다. 하지만 잘 알지 못했던 그들만의 잘못된 교리가 있음을 기억하고, 사업체를 살펴 안식교가 이단임을 바로 알고 미혹되는 일이 없도록 해야 한다.

7

Beloved Church
사 랑 하 는 교 회
(구 큰믿음교회)

□ 바로알자　□ 해외 활동 현황　□ 대처 노하우

□ 바로알자

변승우는 누구인가?
변승우는 무엇을 주장하는가?
사랑하는교회 포교활동
사랑하는교회 국내외 현황
변승우씨 집회 현장

"꿈과 환상과 예언의 증가와 더불어
반드시 입신의 증가를 보게 될 것이며,
입신을 통해 예수님과 앞서간
성도와 만나서 교제할 수 있고,
미래에 대한 놀라운 계시를
받을 수 있다고 주장한다."

사랑하는교회_{대표 변승우, 구 큰믿음교회}는 한국 교계에서 많은 논란을 일으키고 있는 단체 중 하나다. 설립자인 변승우씨는 구원관과 신비주의적인 신앙 형태로 한국 교계의 주목과 주의를 받았지만, 이에 아랑곳하지 않는 행보로 2008년 고신 측을 시작으로 통합, 합동, 백석, 기성, 예성, 기감 측에서 이단, 참여금지, 교류금지, 예의주시 등으로 결의됐다. 사랑하는교회는 서울특별시 송파구 위례성대로22길 27-22(오금동)에 새 건물을 마련했다. 교회 명칭을 '큰믿음교회'에서 '사랑하는교회'로 바꾸고 2015년 12월 20일 새 건물에서 첫 예배를 진행했다.

변승우는 누구인가?

변승우씨는 성결교신학교_{現 성결대학교} 신학과를 졸업하고 군복무를 마친 후 서울에서 교회를 개척했다. 그러나 5년 동안의 교회 개척은 실패로

사랑하는교회 대표 변승우씨
(출처: cafe.daum.net/Bigchurch)

끝났고 이후 울산으로 내려가 10년 넘게 20여 명의 교인들을 대상으로 목회를 했다. 2005년 변씨는 다시 울산을 떠나 서울 방배동에 사랑하는 교회당시 큰믿음교회를 개척, 교세 확장에 주력했고, 교회는 급성장하기 시작했다. 서울 논현동 인근으로 옮긴 후 사랑하는교회는 5000여 신도가 모이는 대형 교회로 성장해 한국교회의 주목을 받게 되지만 '이단성' 논란에 빠지게 된다. 2009년 예장고신 교단은 변씨의 구원관, 계시관, 신사도적운동 추구, 다림줄, 신학 및 교리 경시, 한국 교회를 폄하하는 발언 등으로 "참여금지", 예장통합 교단은 변씨의 구원관, 입신, 예언, 방언 등 극단적인 신비주의 신앙 형태 등으로 "이단"으로 결의했다. 예장합동 교단은 "집회참석금지", 예장합신은 "이단성이 있어 참여 및 교류금지"를 각각 결의했다. 예성은 2012년에 원판 변질, 개인체험에 의한 성경해석, 급진적 신비주의 추구한다는 이유로 "이단", 기감은 2014년 "예의주시"로 결의했으며, 기성은 2011년 집회참여, 교류금지 결의에 이어 2019년 "교류금지 유지"로 결의했다. 이에 변씨는 2009년 9월 27일 사랑하는교회 1부 예배에서 "현대교회의 어두움이 얼마나 심각한 상태인지는 이번 총회 때 교단들이 내린 불의하고 불법적인 결정들이 그대로 보여주고 있다."고 주장, 교단들의 결의내용을 비판했고, 2009년 12월 7일 "대한예수교장로회 부흥교단"을 창립해 지속적으로 자신의 교리를 전파하고 있다.

변승우는 무엇을 주장하는가?

1) 행위가 포함된 조건적 구원

변승우씨는 『진짜 구원 받은 사람도 진짜 버림 받을 수 있다』에서 "한 번 구원받은 사람도 버림 받고 멸망 받을 수 있다."고 말했다. 즉 변씨의 주장에 따르면 믿음의 성도도 구원받지 못할 수 있다는 것이다. 변씨는 『지옥에 가는 크리스천들』에서 "오늘날 많은 사람들이 믿음으로 구원받는 것이기 때문에 믿기만 하면 천

변승우씨 저서
『지옥에 가는 크리스천들』

국에 간다고 생각한다. 심지어 어떤 사람들은 '구원은 믿음으로 받고 상급은 행함으로 받는 것이기 때문에 하나님의 말씀에 순종하지 못하고 죄 가운데 살아도 구원은 받을 수 있다'고 생각한다. 이런 생각들은 모두 성경이 말하는 믿음이 무엇인지를 모르기 때문에 생긴 매우 위험한 생각들이다."라고 주장했다. 변씨의 주장을 좀 더 살펴보면 다음과 같다.

▲ 누구든지 하나님의 말씀대로 살지 않는 자는 결단코 천국에 들어가지 못합니다. 이것은 믿는 자들도 예외가 될 수 없습니다. (『지옥에 가는 크리스천들』, 98쪽)

▲ "믿음이 있노라 하고 행함이 없으면" 단순히 상급이 아니라 "구원을 받을 수 없다"는 말이 됩니다. (『지옥에 가는 크리스천들』, 104쪽)

▲ 믿음이 있노라 하고 복음적인 순종이 없는 자는 실제적인 믿음을 가지고 있는 자가 아니며 천국에 들어가지 못합니다. (『지옥에 가는 크리스천들』, 118쪽)

▲ 사람은 마음 속에 있는 믿음으로만 의롭다함을 얻는 것이 아니라, 마치 몸의 움직임과 활동이 몸에 있는 생명의 표현이듯 믿음이 가지고 있는 생명의 표현인 행위들로도 의롭다함을 얻는다는 말입니다. (『지옥에 가는 크리스천들』, 127쪽)

▲ 성도의 궁극적인 구원은 조건적인 것입니다. 구원받은 성도가 다 궁극적인 구원을 받는 것이 아니라 조건을 충족시킨 사람만 버림받지 않고 천국에 들어갑니다. (『진짜 구원 받은 사람도 진짜 버림 받을 수 있다』, 153쪽)

▲ 그저 예수를 믿고 입으로 고백하면 구원받는다는 이것은 본래 이단 사설입니다. (2006년 5월 26일 설교)

정리하면 변씨의 구원관은 '나의 의'가 필요한 구원관이라 말할 수 있다. 이는 정통교회의 주장과 달리 '행위'로 구원 받는다는 주장이다. 이러한 변씨의 주장에 대해 총신대학원 심창섭 교수는 연구자료 〈변승우(사랑하는교회)씨의 주장은 무엇이 다른가?〉에서 "변승우씨는 오직 믿음으로만 구원 받는다는 기존 교회의 신앙을 인정하는 것처럼 말하지만 그 믿음이 선행을 수반하지 않는다면 구원 받을 수 없는 믿음이라고 주장한다."며 "성경은 인간의 행위가 아니고 믿음으로 의롭게 된다고 가르치고, 바울은 로마서에서 이 진리를 확인해 주고 있다."고 주장했다. 또 "바울은 믿음으로 의롭다 하심을 받은 자들의 성화적인 삶에 대해서 강조하고 있지만 그는 결코 그 선행이 우리를 의롭게 하는 믿음에 이르게 한다고는 말하지 아니한다."며 "변승우씨는 이신칭의 진리를 왜곡되게 이해했다."고 비판했다.

2) 계시와 예언 그리고 입신

변승우씨는 『다림줄』 서문에서 자신에 대한 미국인 사역자 샨 볼츠의 예언을 빌려 저술 의도를 밝혔다. 샨 볼츠는 변씨에 대해 "이 시간 기록을 담당하고 있는 천사 중 직위가 높고 강력한 천사가 변승우 목사님 곁에 와 있습니다. 바울이 서신서들을 저술할 때에 바울과 함께 서 있었던 역할을 감당하기에 합당했던 바로 그 천사입니다. (중략) 변 목사님, 바로 이 천사가 바울이 로마교회 성도들과 갈라디아교회 성도들에게 서신서를 썼을 때에 바울과 함께 있었습니다."라고 예언했다. 샨 볼츠의 예언을 들은 변씨는 "그 천사가 자신과 함께 있음을 느낄 수 있었다."고 말했다. 이처럼 변씨는 직접적인 계시를 통해 설교 및 저술을 한다고 주장한다.

또한 변씨는 『특별히 예언을 하려고 하라』에서 "현재 요엘이 예언한대로 꿈과 환상과 예언이 전 세계적으로 급증하고 있다."며 "꿈과 환상과 예언의 증가와 더불어 반드시 입신의 증가를 보게 될 것"이라고 말했다. 또 "입신을 통해 예수님을 만나고, 앞서간 성도들과 만나서 교제할 수 있다.", "성경 진리에 대한 큰 이해력을 얻을 수 있고 미래에 대한 놀라운 계시를 받을 수 있다."고 주장했다. 이러한 변씨의 신비주의적인 신앙에 대해 예장통합 측은 2009년 94회 총회에서 "극단적인 신비주의 신앙 형태 등을 갖고 있는 비성경적 기독교 이단이다."라고 밝혔고, 예장합신 측은 2009년 94회 총회에서 "하나님의 계시의 방편이 직통계시라고 주장하며 지금도 선지자학교를 세워 예언을 가르치고 각 개인의 신상에 대해 예언을 해주고 있다."며 "자신의 신학논리를 성경의 근거보다 개인적인 체험과 다른 사람들의 예언에다 두는 경우가 많다."고 비판했다.

사랑하는교회 포교활동

사랑하는교회는 일반 예배뿐 아니라 "성령신학교" "북한선교회" "부부학교" "신유 축사모임" "금요영성집회" "중보기도학교" "탈북민 예배" "365일 기도회" 등 각종 집회 및 모임을 통해 믿음의 성도들을 미혹, 포교하고 있다. 또한 인터넷 홈페이지www.belovedc.com 및 사랑하는교회 카페를 활용해 설교 및 집회 현황을 중계하고 있다.

1) 성령신학교
성령신학교는 2009년 10월 1일에 설립하였으며 학장은 변승우 목사,

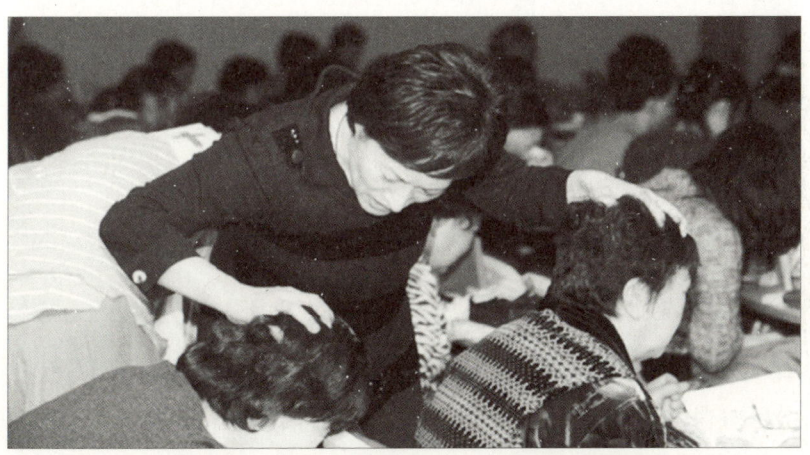

중보기도학교 김옥경씨 안수 (출처: cafe.daum.net/Bigchurch)

성령신학연구원 원장은 이동기 목사다. 그 외에 교수진으로 이주섭(과목: 예수님 비유 해석과 설교에의 적용), 허작(과목: 이스라엘 지혜문학의 독특성, 신명기 사가의 역사서와 역대기 사가의 역사서 비교연구), 김옥경(과목: 예언과 치유), 진성원(과목: 실천목회학, 설교학, 마태복음), 양병일(과목: 존재&관계신학), 이윤석(과목: 실전야고보서 이해, 부흥신학론, 산상설교 돌아보기), 김국희(과목: 목회자의 자기점검, 기독교 고전연구), 장창두(과목: 주제별 성경 연구) 교수가 강의하고 있다. 수업 과정은 정규과정과 비정규과정으로 나뉜다. 정규과정은 성령신학교(4년), 성령 신학연구원(3년), 비정규과정은 목회자반, 4년 수료과정, 평신도반이 있다.

2) 인터넷 포교

사랑하는교회는 인터넷 홈페이지, 사랑하는교회 인터넷 카페를 통해 변승우씨 설교 동영상 및 샨 볼츠, 밥 존스, 바비 코너, 하이디 베이커, 제프 젠슨 등 국외 강사들의 집회 현황을 올려 누구나 쉽게 설교를 듣고 집회 현장을 볼 수 있도록 하고 있다. 또 인터넷 사이트 "천국의 도서관"을 통해 변승우씨 저서 및 국외 강사들의 저서를 소개하고 있다.

사랑하는교회 국내외 현황

사랑하는교회 주장에 따르면 사랑하는교회 재적성도는 1만 8000여 명이 된다. 2005년 서울에 사랑하는교회를 개척, 수년 만에 수천 명이 모이는 대형교회로 성장했다. 사랑하는교회는 자신들의 교세를 확장하기 위해 전국 지교회를 설립 중에 있으며, 국외까지 자신들의 영역을 확대

시키고 있다. 사랑하는교회 국내 지교회 현황을 살펴보면 서울·경기지역에는 남양주, 부천, 수원, 안산, 안양, 인천, 일산, 용인, 의정부, 화성에 있고, 그 외에 지역으로 강릉, 경주, 구미, 광주, 대전, 대구, 목포, 부산, 서산, 순천, 안동, 양산, 울산, 원주, 익산, 전주, 제천, 제주, 창원, 청주, 춘천, 통영, 평택, 포항에 있다. 국외에는 뉴욕, 버까시, 밴쿠버, 브룬디, 시드니, 애틀랜타, 오사카, 우간다, 콩고, 프랑크푸르트에 지교회가 있다. 한편 사랑하는교회는 국내외 지교회 설립 도모를 위한 인터넷 카페 "도시마다 나라마다 큰믿음교회"를 개설해 활발히 활동하고 있다. 카페에는 국내외 50여 개의 각 지역별 기도회 폴더(예: 수원 큰믿음기도회, 몬트리올 큰믿음기도회)를 만들어 지역 신도들 간의 교류를 활성화시키고, 단합을 유도하고 있다. 사랑하는교회는 현재 지속적인 성장 추세에 있으며 국내외 교세 확장은 더욱 증가할 것으로 보인다.

변승우씨 집회 현장

천안시 신부동에 위치한 신부동교회에서 변승우씨가 부흥 집회를 진행됐다. 24일 집회 현장을 찾았을 때 500여 명의 신도가 모였고, 좌석이 부족해 예배당 중앙 통로까지 의자가 채워졌다. 오후 7시 30분, 찬양단의 찬양과 함께 집회가 시작됐다.

종교화된 한국교회

변씨는 설교를 시작하면서 "한국교회가 종교화됐고, 바리새화됐다." 며 "한국교회, 한기총회장, 총회장, 학장, 교수, 목사, 신자들이 하나님을 사랑하는 마음이 없다."고 비난했다. 또 "교회는 성령의 각양 역사가

변승우씨 집회가 열린 천안시 신부동 "신부동교회"

일어나야 된다."며 오늘날 일반적으로 기성교회 목사들이 하는 설교와 프로그램에 대해 다음과 같이 강도 높게 비판했다. "교회가 성경공부만 하면 바리새인이다. 지식 전하는 설교, 강해설교, 제자화훈련은 예수님에 관한 설교가 아니다. 이런 설교 때문에 많은 사람들이 지옥에 간다." 변씨는 이어 "예수님에 대한 지식, 신학적인 가르침, 심지어 성경계시도 예수님을 대신할 수 없다."며 "대부분의 목사들이 설교를 몰라 많은 영혼을 위태롭게 하고 있다. 예언의 궁극적인 목적은 예수님을 증거하는 것"이라고 주장, 직통계시의 당위성을 역설했다.

수평이동은 일어나야 된다

변씨는 "수평이동의 원조는 예수님"이라며 '수평이동'의 증가를 다음과 같이 '예언'했다. "전 세계적으로 대 부흥이 올 것인데, 많은 교회들이 부흥으로 인해 문을 닫을 것이다." 또 "부흥이 일어날 때마다 수평이동이 거세게 일어난다."며 "수평이동은 하나님이 하시는 것"이라고 주장했다. 변씨는 "통합 측에서 나를 이단시한 것은 '수평이동' 때문이며, 한국의 이단 시비는 수평이동으로 인한 시기심에서 일어나는 것"이라고 비난했다. 사랑하는교회는 타 교회에서 오는 신도들로 지속적으로 성장하고 있다. 이러한 성장에 "꿈과 환상, 계시로 사랑하는교회로 가라고 해서 그들이 온 것이다. 내가 오라고 해서 오는 게 아니다. 하나님께서 가라고 해서 오는 것이다."라며 사랑하는교회 수평이동으로 인한 성장의 정당성을 피력했다.

변씨의 설교는 4시간 여 지속됐다. 자정이 지났지만 자리에서 일어나는 신도들은 없었다. 신도들은 변씨의 설교에 고개를 끄덕였고, "아멘"으로 화답했다. 변씨는 설교의 결론에서 "사랑하는교회가 공격을 많이 받지만 이는 한기총, 각 교단 목사들이 영분별을 몰라서 그렇다. 이들은 바리새인들이며 껍데기에만 관심이 있는 자들이다."라며 비난했고, '이단사역자들'에 대해서 "거짓말쟁이다. 지옥에 갈 것이다."라고 저주했다. 변씨는 또 "이단 사설은 관심도 없으며, 사랑하는교회가 이단인 확률은 '제로'이다."라고 주장했다. 변씨의 설교가 끝나자 통성기도 시간이 이어졌다. 신부동교회 담임 강○○ 목사와 김옥경씨의 안수기도가 진행됐다.

변승우씨는 자신의 저서와 설교를 통해 크리스천들도 지옥에 갈 수 있다고 주장해 믿음의 성도들을 혼란케 하고 있다. 변씨의 구원관은 예수님의 은총보다 나의 의를 앞세우는 결과를 초래할 수 있다. 또한 계시와 예언, 입신, 쓰러짐 현상 등 신비주의적인 요소들은 성도들에게 기적을 좋게 해 말씀보다 체험에 중점을 두어 균형을 잃게 할 수 있다. 한국 교회는 변씨를 "이단" 및 "집회금지"등으로 결의했지만 변씨의 행보는 물살을 탄 듯 지속적인 확장을 시도하고 있다.

□ 해외 활동 현황

해외 활동
해외 지교회 현황
그 밖의 활동

"도시마다 나라마다
'큰믿음교회' 카페를 개설하고
지교회 설립을 추진하고 있다."

사랑하는교회 인터넷 카페 cafe.daum.net/Bigchurch가 밝힌 공식적인 해외 지교회는 2017년 현재 일곱 곳이다. 그러나 사랑하는교회는 지교회가 없는 국가 및 도시에 진출하기 위해 신도들의 활동을 촉구하는 등 지교회 설립에 적극적인 모습을 보이고 있다.

해외 활동

사랑하는교회는 해외 지교회를 중심으로 사랑하는교회 소속 김옥경씨와 변애경씨의 중보기도집회, 선지자학교를 열고 있다. 특히 김옥경씨는 지난 2008년부터 미국 애틀란타, 샌디에고, 캔사스시티, 샌프란시스코, 버지니아, 뉴저지, 캐나다 토론토, 밴쿠버, 일본 오사카, 동경, 호주, 뉴질랜드, 바누아트 등에서 예언, 입신, 직통계시 등의 내용으로 중보기도집회를 진행하고 있다. 미국의 기독 교민 언론「크리스찬타임스」는 지난 2009년 3월 "특히 집회 첫날 예언 은사가 있는 네 명의 사역자들은 성도 각 사람을 바라보며 예언하기도 했는데 예언이 시작됨과 동시에 쓰러지는 성도들도 있었다."며 김옥경씨의 집회 현장을 보도하기도 했다.(「현대종교」 2010년 3월호 참고)

해외 지교회 현황

사랑하는교회는 미국 뉴욕, 인도네시아 버까시, 캐나다 밴쿠버, 오스트레일리아 시드니, 미국 애틀랜타, 일본 오사카, 독일 프랑크푸르트, 콩코, 우간다, 브룬디에 지교회가 있다. 사랑하는교회가 공개한 사진 자료에 따르면 각 지교회의 신도 수는 100명 이하로 규모는 크지 않으나, 교회 건물 계약·이전 등을 통해 교세 확장을 시도하는 것으로 파악된다.

그 밖의 활동

사랑하는교회는 인터넷 다음 카페 "도시마다 나라마다 큰믿음교회 cafe.daum.net/gfcb"를 개설하고 지교회 설립을 추진하고 있다. 사랑하는교회 측은 "자기 지역에 사랑하는교회를 세우기 원하시는 회원님들은 '○○큰믿음기도회' 게시판 신청을 아래에 댓글로 해 주시기 바랍니다. (중략) 게시판지기가 하실 일은 각 지역에 해당하시는 회원님들을 파악하시고 (중략) 인원수와 형편 등을 게시판에 게재해 주시기 바랍니다. 자기 지역에 사랑하는교회가 속히 세워지도록 중보기도 제목들을 제시해 주시기 바랍니다."라며 아직 지교회가 설립되지 않은 지역의 신도들에게 적극적인 활동을 촉구하고 있다. 이 카페에는 2010년 현재 국내 지역 30개 게시판과 일본 요코하마, 필리핀, 홍콩, 호주, 뉴질랜드 오클랜드, 캐

① 오사카 사랑하는교회
② 프랑크푸르트 사랑하는교회
③ 뉴욕 사랑하는교회
④ 애틀랜타 사랑하는교회
⑤ 밴쿠버 사랑하는교회
⑥ 시드니 사랑하는교회
⑦ 버까시 사랑하는교회
(출처: cafe.daum.net/Bigchurch)

나다 토론토, 몽턴, 캘거리, 몬트리올, 미국 뉴욕, 워싱턴, 훼이트빌, 아리조나, 다이아몬드바, 샌디에고, 올렌도, 오하이오, 보스턴, 산호세, 텍사스, 이탈리아 피렌체, 독일 등 해외 지역 22개 게시판이 형성돼 있으며, 지교회가 설립된 지역은 게시판 이름 뒤에 두 개의 하트(♥♥) 표시를 하고 있다.

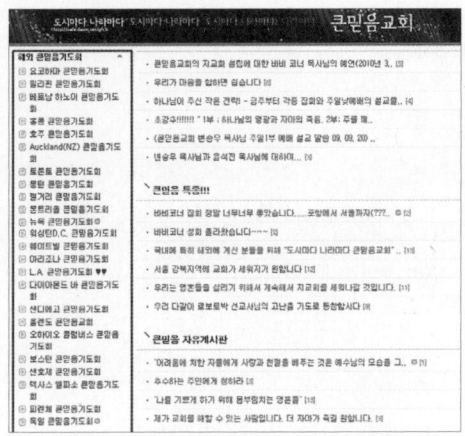

"도시마다 나라마다 큰믿음교회" 다음 카페
(cafe.daum.net/gfcb)

사랑하는교회의 해외 현황은 주목할 만한 수준은 아닌 것으로 파악됐다. 그러나 인터넷 카페 활용과 신도들의 자발적인 움직임으로 해외 지교회의 수는 늘어나고 있고, 사랑하는교회 소속 전도사의 해외 집회 활동도 꾸준히 이어지고 있다. 이는 2009년 이단, 참여금지 등으로 결의된 사랑하는교회에 대한 해외 한인교회의 정보 부재로 해석된다. 한국교회는 각 교단 해외선교부를 통해 해외에도 사랑하는교회에 대한 문제점을 보다 적극적으로 알려 사랑하는교회로 인한 문제들이 이민사회에 일어나지 않도록 도와야 한다.

□ 대처 노하우

예언을 어떻게 볼 것인가?
행함이 구원의 조건인가?
사람들이 많이 모이면 진리인가?

"우리는 성경에서 말하는
예언과 구원에 대해
올바로 아는 것이 필요하다.
올바른 신앙을 소유할 때,
진정한 '큰믿음'을 소유한
건강한 크리스천으로 거듭날 수 있다."

사랑하는교회는 예언, 구원론 등의 문제로 교계의 우려를 사고 있다. 2009년에는 소속 교단에서 제명·출교되고, 타 교단에서 이단 또는 참여금지로 결의되었다. 사랑하는교회의 문제점을 중심으로 그 대처방법을 살펴보자.

예언을 어떻게 볼 것인가?

예언이란 하나님으로부터 직접 계시된 진리를 사람들에게 전하는 일을 말한다. 하지만 잘못된 예언사역으로 성도들의 혼란을 일으키기도 한다. "너는 우리 교회에서 신학을 공부해야 한다." "사업은 3개월 후에 하고 직원은 세 명 두어야 한다."는 등 구체적인 개인의 미래에 할 일을 제시한다. 사랑하는교회는 예언사역자를 양성해 예언사역을 하며 구체적인 미래를 알려 주고 있다. 점집과 다름없는 모습이다. 성경에서 각 선지자들에 의해 전해진 메시지는 그 시대의 청중을 회개시키고 격려하기 위한 것이었다.「현대종교」편집자문위원인 허호익 교수 _{대전신학대학교 조직신학}는 "성경이 계시의 완결"이며 "성경과 그리스도 외에 직접적인 계시는 없다."고 강조했다.

행함이 구원의 조건인가?

사랑하는교회 변승우씨는 정통 교단에서 인정할 수 없는 구원관을 주장한다. 변씨의 저서『지옥에 가는 크리스천들』은 "구원을 받으려면 어떻게 해야 하지요? 대부분 이 질문에 '오직 믿음!'이라고 대답합니다. 하지만 이것은 온전한 대답이 아닙니다."(36쪽), "저는 행함이 없는 믿음은 거짓 믿음이며 그런 믿음으로는 절대로 천국에 들어갈 수 없다는 것을 어렸을 때부터 알았습니다."(105쪽) "행함이 나타나지 않는 믿음으로는 결코 의롭다함을 얻을 수 없으며 구원을 받을 수 없다."(130쪽)는 등 구원의 조건으로 믿음만으로는 부족하고 행함을 수반하는 믿음이 필요하다고 강조한다. 그러나 구원은 믿음으로 얻는 것임이 분명하고, 행함은 성화의 과정 속에서 크리스천으로서 해야 할 일임을 인지해야 할 것이다.

사람들이 많이 모이면 진리인가?

사람들은 보통 많은 사람들이 모이는 교회면 좋은 곳이라고 생각하는 경향이 있다. 그만큼 많은 사람들이 인정한 곳이기 때문에 믿을만하다고 생각한다. 물론 정말 좋아서 많은 사람들이 모이는 교회도 있지만 반드시 그런 것만은 아니기 때문에 이러한 생각은 위험한 생각이다. 사랑하는교회는 최근 급속도로 양적인 성장을 하고 있다. 카페에도 매번 국내외에 사랑하는교회 지교회가 생기고 있고, 그 예배 인원수가 많다는 것을 매번 카페에 올려 "개척 5년 만에 7000명이 넘었다.", "국내외에 사랑하는교회들이 생기고 있다."는 등 그들의 외적 성장을 과시하고 있다. 모이는 인원을 보면 다른 이단들도 만만치 않다. 신천지는 17만여 명의 신도 수를 자랑하고 있고, 하나님의교회도 등록인원(자체 주장)이 250만 명이 넘는다고 홍보하고 있다. 교회는 사람의 수가 중요한 것이 아니라 예수님의 진리를 전하고 있는지 잘 살피는 것이 중요하다.

사랑하는교회는 개인의 미래를 말해주는 예언, 행함이 수반된 구원을 주장한다. 무엇보다도 우리는 성경에서 말하는 예언과 구원에 대해 올바로 아는 것이 필요하다. 올바른 신앙을 소유할 때, 진정한 '큰믿음'을 소유한 건강한 크리스천으로 거듭날 수 있다.

8

Unification

통　　일　　교

□ 바로알자　　□ 해외 활동 현황　　□ 대처 노하우

□ 바로알자

문선명은 누구인가?

통일교는 무엇을 주장하는가?

통일교 포교활동

통일교 국내 현황 및 근황

통일교 예배 현장

"통일교는
사탄과 영적 간음한 해와를 통해
인류는 더러운 사탄의 혈통을 이어받게 됐고,
인류 구원을 위해 예수가 왔으나
육적 구속사업에 실패,
따라서 영육이 완성된 구속사업을 이루고자
문선명 재림주가 왔다고 주장하고 있다."

통일교 설립자 문선명으로부터 후계자로 지목된 문형진씨는 "통일교는 기독교가 아님"을 선언하며 "통일교의 전통과 정체성에 대해 자부심을 가지고 민주주의 사회에서 종교 자유를 누리며 신앙과 원리를 재발견할 것"이라고 피력한 바 있다. 이처럼 통일교의 자신감 넘치는 행보는 사회 이슈화됨에 따라 사람들의 관심과 이목을 받고 있다. 통일교는 어떤 단체인가?

문선명은 누구인가?

문선명씨(1920~2012)는 1920년 1월 6일 평안북도 정주군 상사리에서 기독교 가정의 농민의 아들로 태어났다. 문씨는 학생시절부터 신비주의적인 체험에 열광했고, 16세 되던 1936년 4월 17일 하늘의 계시를 받아 하나님의 음성을 듣게 됐다고 한다. 서울에서 고등보통학교를 마친후 일본 와세다대학 부설 고등공업학교 전기과에서 공부했으며, 해방이 되자

통일교 설립자 문선명씨

일본에서 귀국하여 평양에 광해교회를 세웠다. 1946년 경기도 파주에 있던 김백문씨의 이스라엘수도원을 찾아가 김씨 밑에서 6개월간 성경공부를 한 후 6월 6일 다시 월북해 평양에 도착했고, 신비주의 운동을 하다가 사회질서혼란혐의(혼음)로 구속, 또 본처를 두고 여신도 김모씨와 결혼식을 거행해 간음혐의로 구속되는 등 사회적 물의를 일으켰다. 1·4 후퇴 때 부산에 내려와 자신을 따르던 몇몇 신도와 함께 1951년 1월 27일부터 범일동, 수정동, 영도 등지에서 통일교회를 창설해 포교활동을 시작했다. 1954년 5월 1일 서울에 올라온 문씨는 성동구 북학동 초가집에 통일교회라는 간판을 걸고 전도활동을 시작, 성화기독학생회를 조직했고, 1955년 1월 17일에 북학동에서 성동구 홍인동으로 이전해 동년 3월 27일 기관지 「성화」를 창간했다. 1955년 7월 4일 문씨는 '사회질서혼란 및 풍기문란 혐의'로 경찰에 다시 구속됐고, 출감 후 10월 7일 서울 용산구 청파동으로 본부를 이전해 본격적인 전도활동에 박차를 가하는 한편, 1958년 초부터 해외선교를 전개해 교세를 확장했다. 1963년 정부에 사회단체를 등록했고, 1965년 10개월간 40개국을 순방했으며 『원리해설』스페인어, 화란어, 프랑스어 판을 출판했다. 이후 『원리해설』자체의 허점을 보완하여 『원리강론』을 출판했다.

통일교는 무엇을 주장하는가?

통일교는 성서를 구약, 신약, 성약成約으로 구분하는데 이 성약서가 통일교 교리서인 『원리강론』이며, 핵심적인 주요교리는 타락론과 복귀론(구원론)이다.

통일교 로고

1) 사탄과 영적 간음한 하와

통일교 『원리강론』에서는 창세기 2장 17절의 선악과 사건을 놓고 다음과 같이 설명하고 있다.

> ▶ "해와는 사탄을 중심한 악의 사랑으로 악과惡果를 따먹고 악의 피와 살을 받아 악의 혈통을 번식하여 죄악의 사회를 이루었다. 따라서 해와가 선악과를 따먹었다고 하는 것은 그가 사탄을 중심한 사랑에 의하여 서로 혈연관계血緣關係를 맺었다는 것을 뜻하는 것이다."(『원리강론』, 81~82쪽)

> ▶ "해와가 미완성기에서 천사장과 불륜한 혈연관계血緣關係를 맺은 후, 다시 뒤미처 아담과 부부의 관계를 맺었기 때문에 아담도 역시 미완성기에서 타락되었다."(『원리강론』, 88쪽)

정리하면 하와가 사탄과 더불어 불륜한 음행관계를 가짐으로써 미완성기에 사탄의 혈통을 받았고, 하나님의 허락 없이 역시 미완성기에 있는 아담과 육적 혈연을 맺음으로 아담 또한 사탄의 더러운 혈통을 이어받게 됐다는 것이다. 그러므로 사탄의 혈통을 받아 아담과 하와 사이에서 태어난 인류는 자손 대대로 사탄의 자식들이 되어 원죄가 있는 악인들이며, 이런 악인들로 구성된 이 세상은 사탄 지배의 악의 주권이 지배한다는것. 따라서 통일교는 하나님께서 아담, 하와, 원죄 없는 선한 자녀로 형성된 사위기대 四位基台를 완성하여 지상천국을 이루고, 창조이상 세계를 이루고 죽은 후에는 천상천국을 건설한다고 주장한다.

2) 예수의 육적 구속 사업의 실패

통일교는 예수의 신성을 부정한다. 또한 예수의 구속사업은 영적인 면에서만 완성됐고, 육적인 면에서는 실패했다고 주장한다.

- ▶ "예수님은 지상에 있어서도 원죄原罪가 없다는 점을 제외한다면 그는 우리와 조금도 다름이 없는 인간이었고, 또 부활 후 영계에 있어서도 제자들과 다름없이 영인체로서 계신다."(『원리강론』, 231쪽)

- ▶ "만일 예수님이 하나님 자신이라면, 어떻게 하나님이 사탄의 시험을 받고 또 사탄에 몰려 십자가에 달리는 등의 일이 있을 수 있을 것인가?"(『원리강론』, 231쪽)

- ▶ "예수님이 메시아로 강림하셨던 목적이 구원섭리를 완수하시려는데 있었으므로, 그는 영적 구원과 육적 구원을 아울러 완성하셔야만 되었다. (중략) 그러나 유대인들이 예수님을 불신하여 그를 십자가에 내주었으므로 그의 육신은 사탄의 침범을 당하여 마침내 살해되었던 것이다. 그러므로 육신에 사탄의 침범을 당한 예수님을 믿어 그와 한 몸을 이룬 신도들의 육신도 그대로 사탄의 침범을 당하게 된 것이다. 이렇게 되어 아무리 독실한 신앙자라도 예수님의 십자가의 속죄로써는 육적 구원은 완성할 수 없게 되었다."(『원리강론』, 160~161쪽)

이처럼 통일교는 타락한 인류구원을 위해 예수는 십자가를 통해서 영적 구속사업을 완성했으나 육적 구속사업에 실패했으므로 재림주가 나타나 영육이 완성된 구속사업을 해야 한다고 주장한다.

3) 동방의 재림주 문선명

통일교는 재림할 메시아가 어느 특정한 지역에 재림할 것이라고 한다. 요한계시록 7장 2절의 "동방의 해 돋는 나라"에 재림주가 임한다는 성서의 기록을 인용해 그 "해 돋는 나라는 바로 한국"이라고 말한다.

> ▶ "자고로 동방나라는 한국, 일본, 중국 등 동양 3국을 말한다. 그런데 그중의 일본은 대대로 천조대신을 숭배해온 나라로서, 더구나 전체주의국가로서 재림기를 당하였었고, (중략) 중국은 공산화해 온 나라이다. 그렇기 때문에 이 두 나라는 모두 사탄 편의 국가인 것이다. 그러므로 단적으로 말해서 예수님이 재림하실 동방의 그 나라는 바로 한국인 것이다." (『원리강론』, 550~551쪽)

그렇다면 통일교에서 주장하는 한국에 재림할 재림주는 누구일까? 『원리강론』 총서에 의하면 "하나님은 이미 이 땅 위에 인생과 우주의 근본문제를 해결하게 하시기 위하여 한 분을 보내셨으니, 그분이 바로 문선명 선생이시다."라고 주장, 문씨가 한국에 재림한 메시아임을 밝히고 있다.

이러한 통일교의 주장에 대해 한국 기독교 교단들은 "이단", "사이비"로 결의했다. 예장통합 측에서 출판한 『기독교의 이단들』에는 통일교를 가리켜 "예수 그리스도의 완전한 구속적 사건을 무시하고, 구원을 얻기 위해서는 수수작용을 통하여 가능하다고 주장, 재림에 대해서는 억지해석과 특정 지역의 재림을 주장하고 있다."며 "정통 기독교와 길을 달리하는 분명한 '이단'이다."라고 정리했다.

통일교 포교활동

1) 스포츠사업

통일교는 세계문화체육대전, 피스컵 코리아, 세계스포츠낚시연합 등 스포츠를 이용, 사람들의 이목을 집중시켜 자신들의 단체를 홍보하는데 주력해 왔다. 2007년 세계문화체육대전 대회 취지를 "참사랑, 참생명, 참혈통을 중시한 축복이상 가정을 통한 평화세계실현"이라고 밝히고 있듯이 자신들의 교리도 교묘히 전파하고 있다. 세계문화체육대전은 1992년부터 2~3년을 주기로 개최되고 있고, 세계 수십여 개국에서 대학생, 청년, 학자 등 1만여 명이 참석하며, 초종교평화스포츠페스티벌IPSF, 국제합동축복결혼식, 미스터 미스유니버시티 세계대회MMUI 및 글로벌피스세미나 등 세부 행사를 진행하고 있다. 피스컵 코리아 축구대회는 아시아 축구연맹AFC이 공식으로 인정한 축구대회이며, 2년마다 세계 여러 나라를 순회하며 진행했다. 2006년부터는 여자축구 국가대표 초청경기인

피스컵코리아에서 문선명씨 일가

"피스퀸컵대회"를 격년제로 열어 왔다. 2009년 3월 24일, 한국축구연맹은 피스컵조직위원회와 후원계약을 맺어 K-리그컵 대회를 "피스컵 코리아"로 명명했고, 피스컵조직위원회는 대회 후원 자격으로 광고권 12억 원을 지원하기로 했다. 그러나 문선명씨 사망 이후 아내 한학자씨는 피스컵, 피스퀸컵을 중단하고, 충남일화여자실업축구단을 해체했다. 세계스포츠낚시연합의 경우 단체는 존재하나, 2015년을 기준으로 연중행사들이 전면 연기 및 취소되고 있다.

2) 순결교육과 캠페인

성범죄율이 해가 바뀔수록 높아지고 잔인해짐에 따라 '성'에 대한 사회적 관심이 고조되고 있다. 이러한 사회적 분위기에 편승해 통일교는 1997년 10월 한국청소년순결운동본부를 설립했다. 이 기관은 학생, 학부모, 교사 등을 대상으로 순결교육을 실시하고, 성폭력 성매매 추방 캠페인, 음란물 추방 캠페인, 성가치관 글짓기 대회 등 대외적인 활동을 감행하고 있다. 그러나 이 기관은 순결교육을 빙자해 통일교 교리를 은연중 증거하고 있다.

순결캔디

3) 언론 출판 및 교육 기관

통일교는 「세계일보」, 「워싱턴타임스」, 「종교신문」 UPI통신, 성화출판사, 「월간 통일세계」, 「월간 광장」 등 수많은 언론기관을 통해 매체의 영역을 넓혀 나가고 있다. 2009년에는 문선명씨의 자서전 『평화를 사랑하는 세계인으로』를 출판해 문씨 이미지를 쇄신하고 통일교를 홍보하고 있다. 또한 선화유치원, 경복초등학교, 선정중고등학교, 선문대학교, 통일신학교 등 각 분야 교육기관을 설립해 학생들에게 단체 및 교리를 알리고 있고 나아가 전문 사역자를 양성하고 있다.

문선명씨 자서전

4) 유니버설발레단과 리틀엔젤스예술단

유니버설발레단은 통일교 실력자 박보희씨의 딸이자, 교통사고로 숨진 문선명씨의 둘째 아들과 "영혼결혼식"을 올린 문훈숙씨가 단장 겸 이사장을 맡고 있고, 리틀엔젤스예술단은 한국문화재단 이사장이었던 박보희씨에 의해 1962년 창단됐다. 리틀엔젤스는 초등학교 어린이를 단원으로 뽑아 무용, 합창, 가야금, 영어 등을 가르치며 공연활동을 하고 있다. 초등생 자녀를 둔 부모들은 리틀엔젤스예술단에 뜨거운 관심을 보

리틀엔젤스예술단의 공연 모습

이고 있다. 통일교는 이처럼 문화코드를 활용해 대중들 틈으로 스며들고 있다.

5) 합동결혼식

문선명씨는 "민족, 종교, 인종 간의 갈등을 해결하고 평화로운 세계를 이루기 위한 가장 빠른 길은 교차축복(국제합동결혼)에 있다."고 강조, 국제결혼을 적극 장려하고 있다. 통일교는 이러한 문씨의 발언에 따라 수백차례 국제합동결혼식을 올렸고, 다문화가정센터를 건립하고 있다. 이를 통해 다문화가정들과 국제결혼을 계획하는 농어촌 총각들이 자연스레 통일교 포교 대상자가 되고 있다.

통일교 국내 현황 및 근황

2017년 현재 국내 통일교는 서울동부, 인천, 경기남부, 강원, 대전, 대

통일교의 합동결혼식 모습

구, 부산 등 29개 교구가 편성돼 있으며, 235여 개의 교회가 있다. 문형진전 통일교 세계회장씨는 2011년 1월 18일 서울 종로 프레스센터에서 열린 기자간담회에서 국내 신도 수가 2010년 말 1만 9000명이라고 밝혔다. 통일교는 용산구민회관을 매입, 천복궁교회를 건립했다. 문선명씨 사망 이후 문형진씨가 통일교 세계회장으로 취임하는 등 후계구도 안정에 박차를 가하는 것으로 보였으나, 어머니 한학자씨가 문선명씨와 동등권을 주장하는 등의 문제로 둘은 갈라졌다. 이후 장녀 문선진씨가 세계회장으로 취임했고, 문형진씨는 미국 펜실베이니아주에서 생츄어리처치를 개척해 독자노선을 구축했다.

통일교 예배 현장

서울시 용산구 서빙고로 39에 위치한 천복궁교회를 찾아갔다. 천복궁교회 정문에는 '사대종단성인상 및 상징물'이란 이름으로 손을 맞잡은 '예수', '석가', '공자', '코란' 상이 세워져 있다. 조형물 앞에서 기도하는 신도도 있었다. 기자는 기도를 마친 신도에게 "이 조형물은 어떤 의미로 세워진 것인가요?"라고 물었다. 신도는 "모든 종교인이 소통하고 화합하는 세계평화 성전이 될 것이라는 의미로 세워졌다"고 설명했다.

천복궁교회 안으로 들어서자 한복을 차려입은 6명의 안내 위원들이 인사를 했다. 내부 서점에는 통일교의 주된 교리를 가르치는 『천성경』, 『평화경』 그리고 문선명씨의 자서전 등을 판매하고 있었다. 도서 외에 문선명·한학자씨의 사진과 배지, 통일교 로고가 들어간 넥타이, 통일교의 가르침이 담겨있는 가정맹세 카드 등을 판매했다. 서점에서 나오면 기

천복궁교회 정문에 세워져 있는 사대종단 성인상 및 상징물

도와 정성의 공간이라 불리는 '정성실'이 나온다. '정성실' 안에는 문선명·한학자씨를 의미하는 듯 큰 의자 두 개가 놓여 있었다. 신도들은 그 앞에서 절을 하고 기도를 드렸다.

'아멘' 대신 '아주'

천복궁교회의 본당은 3층과 4층에 있다. 주일 오전 예배는 10시 30분에 시작되는데 정시가 되어도 빈자리는 많았다. 예배가 시작되고 30분 정도 지나 500여 명의 신도들이 자리를 채웠다. 예배와 같은 시간에 학생부(유치부, 유년부, 초등부, 중고등부) 예배가 진행되기 때문에 대부분 중·장년층으로 구성되어 있었다. 간혹 이어폰을 꽂고 예배에 참석한 외국인도 보였다. (천복궁교회는 외국인 신도들을 위해 영어, 일본어로 통역방송을 진행한다.) 사회자가 나와 다함께 찬송을 부르자며 예배의 시작을 알렸다. 찬양이 끝날 때 통일교에서는 '아주'라는 말로 마무리했다. 천복궁교회 홈페이지에 따르면 '아주'는 문선명씨가 만든 용어로서

서울시 용산구 서빙고로 39에 위치한 천복궁교회   천복궁교회 주일예배 모습

▲하나님은 나의 부모님 ▲나의 몸과 마음은 하나님의 집 ▲내 안에 하나님이 거하십니다라는 뜻을 가지고 있다. 또한 통일교 내에서 '구세주', '재림주'로 불리는 문선명씨의 조국인 대한민국의 표현에 맞게 히브리어인 '아멘'을 '아주'로 선포한 것이라고 주장했다.

문선명, 한학자 신격화

찬양이 끝나고 배우 김수미씨가 출연한 '맥콜' 음료수 광고가 나왔다. '맥콜'은 통일교에서 운영하는 (주)일화의 제품이다. 광고가 끝나고 '가정맹세'를 외우는 시간이 있었다. 천복궁교회에서 제작한 '알기 쉬운 통일교 6' 영상에 따르면 '가정맹세'는 총 8절로 구성되어있다. 기성교회의 '주기도문'과 비슷한 격으로 문선명씨가 가르쳐준 기도문이다. '가정맹세'를 마치고 '보고기도'가 이어졌다. 기성교회에서 드리는 '기도'와 유사했지만 끝이 달랐다. 기성교회는 "예수님의 이름으로 기도드렸습니다"로 끝이 난다. 반면 통일교 측은 "이 모든 말씀 축복중심가정 ○○○의 이름으로 보고기도 하였사옵나이다"로 맺었다. '알기 쉬운 통일교 6' 영상에서는 위와 같은 통일교식의 기도 맺음은 "하나님의 친자녀와 같은 입장에서 각자 가정의 이름을 가지고 보고 드리고 있다"고 설명한다. 기도가 끝나고 '참부모님 말씀'이라는 시간이 이어졌다. 문선명씨가 생전에 설교했던 내용을 5분 정도로 요약한 영상을 시청했다. 영상 속 문선명씨는 "하나님의 자녀로 창조 받았던 아담과 해와가 타락으로 인해 … 하나님께서 주신 혈통권을 상실하고 … 사탄의 거짓 혈통을 받고 사탄의 자식으로 전락하고 말았습니다"라고 설교했다.

　문선명씨의 영상설교가 끝나 '천심성가대'의 찬양이 이어졌다. 성가대는 40명 정도로 구성되어 있었다. 성가대가 찬양을 부를 때 찬양의 가사 중 '하나님'이란 가사가 나오면 스크린에 문선명·한학자씨의 사진이 나왔다. 문선명·한학자씨가 '하나님'임을 표현하려는 의도라고 느껴졌다. 찬양이 끝나고 박정호(천복궁교회 본부교구 교구장)씨가 나와『천성경』통일교 설립자 문선명씨의 생전 가르침을 정리한 일종의 경전을 훈독통일교 내에서 문 교주의 말들을 엮은 책을 읽는 것하자며 설교를 진행했다. 박씨는 설교를 통해 통일교의 방향성을 제시하며 전도와 헌금을 강조했다. 박씨의 설교에서 기성교회와 차이점이 있다면, 성경을 읽기 전 문선명씨의 저서를 먼저 읽는다는 것이다. 마치 문씨의 저서와 성경의 권위를 동일시하는 듯했다.

CCM을 부르는 통일교 청년들

　천복궁교회 청년부 집회 영상을 보면, 청년들은 CCM을 부르며 집회를 준비한다. 찬양인도자가 "우리를 구원하신 참부모님께 감사하며 다 함께 기쁨의 찬양 드리겠습니다"라고 집회의 시작을 알렸다. 찬양인도자는 '멈출 수 없네'란 제목의 CCM을 불렀다. 집회를 마친 후에는 '결단

찬송'이라고 하여 '우리 보좌 앞에 모였네'와 '아름다우신'이라는 제목의 CCM을 불렀는데, 기존의 CCM가사를 바꿔 불렀다. 천복궁교회 청년들이 부른 CCM에서는 '주'라는 표현 대신 '그' 또는 '당신'으로 개사되었다. '보혈'과 '십자가'란 표현은 삭제했다. 통일교는 예수를 실패한 메시아라고 규정한다. 예수의 구속사업은 영적인 면에서만 완성됐고, 육적인 면에서는 실패했다고 가르친다. 그러므로 재림주가 나타나 영육이 완성된 구속사업을 이루어야 한다고 주장하며 그 재림주가 고 문선명씨라 믿는다. 이런 통일교의 교리를 적용해 만들어진 것이 현 통일교 청년들이 부르는 CCM이다.

통일교 집회는 문선명·한학자씨에 대한 신격화와 신도 결집에 초점이 맞춰져 있다. 통일교에서 사용되는 예배 형식, 용어, 찬양 가사 등은 문선명씨와 한학자씨에 대한 신격화에 집중하고 있으며, 다양한 예배형식의 개발을 통해 통일교 신도들의 결집과 통제를 진행하고 있다. 또 기독교, 불교, 이슬람교 등 모든 종교를 아우르는 관용을 보여줌으로 종교다원주의 시대적 기류에 편승하려 하고 있다. 따라서 한국교회는 각계 방면에서 활동하는 통일교 포교활동에 대한 대처와, 종교혼합주의를 표방한 통일교의 차세대 행보에 신중한 주의가 요구된다.

□ 해외 활동 현황

NGO (비정부 기구) 활동

"일본에 72개 교구를 비롯해
아시아 20개국, 북아메리카 2개국,
남아프리카 34개국, 오세아니아 14개국,
중동 20개국, 아프리카 48개국,
유럽 35개국 등에 진출했으며,
해외에서 통일교는 주로 NGO 단체 등을
조직해 활동하고 있다."

1954년 "세계기독교통일신령협회"로 출발한 통일교는 1957년 일본, 1958년 미국을 시작으로 2010년 현재 180여 개국에서 포교하고 있다. 통일교의 "세계평화통일가정연합 세계본부 조직도"에 따르면 통일교는 일본에 72개 교구를 비롯해 아시아 20개국, 북아메리카 2개국, 남아프라카 34개국, 오세아니아 14개국, 중동 20개국, 아프리카 48개국, 유럽 35개국 등에 진출했으며, 해외에서 통일교는 주로 NGO 단체 등을 조직해 활동하고 있다.

NGO (비정부 기구) 활동

통일교는 여러 NGO 정부와 관련 없는 민간 국제단체를 구성해 활동하고 있다. 통일교 측 NGO의 특징은 문선명을 메시아로 여기는 종교 색채를 감추는 점, 가정평화·세계평화 등을 강조하는 점, 여성·청소년·난민 등 사회적 약자를 대상으로 하는 점 등이다. 통일교 측 NGO의 활동은 다음과 같다.

1) 세계평화초종교초국가연합(IIFWP)

1999년 발족한 단체로, 천주평화연합UPF이라고 칭하기도 한다. 통일교 내 실력자로 알려진 곽정환씨가 세계회장을 맡고 있으며, 문선명씨의 3남 문현진씨가 천주평화연합의 의장으로 활동한다. 통일교는 "문선명 총재의 세계평화운동에 뜻을 같이하는 종교계 대표들과 각국 정부대표들을 중심으로 새로운 정부 모델로서 세계평화초종교초국가연합을 창설했다."며 "인류 문제의 근본 원인을 고찰한다."고 밝히고 있다. 그러나 "우리 각자가 참부모상 참스승상 참주인상을 세워야 할 때"라고 강조함으로 통일교의 "참부모" 즉 문선명을 간접적으로 언급하고 있다.

통일교는 세계평화초종교초국가연합천주평화연합을 UN경제사회이사회 특별자문기관에 등록하고 "UN 가입 NGO"라고 홍보한다. 이들은 국내 각지에서 "소통캠페인"을 벌이고 있으며, 필리핀, 일본, 미국 등 해외에서는 문현진씨의 "세계평화순회대회" 강연을 열고 있다. 또 천주평화연합UPF의 회원용 잡지「평화대사」를 5개 국어로 발간하고 있다.

2) 세계평화여성연합

1992년 시작된 단체로, 문선명씨의 부인 한학자씨가 대표다. 통일교는 "아담과 해와가 타락해 이상적인 부모의 위치를 잃어버렸고, 기독교가 신랑을 맞이하는데 첫 번째로 실패한 후[통일교는 예수의 십자가 죽음을 실패라고 주장] 잃어버린 세계적인 신부의 기대를 복귀해 참아버지를 맞이할 수 있는 기반을 마련한다."며 한학자씨가 세계평화여성연합을 창설했다고 설명한다. 세계평화여성연합은 한국과 일본을 비롯한 아시아, 미국, 유럽, 아프리카, 오세아니아, 중동에 지부를 두고 UN의 "경제사회이사회의 포괄적인 협의지위"를 승인받아 활동한다. 국내 사회복지관에서 다문화가정 돕기 등으로 활동하며, "UN의 자문 NGO이며 통일부 사단법인"임을 홍보해 1000원 이상의 후원금을 받는 "지구가족사랑 1%운동"을 전개하고 있다. 해외에서는 한학자씨의 순회 강연, 아시아·아프리카에서의 봉사활동, 기금 마련 등을 한다.

3) 세계평화청년연합

세계평화청년연합은 "문선명씨에 의해 남북통일 운동, 애천·애인·애국 운동, 참가정 실현과 가치관 정립 운동을 한다."며 1994년 창설됐다. 남북통일 문제를 내세우지만 "일평생을 하나님의 참사랑을 중심한 평화

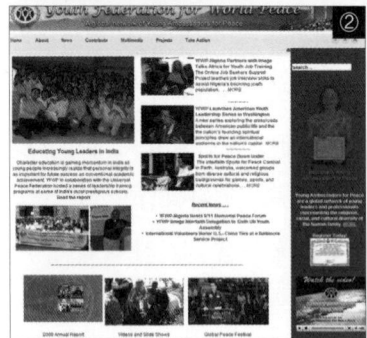

①세계평화여성연합 (출처: wfwp.or.kr) ②세계평화청년연합의 영문사이트 ③세계스포츠낚시연합

이상세계 실현을 위해 헌신하신 문선명 총재님과 한학자 총재님의 생애와 업적은 세계인들로부터 구세주, 메시아, 재림주, 참부모, 평화의 왕으로 존경받고 있다."며 통일교 색채를 드러내고 있다. 참사랑 통일교육, 남북통일 스티커 부착 캠페인, 청년평화대사 세미나, 한일 해저터널 탐방, 제3세계 어린이 지원 사업 등의 국내 활동을 벌이고 있으며, 해외에서는 영문 사이트를 개설해 청년평화대사 양성, 중동평화활동, 통일교 산하 피스드림의 청소년 축구 후원, 글로벌피스페스티벌GPF 등으로 활동한다.

통일교는 홈페이지에서 180여 개국에 진출했다고 주장하나, 정확한 국가·신도 수 등 상세한 현황은 밝히지 않고 있다. 이는 통일교의 실제 신도 수가 통일교가 발표한 신도 수에 미치지 못하고, 해외에서 통일교는 무니즈Moonies 등 좋지 않은 별명을 얻은 단체임을 통일교가 자각했기 때문인 것으로 해석된다.

진출 국가와 해외 지교회의 위치를 알려 해외 신도를 얻는 방법 대신 통일교가 선택한 것은, 세계적 트렌드에 맞춘 각종 외곽단체의 설립이다. 통일교는 비정부 평화활동을 내세운 여러 단체들을 통해 통일교의 거대성을 알리며 해외 각국으로 진출, 현지인을 주 대상으로 포교하고 있다.

통일교의 해외 활동을 막기 위해 한국교회는 각국 기독교연합회와 긴밀한 네트워크를 구성해, 문선명을 메시아로 믿는 통일교의 이단성과 통일교가 조직한 각종 단체에 대해 적극 알려야 할 것이다.

🔲 대처 노하우

통일교 사업체를 기억하자!
대학가 동아리 포교를 주의하자!
합동결혼식을 주의하자!

"아무 생각 없이 마신 음료수 하나가
통일교 제품이라면
그 수익금은 고스란히 통일교를 위해서,
문선명 교주가
메시아로 선포되는데 쓰일 것이다."

우리가 가장 잘 알고 있는 이단 중에 하나는 바로 통일교다. 통일교는 후계구도가 세워진 가운데 국내외에 그 영향력을 확대해 나아가고 있다.

통일교 사업체를 기억하자!

통일교 사업체는 생각보다 쉽게 찾을 수 있다. 집 앞의 슈퍼만 가도 통일교 제품들이 즐비해 있고, 주위에 초·중·고등학교, 대학교, 스키장 등 통일교 유관단체를 찾는 것은 어렵지 않다. 그 사업체의 종류는 모두 열거할 수 없을 정도로 많은데, 주요 사업체는 다음과 같다.

통일교는 맥콜이라는 음료를 생산하는 곳으로 잘 알려진 일화를 비롯해 금강산국제그룹, 일성종합건설, 한국티타늄공업 등을 운영하고 있으며, 문화·예술분야의 유니버설발레단, 리틀엔젤스예술단도 통일교 단체이다. 교육기관으로는 선문대학교, 선화예술중고등학교, 선정중고등학교, 경복초등학교, 브리지포트대학, 성화신학교, 청심신학대학원대학교, 청심국제중고등학교 등이 있다. 언론기관으로는 세계일보사, 워싱턴 타임스, UPI통신 등이 있고, 용평리조트, 일성레저, 세일여행사 등 여행·레저 분야에도 손을 뻗고 있다. 북한에 추진한 사업도 있는데 금강산국제그룹, 평화자동차총회사, 보통강호텔이 그것이다. 현재 전남 여수시 화양면 일대 999만㎡(약 302만 평)에 국제 해양관광단지 개발을 진행하고 있다. 아무 생각 없이 마신 음료수 하나가 통일교 제품이라면 그 수익금은 고스란히 통일교를 위해서, 문선명 교주가 메시아로 선포되는데 쓰일 것이다. 통일교 사업체를 기억하는 것은 생활 속에서 작은 노력으로 쉽게 통일교를 대처하는 방법의 하나다. 통일교의 경제활동은 그들의 종교적 목적의 달성을 위해 효과적으로 이루어지고 있음을 기억하자.

대학가 동아리 포교를 주의하자!

통일교는 캠퍼스에서 다양한 이름을 내세워 활동한다. 원리연구회, 월드카프 W-CARP 등의 동아리 활동으로 포교한다. 주로 민통선자원봉사활동, 화이트캠퍼스운동, 순결운동 등의 슬로건으로 내세워 학생들을 모집한다. 자원봉사활동에 관심이 있다고 하더라도 그곳이 이단인지 여부를 확인해야 하며, 일본어를 가르쳐 준다며 홍보하기도 하니 이것도 주의하자.

합동결혼식을 주의하자!

결혼을 원하지만 나이가 들어도 결혼하지 못한 사람들이 통일교 합동결혼식을 찾는다. 특히 농촌 노총각들이 결혼을 목적으로 참여하는데 이것은 매우 위험한 일이다. 통일교는 참가정운동실천본부라는 이름으로 미혼남녀들을 미혹해 합동결혼식을 시키려 한다. 하지만 합동결혼식 후에는 통일교 교리를 세뇌시키고 문씨가 참부모, 재림주라고 믿게 만들어 버린다. 1000만 원 정도의 헌금을 내야함은 물론 수차례 통일원리를 교육받고 전도해야 하며 또다시 수차례의 헌금을 요구한다. 참가정운동을 한다며 결혼을 미끼로 달콤한 유혹을 하지만, 꿈꿔왔던 결혼생활이 불가능함을 인지하고 통일교의 합동결혼식에 미혹되지 말아야 한다.

통일교는 전 세계의 종교를 통일하고 하나로 만들 수 있는 평화와 참사랑의 가치를 가지고 있는 곳이라고 선전한다. 거미줄처럼 뻗은 사업망도 전 세계의 사람들에게 통일교를 알리겠다는 거대한 포부로 보인다. 전 세계를 아우르며 좋은 슬로건을 내건 통일교는 기독교의 핵심인 예수님을 실패한 메시아로 간주하는 곳으로 매우 위험한 이단이다. 통일교 대처방법을 잘 숙지해 미혹되지 않도록 주의해야 하겠다.

▌통일교대책협의회(이영선 사무총장) 02-744-2422

9

Local Church
지 방 교 회

☐ 바로알자   ☐ 해외 활동 현황   ☐ 대처 노하우

ロ 바로알자

지방교회 설립자

지방교회 주요 주장

지방교회 주요 활동

한국 지방교회 국내 유입 경위 및 현황

서울 지방교회 예배 현장

"지방교회는
기성교회 제도와 목회자를 부정하고
양태론, 신인합일주의 등
정통 교리에서 벗어난 주장으로
1991년 '이단'으로 결의됐다."

지방교회는 기성교회 제도와 목회자를 부정하고 양태론, 신인합일주의 등 정통 교리에서 벗어난 주장으로 1991년 "이단"으로 결의됐다. 지방교회는 성경적 정통성을 표명하며 자신들의 주장에 문제없음을 강조하고 있고, 나아가 일부 기성 교단에게 이단 철회를 요구하고 있어 기성 성도들의 혼란을 야기시키고 있다. 지방교회는 어떤 단체인가?

지방교회 설립자

1) 워치만 니

지방교회는 워치만 니의 가르침을 이어받은 위트니스 리의 그릇된 성서해석으로 세워졌다. 워치만 니와 위트니스 리는 누구인가?

워치만 니는 1903년 11월 4일에 중국 후초에서 태어났다. 1920년 4월 도루아라는 여전도사가 인도하던 부흥집회에서 예수를 구주로 영접하

워치만 니

게 되고 이후 후초의 트리니티대학을 다니며 설교와 가르침에 전념했다. 1923년 워치만 니는 「현세의 증거」라는 종교적인 잡지를 발간했고, 케직 사경회에 영향을 받고 돌아온 마가렛 바버의 사사를 받으며 신학적 기초를 쌓기 시작했다. 1927년 중국 상해로 사역터를 옮긴 후 폐결핵을 진단받은 워치만 니는 2년간 요양생활을 하게 됐고, 이 시기에 『영에 속한 사람』이라는 방대한 책을 저술, 인간의 본성을 영과 혼 그리고 몸으로 나누어 이해하는 3분설을 주장하기 시작했다. 1930년 12월, 형제교회의 런던그룹을 대표해 찰스 바로우 Charles Barlow가 상해로 워치만 니를 방문했고, 1931년 12월 런던 형제단이 다시 워치만 니를 방문해 교리적으로 상호교제가 가능함을 인정해 워치만 니를 영국으로 초청했다. 그러나 워치만 니는 영국에서 형제교회의 폐쇄성과 배타성에 실망하게 되고, 이로 인해 1935년 런던 형제교회로부터 중국인 그리스도인들과의 교제를 단절한다는 서신을 받게 된다. 1933년 상해에 돌아온 워치만 니는 신약교회 유형을 재현하려는 시도에서 교단명칭을 사용하지 않았고, 신자들을 단순히 '그리스도인'이라 불렀으며, 교회를 위한 모임장소를 '집회소'라고 불렀다. 1934년 10월 19일, 어릴적 친구 채리티 장 Charity Chang과 결혼한 워치만 니는 중국내륙선교회의 여전도사 휘시바커 Elizabeth Fishbacker에게 케직신학의 영향을 받게 되고, 1938년 영국의 케직 사경회에 참석하게 된다. 1939년 중국에 돌아온 워치만 니는 중일전쟁의 영향으로 어려움을 격게되지만, 1942년 교회개척자들과 전도자들의 재원을 조달할 목적으로 화학공장을 운영하기 시작했다. 일본의 항복과 1945년 세계2차대전이 끝남과 동시에 사업에서 물러나 설교와 가르침에 전념하지만 이후 중화인민공화국이 들어서면서 1952년 4월, 부패한 사업 운영을 행한 혐의로 체포돼 15년형에 처하게 된다. 15년형이 마무리 되고 출소를 앞둔 1967년, 공산정부는 워치만 니를 개조되지 않은 죄수로 간주해 5~7년 형을 더 선고했다. 한 달에 한 번 면회 시간 외에 남편 워치만 니를 볼 수 없었던 채리티 장은 1971년 죽음을 맞이했고, 다음 해 6월 워치만 니도 운명하게 됐다. 공식적 이유는 심장병으로 돼 있으나 주변 정황으로 볼 때 처형됐을 가능성이 높은 것으로 보인다.

2) 위트니스 리

위트니스 리는 1905년 중국의 체후 Chefoo: 芝果지방에서 태어났다. 1927년 워치만 니 그룹이 발간하는 잡지를 연구하기 시작한 이후 그룹에 합세해 설교를 시작, 수년 동안 "작은 무리 운동"을 인도했다. 그 후 워치만 니를 도우라는 요청을 받고 후초 지방으로 건너와 상해와 필리핀을 담당하는 대표 사역자가 된다. 워치만 니가 투옥된 이후 위트니스 리와 "작은 무리 운동"의 다른 지도자들 사이에 분열이 일어나게 되면서 위트

위트니스 리

니스 리는 대만과 필리핀 교인들 중 다수를 데리고 독자적인 교회를 개척했고, 워치만 니와 그의 추종자들이 중국에서 "작은 무리 운동"을 전개했던 방식대로 그의 운동을 전개해 나갔다. (지방교회 측에서는 워치만 니와 다른 동역자들에 의해서 위트니스 리가 대만으로 보내졌다고 주장하고 있다.) 1962년 위트니스 리는 미국 로스엔젤레스에 최초의 미국 지방교회를 설립했고, 이 애너하임Anaheim 교회는 지방교회의 세계 본부가 된다. 애너하임을 중심으로 활동한 위트니스 리는 1974년부터 1994년까지 성경 전체를 자기 사상에 기초해 해석한 『라이프 스터디』를 20여 년에 걸쳐 완성했고, 이 내용들은 지방교회에서 사용하고 있는 성경 『회복역』에 그대로 사용됐다. 나아가 1963년 출판사 "리빙 스트림 미니스트리Living Stream Ministry"를 세워 워치만 니와 자신의 저술들을 보급하며 포교에 박차를 가하기 시작했다. 설교와 저술 등 왕성한 활동을 한 위트니스 리는 1997년 6월 9일, 93세의 나이로 운명했다.

지방교회 주요 주장

1) 하나님과 사람의 연합 – 신인합일주의 사상

위트니스 리는 하나님께서 사람을 만드신 이유에 대해 하나님 자신을 사람 속에 공급함으로 하나님과 같게 되게 하기 위함이라고 주장한다.

> ▶ 하나님의 경륜이란 오로지 하나님께서 자신을 사람 속에 공급하시는 것이다. (중략) 그분은 마치 거대한 자본을 가진 능력 있는 사업가와 같은 분이다. 하나님에게는 이 우주 가운데 한 가지 사업이 있다. 그분의 거대한 재산이 바로 그분의 자본이다. (중략) 그 자본을 가지고 하나님은 자신을 대량으로 '생산'할 것을 계획하신다.(『하나님의 경륜』, 위트니스 리, 10쪽)

> ▶ 하나님은 만들어 내는 분이고 그분의 목적은 자신을 제품으로 생산하는 것이다. (『하나님의 경륜』, 위트니스 리, 11쪽)

> ▶ 하나님의 뜻은 하나님 자신을 우리 안에 공급하는 것이다. (중략) 하나님은 사람이 하나님 자신을 분배받는 그릇이 되게 하려고 사람을 창조하시고 구속하셨다. 온 우주 가운데 시간과 우주와 영원에서 하나님의 경륜의 중심은 하나님 자신을 사람 안에 공급하는 것이다. (『하나님의 경륜』, 위트니스 리, 244쪽)

> ▶ 하나님의 마음의 갈망은 하나님 자신을 영화롭게 하기 위해 그분을 표현하고 대표하도록 그분의 형상을 가지고 그분을 생명으로 삼은 사람을 그분의 유기체로 얻은 것이다. 그분 자신을 영화롭게 하는 것은 그분 자신을 영광 안에 나타내는 것인데, 이 나타남은 무형적이고 추상적인 것이 아니라 유형적이고 구체적이다. 이러한 형체는 하나님 자신의 형상과 모양이 아니라 하나님과 사람의 연합과 섞임으로 이루어진 하나님 사람의 형상과 모양으로서 사람의 모양으로부터 하나님을 표현한 것이다. 이러한 형체는 하나님과 사람의 연합일 뿐 아니라 하나님과 사람이 하나되는 것이요 하나님의 모든 영광을 사람

에게서 나타내는 것이다. (『하나님의 경륜 안에서의 율법과 은혜』, 위트니스 리, 11쪽)

▶ 오늘날 그분은 하늘들에서 한 가지 일을 하시는데, 그것은 그분께서 구속받고 거듭난 모든 사람들에게 일하시어 그들을 하나님이 되게 하시는 것이다. (중략) 그분은 그들 안에서 계속하여 그들을 거룩하게 하시고 새롭게 하시고 변화시킴으로써 그들을 하나님이 되게 하신다. 이 변화가 바로 그들을 신화(神化)한다. 변화의 목적은 사람이 하나님의 형상과 같은 형상을 이루어 그분과 완전히 똑같아질 때까지 사람을 하나님이 되게 하는 것이다. (『아침 부흥을 위한 거룩한 말씀』, 위트니스 리, 19쪽)

▶ 말에서 난 것은 말들이요, 영이신 하나님으로부터 난 우리는 영들이요 하나님들이다. (『하나님-사람의 생활』, 위트니스 리, 21쪽)

위와 같이 위트니스 리의 주장으로 볼 때 하나님이 사람을 창조한 목적은 자신을 대량으로 생산하기 위함으로 비춰지고, 창조자 하나님과 피조물인 사람의 엄연한 관계가 흐려져 차이의 구분이 모호하게 된다.

이러한 위트니스 리의 주장에 대해 예장통합 측에서 발간한 『사이비이단연구 보고집』이단연구 보고집에서는 "전능하사 천지를 지으신 창조주 하나님과 피조물인 인간 사이의 뛰어넘을 수 없고 엄격한 차이를 인정해야 하는 우리의 신앙과 정면으로 위배되는 것이다."라고 비판했다.

2) 인간 타락은 사탄을 받아들임

위트니스 리는 인간 타락에 대해서 아담이 하나님께 불순종함으로 타락한 것이 아닌 사탄을 지칭하는 선악과를 선택해 먹음으로 아담 자신 속에 사탄을 받아들였기 때문이라고 주장한다.

▶ 두 번째 나무인 선과 악과 지식의 나무의 의미는 무엇인가? 이 나무는 사망의 근본인 사탄을 대표한다. 두 번째 나무는 사망을 가져온다. 왜냐하면 그 나무가 바로 사망의 근본이기 때문이다. (중략) 태초에는 세 편, 즉 하나님, 사람, 사탄이 있었다. 하나님에 의해서 창조된 순수한 사람은 생명과 사망에 대해 중립이었다. 사람이 생명이나 사망 중 어느 하나를 취하는 것이 가능하였으므로 그는 중간 입장에 서 있었던 것이다. (중략) 이 중립의 순수한 사람이 하나님 자신을 취해 하나님과 사람, 사람과 하나님이 하나로 연합되는 것이 하나님의 뜻이었다. (『하나님의 경륜』, 위트니스 리, 151~152쪽)

▶ 아담이 지식의 나무의 열매를 먹은 것은 그가 자신 속에 사탄을 받아들인 것이다. 아담은 그 나무의 가지를 취하지 않았지만 그 나무의 열매를 먹었다. 열매는 생명을 재생산하는 능력을 포함하고 있다. (중략) 아담은 '흙'이었다. 그가 지식의 나무의 열매를 흙인 자신 속에 받아들인 것은 사탄을 받아들인 것이고 그 때 사탄은 아담 속에서 자랐던 것이다. (중략) 사탄의 열매는 하나의 씨로서 흙인 아담 안에 뿌려졌다. 그리하여 사탄은 아담 안에서 자랐고 그의 일부분이 됐다. (『하나님의 경륜』, 위트니스 리, 153쪽)

▶ 사탄과 사람이 두 번째 나무를 통해 하나가 됐기 때문에 사탄은 이제 사람 밖에 있지 않고 사람 안에 있다. (『하나님의 경륜』, 위트니스 리, 155쪽)

위트니스 리는 인간 이해에 대해 영·혼·육 삼분설을 취하면서 아담이 자신의 '몸'속에 사탄을 받아들였고, 따라서 몸(육)은 사탄의 거처가 됐다고 주장한다.

▶ 아담이 나무의 실과를 먹었을 때 그의 존재 어느 부분에 그것이 들어왔는가? 그것은 그의 몸속으로 들어왔다. (『하나님의 경륜』, 위트니스 리, 153쪽)

▶ 타락을 통해 사탄은 사람 속에 죄로 들어와 사람을 다스리고, 파괴

하고, 부패시키며, 정복시키고 있다. 어느 부분에서 그렇게 하는가? 사탄은 사람의 몸(지체)속에 있다. (『하나님의 경륜』, 위트니스 리, 154쪽)

▶ 사탄이 그 안에 살기 때문에 몸은 흉학하고 악마 같은 것이다. 모든 욕망이 육이라 불리는 이 부패된 몸 안에 있다. (『하나님의 경륜』, 위트니스 리, 155쪽)

정리하면 위트니스 리의 타락론은 인간 삼분설에 기초하고 있으며 아담이 사탄을 받아들이므로 몸이 부패하게 됐다는 부분 타락을 주장하고 있다. 최초 사탄이 인간의 육신에 거처를 정하고 혼에 영향을 준 다음, 혼을 통해 영을 죽이려 하고 있다(『하나님의 경륜』, 위트니스 리, 165쪽)며 전인 타락이 아닌 타락의 단계를 묘사하고 있다. 이러한 위트니스 리의 주장에 대해 이단연구 보고집에서는 "인간의 타락은 전인적인 것인데 비해 그것을 육체적인 것으로만 봄으로 몸만 타락하고 영은 타락하지 않은 것으로 돼 '범죄 하는 영은 죽을 지라'(겔18:20)는 성경말씀과 다르다."며 "생명나무가 하나님이요 선악과는 사탄이라는 등 잘못된 주장을 함으로 결국 위트니스 리의 주장은 성경적으로 지지될 수 없는 허황된 사변과 논리일 뿐이다."라고 밝혔다.

3) 사탄이 거하고 있는 사람을 입은 예수

위트니스 리는 예수가 인간을 구원하기 위해 죄 있는 육신을 입고 왔다고 주장한다. 따라서 부활 전 예수는 육신으로는 하나님의 아들이 아니었다고 한다.

▶ 하나님은 육신을 입으심으로 그 안에 사탄이 있는 이 사람의 모양을 입으신 것이다. 하나님이 사람으로 육신을 입으셨을 때 그가 입은 사람은 사탄에 의해 타락된 사람의 모양이었다. 그가 육신을 입으실 때 사람은 순수한 사람이 아니라 사탄에 의해 파괴당한, 부패된 사람이었다. (중략) 주 예수께서 자기 자신을 육체로 거하게 하셨을 때 그분은 '죄의 육신의 모양'이었다. 그분 안에는 죄가 없었다. 그러나 죄의 육신의 모양은 있었다. (『하나님의 경륜』, 위트니스 리, 155~156쪽)

▶ 그의 하나님의 성분은 하나님의 아들의 성분이었지만, 그의 사람의 성분은 하나님의 아들의 성분이 아니라 사람의 아들의 성분이었다. (중략) 부활 이전에 그리스도는 그의 신성에 따르면 하나님의 아들이었으나 그의 인성에 따르면 하나님의 아들이 아니었다. (『그 영과 몸』, 위트니스 리, 73쪽)

▶ 그리스도께서 사람으로 오셨을 때, 그는 인성을 입었다. 그러나 이 인성은 거룩하지 않았다. 왜냐하면 그것은 우리의 성품과 똑같았기 때문이다. 오직 한 가지 차이점은 우리의 성품에는 죄가 있었으나 그의 성품에는 죄가 없었다. (중략) 그의 육신은 죄 있는 것도 아니었고 거룩한 것도 아니었다. (중략) 그러므로 인성을 입은 그리스도는 거룩하게 될 필요가 있었다. 이것은 그의 부활을 통해 완성됐다. (『그 영과 몸』, 위트니스 리, 76쪽)

정리하면 위트니스 리의 기독론은 예수의 인성에 변화가 있었다고 본다. 즉 하나님의 독생자에게는 신성만 있고 하나님의 아들로 인정된 인성이 없었지만 부활함으로 예수는 신성과 인성을 다 지닌 하나님의 맏아들이 됐다는 것이다.

이러한 위트니스 리의 주장에 이단연구 보고집에서는 "결국 사람이 하나님과 똑같이 될 수 있다는 신인합일 사상에서 나온 것으로서 예수님이 나실 때부터 승천하시기까지 참 하나님이시요 참 인간이신 그리스도의 양성교리에 어긋나는 것"이라고 비판했다.

4) 삼일 하나님은 양태론

기성교회에서는 신론을 이해할 때 삼위일체三位一體라는 표현을 사용한다. 삼위일체는 하나님께서 하나의 본질에 세 위격으로 계신다는 신학 용어다. 그러나 삼위일체는 그 안에 담긴 내용 자체의 오묘함으로 풀이가 쉽지 않은 것이 사실이다. 한 분 하나님을 강조하게 되면 양태론으로 빠질 위험이 있고, 세 분의 인격을 강조하게 되면 삼신론으로 이해되기 쉽다. 위트니스 리는 삼위일체 대신 삼일 하나님을 주장하며, 양태론적인 사상을 주장하고 있다. 양태론이란 무엇인가? 아가페 신학사전에서는 "하나님께서 창조주로서는 성부로 나타나셨고, 구주로서는 성자로 나타나셨으며, 성화의 주로서는 성령으로 나타나셨다는 것"으로 정의돼 있다. 즉 양태론은 삼위일체가 아닌 일위일체를 주장하는 것이다. 위트니스 리의 삼일 하나님 교리는 어떠한가?

▶ 하나님, 그리스도, 성령도 세 인격 안에 나타난 한 분 하나님이다. 하나님은 근본이요, 그리스도는 하나님의 표현이요, 성령은 그리스도 안에서 하나님을 사람 안에 전해주는 것이다. 그러므로 삼일성三一性의 세 인격은 하나님의 경륜의 과정 안에서 이어지는 세 단계가 된다. (『하나님의 경륜』, 위트니스 리, 12쪽)

▶ 하나님은 신성과, 인성과, 성육신되심과, 인생과, 십자가와, 부활과, 승천을 지닌 과정을 거친 하나님이다. 이 과정을 거친 우리 하나님은 이제 만유를 포함한 생명주는 영이시다. (중략) 하나님의 경륜 안에서 과정을 거치신 하나님인 만유를 포함한 이 영은 우리 안에 나야 하고, 우리는 그로 나야 한다. (『그 영과 몸』, 위트니스 리, 106~107쪽)

정리하면 위트니스 리가 주장하는 삼일 하나님은 과정을 거친 삼일 하나님으로 하나님께서 사람에게 자신을 분배하기 위해 과정을 거치셨다는 것이다.

위트니스 리의 저서들

다시 말해 구약에서 하나님은 신성만 있었으나 성육신의 과정으로 '하나님-사람'이 됐고, 부활을 통해 인성을 포함한 영이 됐다는 것이다. 하나님이 아들로 아들이 그 영으로 과정을 거쳤다는 것인데 이러한 주장은 양태론적인 사상이다.

위트니스 리의 삼일 하나님 주장에 대해 이단연구 보고집에서는 "위트니스 리가 비록 양태론적 삼위일체관을 변형된 형태로 표현하고는 있지만 명백한 양태론으로서, 그의 사상은 하나님의 전능성에도 위배될 뿐만 아니라 또한 어제나 오늘이나 동일하신 하나님의 불변성과 영원성을 무너뜨리는 잘못된 것"이라고 비판했다.

지방교회 주요 활동

1) 한국복음서원

한국복음서원은 1974년에 세워진 지방교회 대표 출판사로 550여 권의 책을 출판하고 있다. 한국복음서원 인터넷 홈페이지 kgbr.co.kr에는 "성경에 대한 탁월한 이해와 풍성한 사역의 말씀으로 전 세계 그리스도인들에게 크나큰 영향을 미쳐온 워치만 니와 위트니스 리의 저서들을 전문적으로 출판하고 있다."고 홍보함으로 문서를 통한 전문 포교기관임을 명

한국복음서원 홈페이지 (출처: kgbr.co.kr)

시하고 있다. 홈페이지에는 워치만 니와 위트니스 리의 생애와 업적에 대해서 소개하고 있고, 지방교회 신도들이 사용하고 있는 성경 『회복역』에 대해서 자세하게 설명하고 있다. 출판 도서들은 인터넷으로 쉽게 구입할 수 있으며, 테이프이나 CD 등 오디오 북을 제작해 판매하고 있다. 나아가 스마트폰을 이용해 도서를 볼 수 있도록 전자책을 개발 보급하고 있다. 뿐만 아니라 한국복음서원에서 쥬빌리 액자도 판매한다. 쥬빌리 액자를 생산하는 쥬빌리아이 대표는 한국복음서원에서도 높은 직책을 맡고 있다고 알려져 있으며, 직원들도 대부분 지방교회 신도들로 알려져 있다. 이처럼 한국복음서원은 지방교회를 알리고 그들의 교리를 전파하기 위해 대대적인 문서포교를 감행하고 있고 시대에 맞는 효과적인 포교방법을 지속적으로 모색하고 있다.

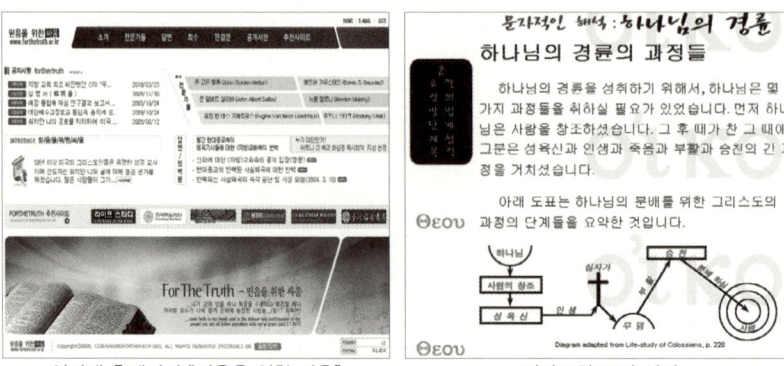

인터넷 홈페이지 "믿음을 위한 싸움"   지방교회 교리 설명

2) 믿음을 위한 싸움

믿음을 위한 싸움forthetruth.or.kr은 지방교회 측의 이단 시비에 대한 반론을 펼치는 일종의 변증의 장場이다. 이 공간을 통해 지방교회는 그간의 지방교회에 대한 이단 시비와 재판과정을 소개하고 있고, 전문가들의 증언을 통해 자신들의 단체가 정당함을 피력하고 있다. 최근 지방교회에 대한 미국 기독교계의 긍정적인 평가 등 국내외 논쟁도 집중적으로 보도하고 있어 성도들의 혼란이 예상된다.

3) 활발한 인터넷 활동

지방교회는 "워치만 니watchmannee.or.kr, 위트니스리witnesslee.or.kr, 위트니스 리와 워치만 니의 관계watchmannee-witnesslee.or.kr, 거듭남regenerated.or.kr, 하나님의 경륜godseconomy.or.kr, 하나님의 구원godssalvation.or.kr" 등 많은 인터넷 홈페이지를 개설해 워치만 니와 위트니스 리의 생애 및 활동을 소개하고, 구체적인 지방교회 교리를 이해하기 쉽게 도표화시켜 알리고 있다. 라이프스터디에서는 lifestudy.or.kr는 위트니스 리가 저술한 성경 66권 주석을 쉽게 접근할 수 있도록(본문 읽기, 오디오 파일로 청취하기) 유도하고 있고, 나아가 MP3파일로도 제작해 무료다운 받을 수 있게 하고 있다. 이처럼 지방교회는 인터넷 웹상에서 다양한 활동을 전개하며 자신들의 단체를 알리고 있다.

한국 지방교회 국내 유입 경위 및 현황

한국의 지방교회는 중국의 공산화 이후에 워치만 니의 직계 제자라고 자칭하던 왕중생(한국 본명: 권익원)씨의 지도 아래 1966년에 시작됐다. 권위주의적이고 폐쇄적인 성향을 띠었던 한국의 지방교회는 위트니스 리의 지방교회와는 교류가 거의 없다가, 왕씨의 사망을 계기로 1980년대에 들어오면서 활발한 교류를 갖기 시작했다. 이로 인해 위트니스 리는 일 년에 한두 차례 내한해 전국 수련회를 인도했고, 미국과 대만 등에서 활동하고 있던 지도자들도 내한하기 시작했다. 이때쯤 한국 지방교회는 적극적인 활동이 시작돼 대도시는 물론, 중소도시를 중심으로 교

많은 사람들이 모인 위트니스 리 세미나

서울지방교회

세가 확장되어 집회소들이 늘어나기 시작했고, 1974년 한국복음서원을 설립해 출판 문서 활동을 시작했다. 한국 지방교회는 90여 개의 집회소가 있고, 신도 수는 1만여 명을 상회하고 있다. 서울, 대전, 부산 등 20여 개 지역에 교회가 있고, 각 교회마다 다시 소 단위 지역으로 세분화해 집회소를 세웠다. 신도들은 집회소에 소규모 단위로 모여 예배를 드린다.

서울 지방교회 예배 현장

지방교회는 서울교회, 대전교회, 대구교회, 부산교회, 울산교회처럼 각 지역의 명칭을 교회명으로 사용한다. 그리고 교회마다 소단위 지역으로 세분화해 '집회소'를 운영한다. 기자는 서울 서초구 서초대로 71에 위치한 서울교회 방배동집회소에 찾아갔다.

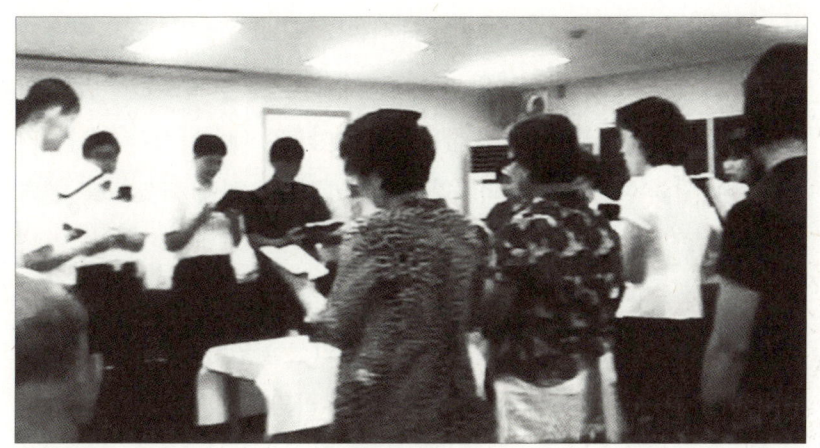
지방교회 신도들 예배 모습

지방교회 예배 현장

방배동집회소의 주일예배는 10시 30분에 시작한다. 정시가 되어도 빈자리가 많았다. 집회소에는 단상이 없었다. 신도들은 둘러앉아 예배를 드렸으며 약속이나 한 듯 한쪽은 형제만 반대쪽은 자매만 앉았다. 지방교회는 기성교회와 달리 목회자가 없었고 호칭이 형제, 자매로 통용되었다. 찬양과 선포로 집회를 이어갔다. 찬양은 지방교회 측에서 제작한 찬송가를 사용했다. 찬양이 끝나면 신도들은 찬양 가사 중 마음에 와 닿는 가사 한 구절을 읽었다. 한 신도가 가사를 읽으면 다른 신도들은 "아멘"으로 답했다. 찬양이 끝나고 성찬식을 했다. 세 명의 남자가 마른 과자 조각과 포도주를 신도들에게 돌렸다.

"부활을 통해 다윗의 씨가 하나님의 아들로 인정되었다"

찬양이 끝나고 분반 공부로 이어졌다. 분반 공부는 유·초등부, 중·고등부, 청·장년부, 새신자를 중심으로 한 '기본진리반'으로 구성되었다.

기자가 참석했을 당시 '기본진리반'에서는 '그리스도의 역사(일)'를 주제로 공부했으며 한 장년이 나와 지방교회의 교리를 가르쳤다. 지방교회에서는 예수님은 부활을 통해 "하나님의 맏아들로 태어나셨다", "다윗의 씨가 하나님의 아들로 인정되었다", "생명 주시는 영이 되셨다"고 설명했다.

지방교회 대표로 활동한 '위트니스 리'의 저서 『그 영과 몸』 76쪽에는 "그리스도께서 사람으로 오셨을 때, 그는 인성을 입었다. 그러나 이 인성은 거룩하지 않았다. 왜냐하면 그것은 우리의 성품과 똑같았기 때문이다. 오직 한 가지 차이점은 우리의 성품에는 죄가 있었으나 그의 성품에는 죄가 없었다. (중략) 그의 육신은 죄 있는 것도 아니었고 거룩한 것도 아니었다. (중략) 그러므로 인성을 입은 그리스도는 거룩하게 될 필요가 있었다. 이것은 그의 부활을 통해 완성됐다"고 기록되어 있다.

위 두 가지 내용을 정리하면 이렇다. 지방교회 측은 하나님의 독생자에게는 신성만 있고 하나님의 아들로 인정되는 인성이 없었지만 부활함으로 예수는 신성과 인성을 다 지닌 하나님의 맏아들이 됐다는 것을 가르치는 것으로 해석된다. 예장통합 측은 "위트니스 리의 기독론은 결국 사람이 하나님과 똑같이 될 수 있다는 신인합일 사상에서 나온 것이다. 예수님이 나실 때부터 승천하시기까지 참 하나님이시요 참 인간이신 그리스도의 양성교리에 어긋나는 것이다"라고 지적했다.

지방교회 측에서는 '삼위일체의 하나님'이라는 표현 대신 '삼일 하나님'으로 표현한다. 지방교회 홈페이지 '지방교회들'에서는 '삼위일체 하나님'과 '삼일 하나님'은 비슷한 뜻이며 오히려 '삼일 하나님'이란 표현이 성경의 계시에 더 접근된 것이라고 주장했다.

그러나 지방교회 측 관계자에게 "예수님과 하나님은 다른 분이에요?"

라고 질문하자 관계자는 지방교회 측 홈페이지와 다르게 답변했다. 지방교회 측 관계자는 "하나님과 예수님은 다르신 분은 아니고 우리가 이야기하는 삼일 하나님이라는 것은 하나이시지만 세 개의 방면이 있으신 분을 말한다. 쉬운 예로 들 수 있는 게 냄비에다가 얼음을 두고, 불을 켜면 얼음이 녹잖아요. 물이 있고, 얼음이 있고 기체로 이제 날아가게 되잖아요. 그런 분처럼 세 가지 방면이 한 번에 보이시기도 한다"고 설명했다.

또 다른 관계자는 "이 땅에서 하나님이 육신을 입고 오셨던 분은 예수예요. 그런데 성경에서 예수라는 말은 여호와 구원자란 이야기예요, 여호와 구원자인데 하나님이 육신을 입고 이 땅에 오시는 분이 예수라는 거죠. 하늘에 계신 하나님이 이 땅에 육신을 입고 오신 분이 예수입니다", "하나님이 몸으로서 나타나신 분이 예수라는 거예요. 성경은 그렇게 이야기하고 있어요"라고 첨언했다.

위트니스 리, "사람이 하나님이 된다"

위트니스 리가 작사한 것으로 알려진 '어떤 기적 어떤 비밀인가?' 찬양의 가사에는 "사람이 하나님이 된다네", "날 하나님 되게 하시려고", "삼일 하나님과 사람이 영원히 연합된 부부일세"라는 가사가 나온다. 찬양의 가사를 살펴보면 하나님이 사람을 창조한 목적이 하나님을 생산하기 위한 것으로 보인다.

찬양의 가사 외에도 위트니스 리는 『아침 부흥을 위한 거룩한 말씀』을 통해 "오늘날 그분은 하늘들에서 한 가지 일을 하시는데, 그것은 그분께서 구속받고 거듭난 모든 사람들에게 일하시어 그들을 하나님이 되게 하시는 것이다. (중략) 그분은 그들 안에서 계속하여 그들을 거룩하게 하시고 새롭게 하시고 변화시킴으로써 그들을 하나님이 되게 하신다. 이 변화가 바로 그들을 신화神化한다. 변화의 목적은 사람이 하나님의 형상과 같은 형상을 이루어 그분과 완전히 똑같아질 때까지 사람을 하나님이 되게 하는 것이다"라고 기록했다.

예장통합 측에서는 "위트니스 리의 사상은 하나님과 피조물인 인간 사이에 뛰어넘을 수 없고 엄격한 차이를 인정해야 하는 우리의 신앙과 정면으로 위배되는 것"이라며 이단으로 결의했다. 지방교회는 서울지역에만 110개의 집회소와 매주 2000여 명이 넘는 신도들이 집회에 참석한다.

한국에서 지방교회에 대한 인식은 1980년 대 위트니스 리가 내한하기 시작하면서 수면 위로 부상하기 시작했다. 정통 신앙에서 벗어난 주장으로 기성교회에서 이단으로 결의됨에 따라 경계의 대상이 됐지만 교세는 점진적으로 성장했다. 최근 이들의 활동은 이단이란 오명을 벗기 위해 구체화하고 있고, 미국 기독교계에서 긍정적인 평가를 얻어 더욱 탄력을 받기 시작했다. 이러한 지방교회의 활동이 한국 교계에 주목을 받기 시작하자 성도들의 혼란이 야기되고 있다. 지방교회는 도덕적으로 문제가 있는 단체는 아니다. 그러나 분명한 사실은 정통 신앙에서 수호하는 믿음의 고백들에 비춰 볼 때 그들의 주장은 많은 차이를 보이고 있다. 지방교회에 대한 한국 교계의 귀추가 주목 받고 있는 가운데 기성 성도들의 혼란을 바로 잡기 위한 한국교회의 대처 방안이 요구된다.

해외 활동 현황

해외 교회 현황

해외 활동

"미국 기독교 기관을 중심으로
지방교회의 이단 결의를
재평가 받기 위해 노력하고 있다."

중국에서 시작된 지방교회는 세계 각 지역에 700여 곳의 집회소를 거느린 종파로 성장했다. 최근에는 미국 기독교 기관을 중심으로 지방교회의 이단 결의를 재평가 받기 위해 노력하고 있다. 지방교회의 해외 현황과 미국 기독교 기관을 통해 지방교회가 요구하는 이단 재심사에 대한 내용을 알아봤다.

해외 교회 현황

지방교회는 세계 홈페이지 localchurches.org에서 아시아, 유럽, 아프리카, 북아메리카, 남아메리카, 오세아니아 등 여섯 개 대륙에 진출한 해외 지교회(집회소)를 다음과 같이 밝히고 있다.

대륙	국가	지역명
아시아	대만	타이페이 등 153개 지역
	말레이시아	쿠알라룸푸르 등 27개 지역
	싱가포르	싱가포르
	인도네시아	자카르타 등 41개 지역
	태국	방콕 등 27개 지역
	필리핀	마닐라 등 55개 지역
	한국	서울 등 93개 지역
	홍콩	홍콩
	미얀마	양곤
	인도	뉴델리 등 7개 지역
유럽	유럽 국가	크로아티아, 세르비아, 불가리아, 벨기에, 노르웨이, 에스토니아, 그리스, 네덜란드, 독일, 라트비아, 레바논, 루마니아, 룩셈부르크, 리투아니아, 스웨덴, 스위스, 스페인, 아일랜드, 영국, 오스트리아, 이탈리아, 체코, 포르투갈, 폴란드, 핀란드, 프랑스, 헝가리
아프리카	남아프리카공화국	케이프타운 등 4개 지역
	우간다	캄팔라
	나이지리아	칼라바르 등 5개 지역
북아메리카	멕시코	멕시코시티 등 66개 지역
	미국	워싱턴 등 50개 지역
	중앙 아메리카	벨리즈 등 17개 지역
	카리브해	앤티가바부다 등 12개 지역
	캐나다	토론토 등 10개 지역
남아메리카	브라질	살바도르 등 4개 지역
	볼리비아	라파스 등 6개 지역
	칠레	파드레라스카사스
	콜롬비아	칼리 등 7개 지역
오세아니아	뉴질랜드	오클랜드 등 14개 지역
	오스트레일리아	시드니 등 10개 지역
	피지	라우토카, 수바, 레부카
	솔로몬 제도	호니아라
	파푸아뉴기니	티미카 등 4개 지역
중동	아랍에미리트	아부다비
	레바논	주니에
	터키	이스탄불

해외 활동

1) 리빙스트림미니스트리(LSM)

지방교회는 리빙스트림미니스트리LSM, Living Stream Ministry를 한국어, 영어, 프랑스어, 스페인어, 중국어로 운영한다. LSM 홈페이지lsm.org에서는 지방교회 설립자 워치만 니와 후계자 위트니스 리의 저서와 설교 테이프, 지방교회에서 사용하는 회복역 성경 등을 온라인으로 판매하며, 언어별로 성경공부 PDF파일, 가스펠 파일 등을 업데이트해 다운받을 수 있도록 한다. 또 1996년 미국에서 시작한 위트니스 리의 라이프스터디 방송을 인터넷 방송으로 제공한다.

2) 미국 기관 통한 입장 발표

최근 지방교회는 미국 풀러신학대학Fuller Theological Seminary, 크리스천리서치연구소CRI: Christian Research Institute, 행동하는 답변AIA: Answers in Action 등 미국

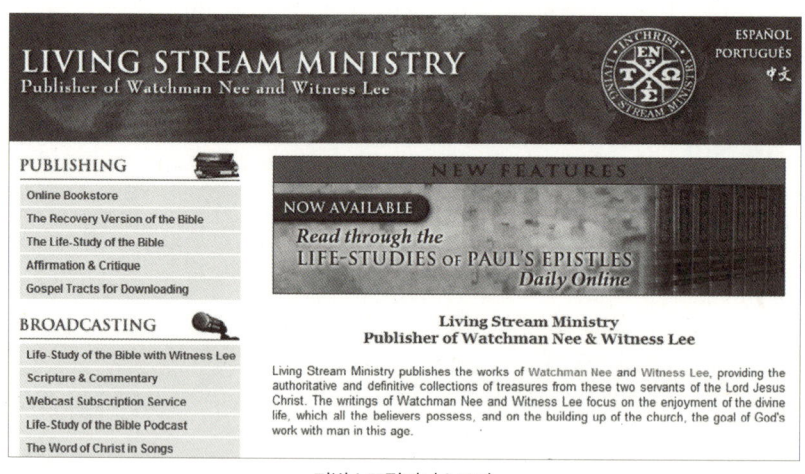

리빙스트림미니스트리

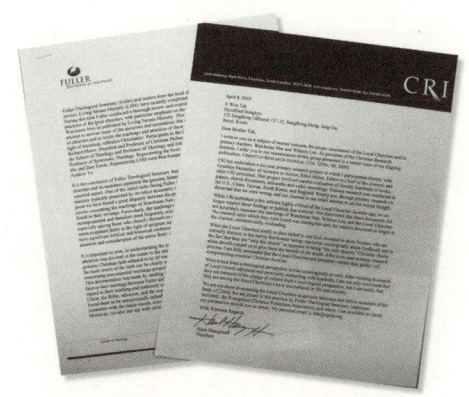

풀러신학대학과 CIA의 문서

의 기독교 기관을 통해 지방교회의 입장을 표명하고 있다. 특히 지방교회 지도자들은 2010년 6월 10일 서울 앰배서더호텔에서 기자간담회를 열고 "한국교회에서 우리에게 개선해야 할 점들을 성경적으로 지적해주신다면, 우리는 겸손한 마음으로 기꺼이 따를 것"이라며 한국 교단의 지방교회 이단 결의에 대한 재평가를 요구하기도 했다. 지방교회는 재평가를 위해 『복음의 수호와 확증: 지방교회들』, 『복음의 수호와 확증: 복음의 확증』이라는 소책자에 풀러신학대학, CRI, AIA 등 미국 기독교 기관이 발표한 성명서를 게재하고 있다. 다음은 미국 기독교 기관이 발표한 입장 내용이다.

(1) 풀러신학대학 성명서

풀러신학대학 신학부는 2006년 1월 5일 지방교회에 대한 다음과 같은 성명서를 발표하고, 「풀러포커스」Fuller Focus 2007년 겨울호 15권에서 "풀러와 리빙스트림미니스트리와의 대화"를 출판해 지방교회에 대한 풀러신학대학의 입장을 구체화했다.

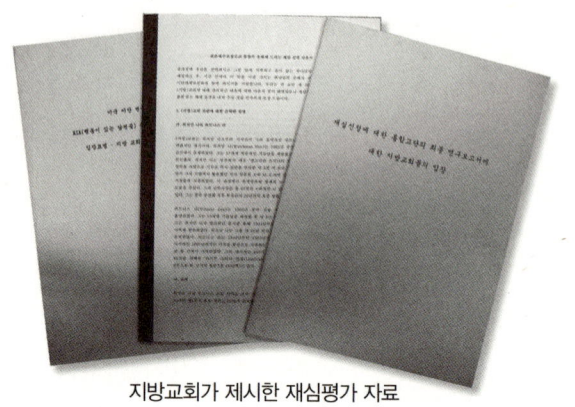

지방교회가 제시한 재심평가 자료

풀러신학대학은 지방교회들의 주요 가르침들과 실행들을 철저하게 검토하고 조사해보았다. … 풀러신학대학이 내린 결론은, 지방교회들과 그 구성원들의 가르침들과 실행들이 본질적인 모든 방면에서 진실하고 역사적이고 성경적인 그리스도인 신앙을 대표하고 있다는 것이다. … 하나님, 삼일성(삼위일체), 그리스도의 인격과 일, 성경, 구원, 교회의 하나와 합일, 그리스도의 몸 등에 관한 그들의 가르침과 간증에 관해서 우리는 그들이 논의의 여지없이 명백하게 정통이라는 것을 발견했다.

(2) CRI 대표의 성명서

CRI 대표 행크 헤네그래프는 2008년 9월 지방교회에 대한 CRI의 입장을 다음과 같이 발표했다.

> CRI가 수십 년 전에 지방교회를 강도 높게 비판하는 몇 개의 글을 출판했었지만 우리는 더 이상 그러한 판단을 지지하지 않으며 그런 자료를 출판하지 않는다. 우리는 이런 문서들이 워치만 니와 위트니스 리 그리고 지방교회의 가르침을 정확하게 대표하지 않는다는 것을 발견했다. … 지방교회가 영원히 구별되시는 세 위격으로 구분되신 한 하나님 One God에 대한 그들의 신앙을 표명할 때, 또 사람은 본체론적으로 결코 신격에 도달할 수 없다는 실재를 표명할 때, 그리고 자신들이 "유일한

지방교회의 주장이 담긴 『복음의 수호와 확증』

교회the only church"가 아니며 자신들은 "단지 교회only the church" 일뿐이라는 사실을 표명할 때 ⋯ 저는 지방교회가 본진적인 기독교 교리를 위태롭게 하는 것과 관련해 유죄가 아니라 무죄라는 것을 확신하게 됐다.

(3) AIA의 입장표명서

AIA의 공동창립자이자 이사 그레첸 파산티노는 2008년 "지방교회들: 진정한 크리스천 운동"이라는 글을 통해 지방교회에 대한 AIA의 입장을 표명했다.

> 지방교회 안에서의 교회 생활은 전형적인 미국의 복음주의와 주로 구별된다. 그 이유는 지방교회가 교파주의나 다른 회중들의 차이가 생기기 전에 신약에 있었던 것이라고 생각하는 교회를 체험하려고 하기 때문이다. 그렇기 때문에 그들은 자신들의 교회에 이름을 붙이거나 국내 혹은 국제적인 권위 조직을 세우는 것을 거절한다. ⋯ 지방교회에는 성직자─평신도로 된 권위 조직이 없기 때문에 예배들이 아주 평이하며 함께 경배하는 다양한 형제들과 자매들이 기여하는 구성 요소들을 갖고

있는데, 형식적인 예배 순서나 목사가 지도하는 설교들보다는, 전형적으로 기도와 단순한 찬송 부르기와 소리를 내서 하는 경배가 더 많다. 지방교회의 방식대로 성경 말씀을 결합하여 함께 기도하는 것(기도로 읽기라 불림)을 외부인들은 생각 없이 중얼거리는 소리라고 곡해해왔지만, 사실 그러한 기도를 하는 이들은 함께 경배하면서 성경의 객관적인 진리를 성령의 주관적인 체험으로 내면화하려고 자신들에게 적용하는 것이다.

1920년대 중국에서 시작된 지방교회는 전 세계 700여 개의 집회소를 거느린 분파로 성장했다. 미국의 기독교 기관 CRI는 지방교회가 양태론을 가르친다는 의혹을 제기해, 지방교회는 1980년 미국에서 이단으로 결의됐다. 그런데 이 같은 의혹을 제기했던 CRI가 2008년 "지방교회에 대한 자신들의 해석은 잘못됐었다."라는 입장을 내놓으면서 지방교회에 대한 이단 논의는 새로운 국면을 맞고 있다.

한국에서 지방교회는 자신들을 이단으로 결의하고 있는 예장통합 측의 결의에 대한 재심신청을 한 바 있다. 또 「현대종교」를 비롯한 기독교 기관들에 이단이 아님을 설명하는 각종 문서들을 보내는 등 한국 기독교 기관들이 지방교회의 이단 결의에 대한 재평가를 해 줄 것에 힘을 쏟고 있어, 향후 한국 기독교계가 어떤 의견을 낼지 관심이 모아지고 있다.

□ 대처 노하우

교회이름으로 분별

양태론 분별

신인합일사상 분별

출판사와 대표자명으로 분별

"허무맹랑한 주장을 하지 않고
기성교회 성도들이 생각지 못한
교리적인 부분의 오류 때문에
이단으로 결의된 단체 중 하나가
지방교회다."

이단들 중에는 "이단이라고 생각되지 않는 이단"들이 있다. 그것은 "하나님 부인을 믿어야 구원받는다." "○○○이 재림예수다."라는 등 허무맹랑한 주장을 하지 않고 기성교회 성도들이 생각지 못한 교리적인 부분의 오류 때문에 이단으로 결의된 곳들도 있기 때문이다. 이런 특징을 가진 단체 중 하나가 지방교회다.

교회이름으로 분별

지방교회는 교회이름이 일정한 원칙에 의해 지어진다. 그래서 일반 성도들이 분별하기가 어렵지 않다. 지방교회는 동일한 방법으로 교회이름을 짓는다. 서울에 있는 교회는 서울교회, 광주에 있는 교회는 광주교회로 짓는다. 한 지역에 한 교회가 있는 것을 원칙으로 하며, 서울지역에 서울교회 외에 모이는 집회장소가 있다. 일명 집회소라고 부르는 곳으로 서울교회남대문집회소, 서울교회연희동집회소 등이다. 그 지역의 이

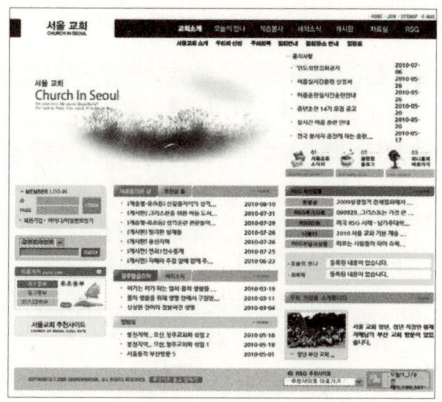

서울교회 홈페이지

름을 사용한 교회와 집회소라는 간판을 보면 그곳이 지방교회라는 사실을 바로 알 수 있다.

양태론 분별

기성교회는 삼위일체三位一體의 하나님을 믿는다. 하지만 지방교회는 삼이일三位一의 하나님을 믿는다. 하나님은 보이지 않는 근본이라고 믿으며, 예수 그리스도는 보이지 않는 그 하나님이 육신을 입고 이 땅에 오셨다고 믿는다. 또 예수님께서 십자가와 부활 승천을 거쳐 보좌의 영광을 얻은 후 영으로 우리 안에 들어왔고 그것이 성령이라고 말한다. 하나님이 예수님이 되고, 예수님이 성령님이 되었다는 논리를 양태론이라고 한다. 하나님, 예수님, 성령님께서는 각각 세 분의 위격이 있음과 동시에 하나이라는 것이 삼위일체이다. 자칫하면 삼위일체와의 차이가 미묘하다고 생각할 수 있지만, 세 분의 관계적인 측면을 부정하는 양태론은 지방교회의 대표적인 이단교리라 할 수 있다.

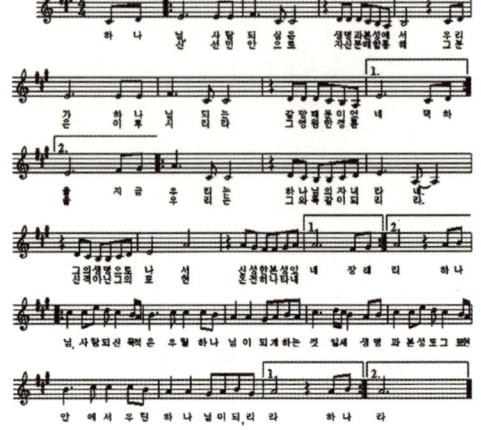

지방교회에서 부르는 "하나님 사람되심은" 악보

신인합일사상 분별

신인합일사상을 주장하는 지방교회를 주목해야 한다. 이는 지방교회의 몇몇 도서를 통해 확인할 수 있다. "하나님이 사람을 창조한 목적이 하나님 자신을 사람 속에 넣어서 사람과 연합하여 하나님과 같게 되게 하기 위해서였다."(『내주하는 그리스도』, 위트니스 리, 10~11쪽). "하나님 자신을 대량으로 생산할 것을 계획" "자신을 제품으로 생산"(『하나님의 경륜』, 위트니스 리, 10쪽)하는 것이라며 사람이 하나님이 될 수 있다고 믿는다. 지방교회에서 부르는 찬송 중에는 "하나님, 사람 되신 목적은 우리를 하나님이 되게 하는 것일세"라는 가사도 있어 그 논리를 뒷받침하고 있다. 이러한 사상으로 지방교회를 분별할 수 있다.

지방교회에서 사용하는 『결정성경』과 『회복역』

출판사와 대표자명으로 분별

지방교회는 수백 권의 책을 판매하고 있다. 문서를 보급해 포교하는 것이다. 이것으로 지방교회를 분별할 수 있다. 지방교회는 책을 출판하는 출판사가 따로 있기 때문이다. 규모가 큰 이단들이 대부분 출판사를 가지고 있는데 지방교회도 "한국복음서원"이라는 출판사가 있다. 이곳에서 발행한 책은 모두 지방교회 관련 서적이다. 특히 지방교회는 기성교회와는 다른 성경을 사용한다. 『결정성경』이나 『회복역』이라는 성경을 사용하고 있으니 이것을 통해 분별하는 것도 좋은 방법이다. 더 확실히 확인할 수 있는 것은 저자가 대부분 지방교회 설립자인 "워치만 니" 또는 그 후계자인 "위트니스 리"라는 점이다. 이 대표자들의 이름을 기억하는 것도 도서를 분별하는 방법이다. 대형서점에도 지방교회 서적이 얼마든지 있으니 제목이나 내용만 대충 훑어보고 구매하는 일이 없도록 해야겠다.

지방교회는 각 지역의 이름을 사용해 교회명을 짓는 방법이나 한국복음서원이라는 출판사 등 외적인 부분으로 분별하는 방법이 있다. 또 양태론이나 신인합일사상의 주장 등 지방교회의 교리적인 문제점을 파악해 분별하는 방법도 있다. 교회라는 이름으로 활동하기 때문에 자칫 기성교회와 동일시 할 수 있는 지방교회의 분별법을 숙지해 잘 대처할 수 있어야 하겠다.

10

Jehovah's Witnesses
여호와의 증인

□ 바로알자　　□ 해외 활동 현황　　□ 대처 노하우

□ 바로알자

설립자 및 연혁

여호와의 증인의 주요 주장

여호와의 증인 사회적 문제

여호와의 증인 주요 활동

여호와의 증인 국내 현황

여호와의 증인 국내 유입 경위

여호와의 증인 예배 현장

"여호와의 증인은
정통 기독교가 믿고 있는
중요 교리들을 대부분 왜곡하고 부정한다.
이 단체는 수혈거부, 병역거부
심지어 국가체제를 사탄으로 규정하는 등
사회 윤리적인 문제를 일으키고 있다."

　여호와의 증인은 정통 기독교가 믿고 있는 중요 교리들을 대부분 왜곡하고 부정한다. 이 단체는 수혈거부, 병역거부 심지어 국가체제를 사탄으로 규정하는 등 사회 윤리적인 문제를 일으키고 있다. 2010년 10월에도 여호와의 증인 신도가 교리상의 이유로 자녀의 수혈을 거부하자, 재판부는 "종교적 신념에 따른 친권 행사가 자녀의 생명권을 침해할 경우 친권의 효력을 인정할 수 없다."고 판결했다. 이처럼 여호와의 증인은 종교 교리로 생명권을 위협하고, 병역을 거부하는 등 폐해를 낳고 있다. 여호와의 증인은 어떤 단체인가?

설립자 및 연혁

　찰스 테즈 럿셀Charles Taze Russel은 1852년 2월 16일 미국 펜실바니아주 알레거니Allegheny 지방에서 태어났다. 그는 20세 때 당시 안식교 지도자 J·H·페인트의 저서를 탐독하다 예수의 재림시기에 관심을 갖게 됐다.

여호와의 증인 설립자 찰스 테즈 럿셀

이후 자신과 동일한 생각과 신앙을 가진 사람들을 모아 성경연구 모임을 갖기 시작했고, 1879년 「아침의 여명 THE Herald of the Morning」이란 잡지를 냈다. 이 잡지의 이름은 이후 「파수대 The Watchtower」로 변경됐다. 1884년 럿셀과 추종자들은 '시온의 파수대 소책자협회'라는 명칭으로 펜실바니아 주에 단체를 등록했다. 점점 추종자들이 늘어나자 럿셀은 자신의 추종자들에게 가르친 내용을 7권 한질의 책으로 엮어냈다. 처음에는 『천년기의 새벽』으로 책 이름을 붙였다가 후에 『성경연구』라고 이름을 바꿨다. 이러한 럿셀의 가르침은 여호와의 증인의 신학적 기초를 이루게 됐다.

럿셀은 1874년 이미 예수 그리스도가 인간의 눈에 보이지 않게 재림했다고 주장, 이방인 시대의 종말은 1914년 아마겟돈 전쟁이 일어나 세상 정치권력이 멸망하고 천년왕국의 시작이 있을 것이라고 강조했다. 그러나 예언이 빗나가자 충격을 받았고, 1916년 10월 31일 캘리포니아에서 설교를 하고 집으로 돌아오다 중도에 사망했다. 럿셀이 죽자 J·F·루터포드가 제2대 교주가 됐다. 그는 『결코 죽지 않는 현재 생존해 있는 수백만 명의 사람들 Million Now Living Will Never die』이란 책을 내고 세상 종말의 날짜를 1925년으로 예언했으나 실패로 돌아갔다. 1975년 다시 10월에 아마겟돈전쟁이 있을 거라고 예언했지만 실패, 그 후 럿셀의 교리 중 『성경연구』를 수정 출판했다. 럿셀이 실패한 1914년 예언을 루터포드는 세상 끝날이 아닌 끝날의 시작이라며 조만간 아마겟돈전쟁이 있고 이 전쟁이 일어날 때까지 "파수대의 복음"이 빛나는 시기라고 수정한 것이다. 나아가 예수의 재림은 육적인 것이 아닌 영적인 것이며 그리스도가 이미 1914년 인간의 눈으로 보이지 않게 영적으로 재림해 1918년 그의 성소에 들어가 하늘 정부를 세우고 모든 기성 교인들을 정죄 심판하고 파수대의 교리에 불응하는 자는 무조건 정죄받는다고 주장했다. 1942년 1월 8일 루터포드가 사망하자 "나단 에이취 노르 Nathan H. Knorr"가 제3대 교주가 됐다. 노르 체재는 1950년대에 부분적으로 출간된 신세계번역판성경을 자체에서 완역했다. 노르가 죽자 1893년 "프레드릭 더블유 프란츠 Fredrick·W·Franz"가 제4대 교주가 됐다. 프란츠는 불과 몇 년 밖에 일을 못했지만 100만 명이 넘는 신도들을 확보했다.

여호와의 증인의 주요 주장

1) 삼위일체(三位一體) 부정 : 예수는 피조물, 성령은 활동력

여호와의 증인은 삼위일체를 부정한다. 이들은 삼위일체란 용어가 성경에 없으므로 비성서적이라고 주장한다.

> ▶ 성서 가운데 "삼위일체"라는 말이 전혀 나오지 않는데도 그분을 "삼위일체"라고 주장하는 사람들이 있다. (『우리는 지상낙원에서 영원히 살수 있다』, 38쪽)

따라서 삼위일체를 부정하는 여호와의 증인에게 예수와 성령은 하나님이 될 수 없다. 이들은 예수를 하나님으로부터 창조된 피조물로 간주하며 예수의 신성을 부인하고, 심지어 예수를 미가엘 천사장이라고 주장한다.

> ▶ 예수께서는 하느님의 "유일하게 태어난 아들"이라고 불리셨는데, 그것은 여호와께서 그분을 직접 창조하셨기 때문이다. (『영원한 생명으로 인도하는 지식』, 38쪽)
>
> ▶ 예수는 여호와의 가장 귀중한 아들이며, 여기에는 그럴 만한 이유가 있다. 예수는 "모든 창조물 가운데 처음 나신 분"이라고 불리며, 이는 하느님께서 처음으로 창조하신 분이기 때문이다. (중략) 따라서 그분에게는 분명히 시작이 있었던 데 반해, 여호와 하느님은 시작이나 끝이 없으시다. (『성서는 실제로 무엇을 가르치는가』, 41쪽)
>
> ▶ 예수는 아버지께서 아들보다 더 많은 것을 아신다고 말한다. 하지만 예수가 전능한 하느님의 일부라면 아버지께서 아시는 것을 똑같이 알 것이다. 따라서 아들과 아버지는 동등할 수 없다. (『성서는 실제로 무엇을 가르치는가』, 204쪽)
>
> ▶ 성서는 미가엘이 지상 생애 전과 후의 예수 그리스도를 가리키는 다른 이름임을 알려준다. (중략) 성서는 "미가엘과 그의 천사들이 … 용과 그 천사들과 싸웠다"고 알려준다. 따라서 미가엘은 충실한 천사 군대를 이끄는 지휘자이다. 그런데 계시록에는 예수도 충실한 천사 군대를 이끄는 지휘자로 묘사한다. 그리고 사도 바울도 "주 예수"와 그의 강력한 천사들을 명확히 언급한다. 그러므로 성서에는 미가엘

> 과 그의 천사들이라는 표현도 나오고 예수와 그의 천사들이라는 표현도 나온다. (중략) 따라서 미가엘은 바로 하늘에서 자신의 역할을 수행하고 계신 예수 그리스도라고 결론지을 수 있다. (『성서는 실제로 무엇을 가르치는가』, 219쪽)

또한 여호와의 증인은 성령을 가리켜 단지 하나님의 활동력이라고 주장, 성령의 인격성을 부인한다.

> ▶ 일부 사람들은 이러한 성구들을 비롯하여 몇몇 성구들을 보고, 하느님과 예수와 천사들이 별개의 영적 인격체인 것처럼 성령도 인격체라는 결론을 내리게 됐다. 사실, 여러 세기 동안 그리스도교국에서 가장 영향력이 강한 몇몇 종교들에서는 성령이 인격체라고 믿어 왔다. (여호와의 증인 워치타워 협회 공식 웹사이트)

> ▶ 성신, 혹은 성령에 관하여는 한 위位 혹은 한 인격체가 아니라 하나님의 활동력이다. 침례자 요한은 예수께서 자기가 물로 침례를 베푼 것처럼 성령으로 침례를 베푸실 것이라고 말하였다. 그러므로 물이 한 인격체가 아닌 것처럼 성령도 한 인격체가 아니다. (『우리는 지상낙원에서 영원히 살 수 있다』, 40쪽)

정통교회에서 믿음으로 고백하는 "삼위일체"는 하나님께서 하나의 본질에 세 위격으로 계신다는 것이다. 정통교회는 한 분 하나님의 속성 안에 세 신격이 있다고 믿으며 세 신을 믿는 것이 아닌 세 신격으로 존재하시는 한 분되신 하나님을 믿는다. 기독교대한성결교회에서 출판한 『건강한 성결인 건강한 교회』에는 예수와 성령에 대해 다음과 같이 고백하고 있다. "예수는 신성과 인성을 갖춘 하나님의 아들로 그분 안에 신성과 인성은 연합하고 교류한다. (중략) 예수 그리스도는 삼위일체의 2위격이시며 피조물이 아닌 태초부터 항상 존재하셨다" "성령은 하나님이

시며 삼위일체의 3위격이시다. 성령은 인격체로서 물질적 능력이 아니다. 거룩하신 하나님의 영성으로 지성, 감정, 의지를 가지셨다."

성경은 예수 그리스도가 육신으로 현현하신 성자 하나님임을(빌2:5~10), 완전한 신성과 인성을 소유한 분임을(롬9:5), 모든 피조물 보다 먼저 나신 분임을(골1:15) 증거 하고 있다. 또 성령에 대해 "그"로 호칭(요16:13), 인격체임을 분명히 밝히고 있으며, 지식이 있고(고전2:11), 감정이 있고(엡4:30), 주관적인 의지(고전12:11)가 있음을 우리에게 분명히 알려주고 있다.

2) 1914년 영으로 재림한 예수

여호와의 증인은 요한계시록 12장 말씀을 인용해 예수가 1914년 하나님의 하늘 정부의 왕으로서 통치를 시작했다고 주장한다. 1914년이란 결과는 어떻게 도출한 것인가? 다음은 『우리는 지상낙원에서 영원히 살 수 있다』에서 발췌한 내용이다.

> ▶ 다니엘서 4장의 성서 기록에 의하면 하늘에 닿는 나무는 잘리어졌다. 그러나 그루터기는 남겨두고 그것에 철과 놋줄을 동였다. 이렇게 해서 하나님께서 이 줄을 제거해 다시 그루터기가 자랄 수 있게 하실 때까지 그 그루터기가 자라지 못하게 했다. (중략) 여호와께서 세우신 유다왕국은 매우 부패해 여호와께서는 느부갓네살 왕이 그 나라를 멸망시키게 즉 그 나라를 자르게 허락하셨다. 이 일이 기원전 607년에 일어났다.
>
> ▶ "나무"로 상징된 하나님의 통치권은 기원전 607년에 잘리었다. 더는 지상에 하나님의 통치권을 대표하는 정부가 존재하지 않았다. 그리하여 기원전 607년에 예수 그리스도께서 후에 "열국의 지정된 때" 혹은 "이방인의 때"라고 말씀하신 기간이 시작됐다.

- ▶ 다니엘 4장에 의하면 이 "지정된 때"는 "일곱 때"일 것이다. 다니엘은 그 "일곱 때"동안 "나무"로 상징된 하나님의 통치권이 지상에서 존재하지 않을 것임을 알려주고 있다.
- ▶ 계시록 12장 6절과 14절을 보면 우리는 1260일이 "한 때와 두 때와 반 때"와 같은 기간임을 알게 된다. (중략) 따라서 "일곱 때"는 360의 7배 곧 2520일이 된다. 이제 우리가 성서 법칙에 따라 하루를 일 년으로 계산하면 "일곱 때"는 2520년이 된다.
- ▶ "열국의 지정된 때"는 기원전 607년에 시작됐다. 그러므로 그때부터 2520년을 계산하면 기원 1914년에 도달하게 된다. 그 해가 바로 이 "지정된 때"가 끝난 해이다. (중략) 이것은 예수그리스도께서 1914년에 하나님의 하늘 정부의 왕으로서 통치를 시작했음을 의미하는 것이다.

요약하면 1914년 예수가 왕국 권능을 가지고 보이지 않는 모습, 즉 영으로 재림했으며, 하늘 왕국은 하늘에서 시작됐다는 것이다. 뿐만 아니라 "이 세대가 지나가기 전에 이 일이 다 이루리라"는 성경말씀을 인용해 1914년에 살아 있던 소수의 사람들이 살아서 악한 제도의 종말을 목격할 것이라고 주장, 임박한 종말 사상을 전파하고 있다.

3) 영혼멸절, 지옥부재

여호와의 증인은 영혼의 불멸을 부정한다. 인간은 생리적이고 물리적인 죽음으로 끝난다며 영혼 존재를 부인한다. 이들에게 "영"은 사람에게 전기처럼 감정도 생명도 없는 일종의 비인격적인 힘이다.

여호와의 증인 교리책들

- ▶ 전력을 공급하는 기구의 특성들을 띠고 있지 않는 것처럼, 이것을 통해 생명을 유지하는 피조물의 어떤 특성도 지니고 있지 않다. 사람이 죽을 때, 영(생명력)이 몸의 세포들에 생명을 주는 일은 중단된다. 전기가 나가면 전등이 꺼지는 것과 같다. 생명력이 인간의 몸을 유지시켜 주는 일을 멈추면, 사람-영혼은 죽게 된다. (『영원한 생명으로 인도하는 지식』, 82쪽)

- ▶ 인간의 죽음은 동물의 죽음과 다를 바가 없다. 동물도 영혼이며, 동일한 영 즉 생명력으로 활력을 얻는다. (중략) 죽으면 인간과 동물은 똑같이 흙으로 돌아간다. (『영원한 생명으로 인도하는 지식』, 82쪽)

- ▶ 성서는 "불멸의 영혼"이라는 표현을 결코 사용하지 않는다. 오히려 성경은 죄 짓는 인간 영혼이 반드시 죽는다고 말한다. (『영원한 생명으로 인도하는 지식』, 84쪽)

- ▶ 사탄은 거짓 종교를 이용해 사람들로 하여금 몸이 죽은 후에도 자기들이 영들의 세계에서 계속 살 것이라고 믿게 만든다. (『성서는 실제로 무엇을 가르치는가』, 64쪽)

여호와의 증인은 지옥이 존재하지 않는다고 단정 짓는다. 지옥 존재에 대해 가르치는 종교는 하나님께 불명예를 돌리는 죄악이라고 주장한다.

- ▶ 일부 종교에서는 사람이 악하게 살면 죽은 다음에 불타는 고초의 장소에 가서 영원히 고통을 당할 것이라고 가르친다. (중략) 사탄은 여호와께서 사람들이 불 속에서 영원히, 다시 말해 헤아릴 수 없이 오랜 세월 동안 고초를 겪게 하시는 분이라고 우리가 믿기를 바라는 것이다. (『성서는 실제로 무엇을 가르치는가』, 64쪽)

성경 여러 곳에는 지옥에 대해 말하고 있다. 그러나 이들은 성경에 등장하는 지옥과 관련해 자의적으로 해석, 자신들의 교리를 합리화시키고 있다. 『우리는 지상낙원에서 영원히 살수 있다』에는 "스올"과 "하데스"를 가리켜 단순한 "무덤"으로, "게헨나"를 가리켜 "쓰레기 처리장"으로, "불못"을 가리켜 의식을 지닌 상태의 고초가 아닌 "영원한 죽음"으로 해석하고 있다.

4) 부활과 십사만사천

영혼 멸절설을 주장하는 여호와의 증인에게 구원은 어떻게 이뤄지는가? 이들은 믿는 자뿐 아니라 여호와를 알지 못하는 자들도 부활될 것이며, 천 년 동안 여호와를 섬길 기회를 얻는다고 주장한다. 또한 예수 이전 시대의 사람들은 지상 백성의 일부로 부활하며 예수 이후 극소수의 거듭난 사람들(십사만사천)만 하늘에서 살도록 부활돼 지상 낙원을 통치한다고 한다.

- ▶ 예수의 말씀에 의하면 그 당시까지 4000여 년 간의 인류 역사를 통해 하늘에 올라간 사람은 아무도 없었다. 다윗과 욥 그리고 침례자 요한은 지상 생명의 부활을 받게 될 것이다. (『우리는 지상낙원에서 영원히 살 수 있다』, 122쪽)

- ▶ 여호와에 대해 전혀 알지 못해서 그분을 섬기지 못했거나 그분께 순종하지 못한 사람들은 모두 어떻게 될 것인가? (중략) 그들 또한 부활될 것이며, 참 하느님에 관해 배우고 그분을 섬길 시간이 주어질 것이다. 천년 동안 이 죽은 사람들은 부활돼 충실한 사람들과 함께 땅에서 여호와를 섬길 기회를 얻게 될 것이다. (『성서는 실제로 무엇을 가르치는가』, 72쪽)

- ▶ 제한된 수의 인간 남녀는 하늘 생명으로 부활될 것이다. (중략) 하느님께서는 얼마나 되는 사람들을 그리스도와 함께 통치하도록 하늘로 데려가실 것인가? 성서에 의하면 단지 십사만사천명뿐이다. (『영원한 생명으로 인도하는 지식』, 88쪽)

십사만사천명은 여호와의 증인 신도를 가리킨다. 이들은 예수와 함께 하늘에서 지상 천국을 다스린다고 믿고 있다. 그러나 성경에서 말하는 십사만사천은 모든 성도, 구속받은 하나님의 교회 전체를 가리키는 것으로 실수를 의미하지 않는다. 많은 이단 사이비 종파들은 십사만사천을 실수로 보며 자신들 단체에 소속된 사람들만 구원을 얻는다고 주장한다. 여호와의 증인은 십사만사천을 통치 계급으로 보지만 성경은 모든 성도들이 왕같은 제사장이 될 것이요(벧전2:9), 예수와 더불어 왕 노릇 할 것임(계20:4)을 분명히 밝히고 있다. 이처럼 여호와의 증인은 성경을 아전인수격으로 해석하고 있다.

여호와의 증인 사회적 문제

1) 국가체제는 사탄

　여호와의 증인 신도들은 국기에 대한 경례 및 애국가 봉창은 우상이므로 하면 안된다고 주장한다. 나아가 의무교육도 포기하며, 국가 공무원이 되는 일은 단호하게 거부한다. 국토 방위를 위한 병역의무를 기피하고(국방부는 지난 2019년 양심적 병역 거부자에 대한 대체복무안을 확정한 바 있다) 공공선거 등 정치활동에도 전혀 참여하지 않는다. 여호와의 증인 신도들이 이러한 반국가적인 행위를 하는 이유는 세상 정부를 사탄 체제로 보기 때문이다.

> ▶ 사탄의 세상은 하나님의 보이는 조직 밖에 있는 혹은 분리돼 존재하는 이 조직된 인간 사회이다. (『우리는 지상 낙원에서 영원히 살 수 있다』, 209쪽)

> ▶ "큰 바벨론"이 종교 제국이라는 사실은 "짐승"과의 그의 관계로도 증명된다. 성서에서 그러한 짐승들은 정부를 상징한다. (중략) 이 짐승 같은 정부들이 그들의 권세를 사탄으로부터 받았다는 사실. (『우리는 지상 낙원에서 영원히 살 수 있다』, 210쪽)

2) 수혈거부

여호와의 증인의 수혈 거부는 이들의 병역 거부만큼이나 유명한 사회적 문제이다. 성경에서 "피를 멀리하라(행15:20)", "피를 먹지말라(레17:14)"를 확대 해석해 수혈거부법을 만들어 신도들에게 수혈을 금지시키고 있

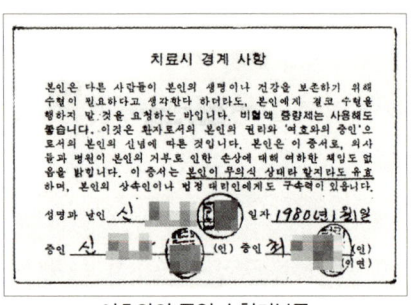

여호와의 증인 수혈거부증

다. 따라서 수혈을 하지 못해 죽음을 맞이하는 안타까운 상황들이 지속적으로 발생하고 있다.

> ▶ 경건한 사람들은 생명의 신성함을 존중하기 때문에 수혈을 받아들이지 않는데, 다른 사람들이 그러한 조치가 생명을 구해 줄 것이라고 주장한다 하더라도 받아들이지 않는다. (『영원한 생명으로 인도하는 지식』, 129쪽)

> ▶ 피를 멀리하라는 명령은 수혈에도 적용되는가? 그렇다. (중략) 피를 멀리한다는 것은 그것을 어떤 식으로든 우리 몸 안으로 받아들이지 않는 것을 의미한다. 그러므로 피를 멀리하라는 명령을 따르는 사람은 자신의 혈관에 어느 누구든 수혈을 하도록 허용하지 않을 것이다. (『성서는 실제로 무엇을 가르치는가?』, 130쪽)

여호와의 증인 주요 활동

1) 가정방문 전도

여호와의 증인 신도들은 두명씩 짝을 이루어 가가호호 방문하며 포교한다. 이들은 「파수대」, 「깨어라!」 등 홍보지를 나눠주며 접근을 시도하고, 성경을 잘 모르는 기독교인을 집중적으로 미혹한다. 아마겟돈 전쟁과 관련해 말세에 일어난 일들을 주장, 시한부 종말론적인 사상을 주입해 위기의식을 갖게 만든다. 가정방문 뿐 아니라 거리, 공원, 대중교통 등 수 많은 곳을 돌며 포교를 시도한다.

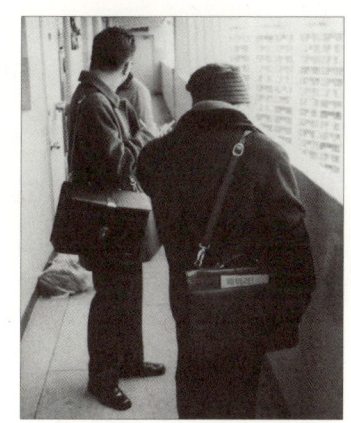

가정을 방문해 포교하는 여호와의 증인들

2) 정기간행물 및 도서출판

여호와의 증인은 포교를 위한 잡지「파수대」와「깨어라!」를 정기적으로 출간하고, 팸플릿을 대량 생산해 많은 사람들에게 나눠주고 있다. 자신들의 교리를 합리화시키기 위한 『신세계역 성경』을 제작해 배포하고, 9권의 교리 설명 책자를 출판하고 있다. 이처럼 여호와의 증인은 문서를 통해 대대적으로 포교활동을 감행하고 있다.

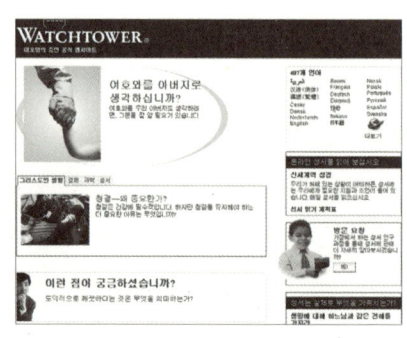

3) 인터넷 사이트 활동

여호와의 증인 공식 웹사이트 "WATCHTOWER" watchtower.org 는 407개의 언어를 지원하고 있다. 이 사이트는 자신들의 교리를 체계화해 알리고, 수혈 거부를 비롯한 자신들의 의학적 견해 및 일상생활을 위한 방침을 제시하고 있다. 각종 출판물을 게재해 구입을 유도, 나아가 "성서 교육을 무료로 베푼다."며 연락을 요구하고 있다. 또한 각종 인터넷 까페를 개설해, 회원 간 정보를 공유하며 여호와의 증인 교리를 옹호하고 내부 일치를 도모하고 있다.

4) 거리포교

최근 여호와의 증인들은 길거리로 나와 적극적으로 포교한다. 번화가, 지하철역 등 유동인구가 많은 곳에 가판대를 설치해 전단지나 책자를 무료로 배포하고 있다.

여호와의 증인 국내 현황

포교활동 중인 여호와의 증인 신도들

여호와의 증인 홈페이지 https://www.jw.org/ko/ 에 올라온 "전 세계 여호와의 증인의 2021 봉사 연도 보고"에 따르면 한국의 여호와의 증인 신도 수는 10만 5208명이다. 전국에 분포된 회중 수는 1270곳, 교세는 점진적인 증가 추세에 있다. 여호와의 증인 조직 재단법인 워치타워성서책자협회는 지부, 지구, 지역, 회중(교회에 해당)이 있

고, 세부 부서로는 봉사부, 번역부, 발송부가 있다. 왕국회관 직제는 순회감독을 정점으로 그 아래 주임감독이 있고 그 아래 부회중의 종이 있다. 다시 그 아래로 성서연구의 종, 잡지구역의 종, 서적의 종, 회계의 종, 파수대 연구의 종 등이 있다.

수원시 인계동에 위치한 왕국회관

여호와의 증인 국내 유입 경위

여호와의 증인이 한국에 들어온 해는 1912년이다. R·R·홀리스터 선교사 부부가 내한해 문서로 포교했고, 이후 1914년 3월까지 체한한 W·D·홀리스터 부부와 1915년에 내한한 맥켄지 부부의 포교활동을 통해 본격화됐다. 1923년 워치타워협회 뉴욕 브루클린 본부는 한국에 인쇄공장을 설립해 한국어로 번역된 문서를 직접 인쇄할 수 있게 했다. 이를 통해 다양한 포교 책자가 출판, 배포되기 시작했다. 포교활동이 활발해지면서 교세도 성장했지만 1933년 "여호와의 증인 천국정부만이 인류의 소망이며 구원이다."라는 주장으로 조선총독부로부터 관련 서적들이 모두 압수, 소각 당하고 발행금지 됐다. 일제시대 신사참배 반대 이유로 신도들은 고초를 당하기도 했다. 1945년 해방과 더불어 여호와의 증인들은 재건 사업에 착수했고, 한국전쟁 기간 동안 도날드 엘 스틸 부부가 피난민들과 남하하면서 포교에 박차를 가하기 시작했다. 결과 1951년에

왕국회관 예배 모습

는 대전, 군산, 전주, 대구, 부산 등지에 여호와의 증인 회중이 조직됐다. 한국전쟁 이후 여호와의 증인은 계속 증가하며 성장했고, 2021년 현재 10만여 명이 넘는 단체로 발전했다.

여호와의 예배 현장

서울시 중랑구 용마산로 94다길에 위치한 여호와의 증인 왕국회관 면목본부에서 오전 10시에 예배가 시작됐다. 신도들은 30여 명으로 대부분 중·장년층으로 구성되어 있었다. 작은 규모의 건물이라 새신자나 방문자가 온 것을 쉽게 알아차렸다. 많은 신도가 기자에게 찾아와 환영해 주었다. 그러나 어디 회중(교회)에서 왔는지, 어떻게 알고 왔는지, 주소는 어떻게 알았는지 등 경계를 풀지 않았다. 간단하게 소개한 후 자리에 앉았지만 5분 후 건장한 남성 두 명이 기자의 좌우에 착석했다.

여호와의 증인에서는 기성교회와 다르게 찬송가 대신 『여호와를 위한 새노래』를 사용했으며, 성경 대신 『신세계역 성경』을 사용했다. 호칭은 '형제', '자매'로 통용되었다. 주일 예배는 1부 '공개강연'과 2부 '파수대연구집회'로 진행되었다. 공개강연에서는 한 남성이 올라와 '당신은 영원한 생명의 길을 걷고 있는가?'라는 주제로 이야기를 나눴다.

선거제도 비판과 국가체제 부인

강연을 맡은 남성은 "한국도 최근에 참 너도나도 누구보다도 우월한가 뽑아달라 참 대단한 관심을 고조시키고 있습니다. 그런데 뭘 기억하셔야 해요? 예레미야 10장 23절 사람의 길은 자기에게 있지 아니하며 발걸음을 인도하는 것은 걷는 사람에게 있지 않다. 인간이 인간을 능가할 수 없습니다. 인간이 인간을 통치할 수 없습니다. 우리는 인간의 거짓주장에 속아 넘어가는 자들이 되지 않도록 해야 됩니다. 분명히 이 제도는 요 마지막 날에 들어서 있고, 마지막 날에 곧 끝나게 될(것)"이라고 주장했다. 4·13총선을 두고 한 이야기로 보인다.

파수대연구집회, 전파 활동을 하는 이유

30여 분간 진행된 공개강연을 마치고 2부 '파수대연구집회'가 이어졌다. '파수대연구집회'에서는 『파수대』 책자에 나와 있는 본문을 읽고 본문마다 제시된 문제를 풀어가는 형식으로 진행되었다. 한 남성이 대표로 본문을 읽었다. 사회자는 제시된 문제를 읽은 후 신도 한 명을 지목했고 신도는 질문에 답변했다. 당일 파수대연구집회는 "하느님과 함께 일하면 기쁨이 넘친다"는 주제로 진행되었다. 사회자가 『파수대』 하단에 기록된 7번 "전파활동이 기쁨을 주는 이유는 무엇입니까"라고 읽자, 신도들은 본문에 나와 있는 내용을 참고해 "다른 사람들에게 진리를 알려주면서 기쁨을 느끼고 있습니다", "우리는 영적으로 굶주린 사람들이 하느님과 귀중한 성경 진리를 배우고 그들이 생각만이 아니라 생활 방식도 변화시키는 것을 보면서 우리의 마음이 감동이 됩니다", "전파활동은 하느님과 화해하는 사람들이 영원한 생명을 얻을 길을 열어 줍니다"라고 답변했다.

삼위일체 부정

서울 양천구 목동동로 427에 위치한 여호와의 증인 왕국회관에서 진행된 파수대연구집회에서는 "여러 세기에 걸쳐, 교회들은 삼위일체 교리를 퍼뜨려 아버지이신 하느님과 아들 예수가 동일한 한 개체의 일부를 이루고 있다고 주장했습니다. 그렇게 하여 적그리스도는 여호와 하느님과 예수 그리스도를 신비에 싸인 분으로 만들었습니다. 이해할 수 없는 이러한 가르침 때문에, 진실한 많은 사람은 성경이 원하는 대로 예수 그리스도를 본받고 하느님께 가까이 가는 데 어려움을 겪습니다"라며 삼위일체를 부정하는 교리를 가르쳤다.

여호와의 증인이 국내에 유입된지 110년이 넘었다. 이 단체는 적극적인 포교활동으로 성장했지만, 기독교 정통 교리를 정면으로 부정하며 성경을 자의적으로 해석해 한국교회로부터 "이단"으로 결의됐다. 또한 수혈을 거부함으로 사회적으로 생명을 경시한다는 논란을 일으켰고, 국가 체제를 부정, 병역의무를 회피해 비난을 받고 있다. 이러한 반국가적, 반사회적인 행위로 가정이 무너지는 일들이 빈번히 발생하고 있어 기독교인 뿐 아니라 비기독교인들까지 경계의 대상이 되고 있다. 그러나 여호와의 증인은 더욱 조직적으로 움직이며 집요하고 공격적인 포교로 많은 사람들을 미혹하고 있다.

□ 해외 활동 현황

세계 신도 및 교회 수

407개 언어 지원의 웹사이트

『신세계역 성경』과 "방문요청"

주요 언어로 인쇄되는 출판물들

여호와의 증인 지역대회

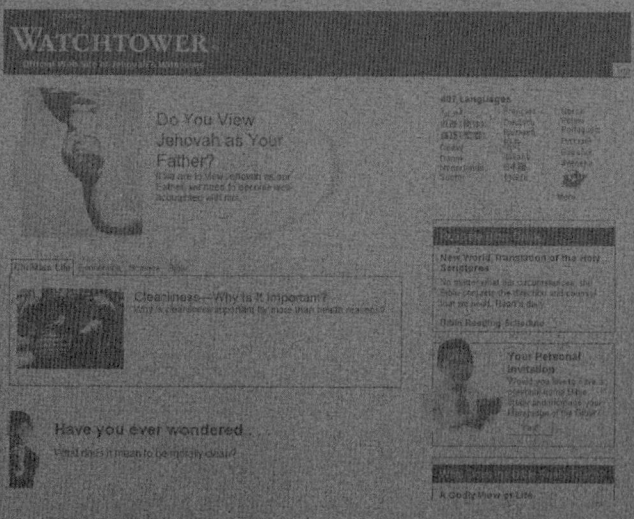

"여호와의 증인은
수백 개의 언어로 번역한 교리 내용을
전 세계 어디서나 동일하게 접할 수 있다.
거주 지역과 사용 언어를 불문하고
같은 내용의 교리를 학습할 수 있게 한
이러한 포교방법은,
비교적 역사가 짧은 여호와의 증인이
대부분의 국가에 진입할 수 있게 했다."

미국 뉴욕에 위치한 세계 본부를 필두로 전 세계 100여 개의 지부를 둔 여호와의 증인은 공식 웹사이트에서 교리 및 활동 내용을 알리고 있다. 여호와의 증인 홈페이지의 내용은 1056개 언어로 읽을 수 있다는 특징을 보인다.

세계 신도 및 교회 수

여호와의 증인은 홈페이지 https://www.jw.org/ko/에 "전 세계 여호와의 증인의 2021 봉사 연도 보고"를 공개했다. 이 보고서에는 2021년 여호와의 증인 국가별 전도인 최고 수(신도 수), 회중 수(교회 수), 총시간(포교활동 시간) 등이 기록돼 있다. 보고서에 따르면 여호와의 증인은 전 세계 239개 국가(지역)에 진출했고, 최대 신도 수는 약 868만 명, 침례 받은 수는 약 17만 명, 교회는 약 12만 곳, 전도(포교) 활동 시간은 약 14억 시간이다.

2021년 전 세계 여호와의 증인 보고서 일부

2021년 신도 수가 가장 많은 국가는 여호와의 증인이 태동한 미국으로 약 125만 명이고, 아시아 국가 중에서는 필리핀이 약 23만 명으로 가장 많다. 종교의 자유를 억압한다는 비판을 받는 중국에는 진출하지 못한 것으로 보인다. 한국에는 약 10만 5000명의 신도가 있는 것으로 보고됐다. 〈표〉는 여호와의 증인 전 세계 2021년 보고서 중 대륙별 주요 국가의 신도 및 교회 수를 정리한 것이다.

〈표〉

국가	2021년 전도인 최고 수	회중 수	침례받은 자 수
한국	105,208	1,270	1,016
말레이시아	5,640	123	114
인도	55,408	906	160
일본	213,451	2,959	1,621
타이완(대만)	11,367	181	274
필리핀	235,736	3,504	7,366
독일	167,328	2,073	2,361
영국	140,094	1,611	2,483
프랑스	136,000	1,546	2,236
터키	5,141	68	159

10. 여호와의 증인_해외 활동 현황

〈표〉

국가	2021년 전도인 최고 수	회중 수	침례받은 자 수
나이지리아	380,713	6,577	6,442
남아프리카공화국	100,112	2,071	1,532
미국	1,255,657	12,163	19,627
캐나다	118,533	1,193	1,407
멕시코	870,967	12,938	15,780
브라질	913,479	12,441	20,406
오스트레일리아	70,951	748	998

407개 언어 지원의 홈페이지

여호와의 증인은 홈페이지 내용을 1056개 언어(수어 포함)로 번역해 지원한다. 홈페이지에서 아랍어, 중국어(간체, 번체), 덴마크어, 힌디어, 일본어 등의 언어와 수어 중 하나를 선택하면, 선택한 언어로 홈페이지의 내용을 볼 수 있다. 홈페이지 내용은 신앙, 장래, 의학, 화제 등으로 분류한 여러 질문에 대해 여호와의 증인이 사용하는 『신세계역 성경』을 인용해 답변하는 내용이 대부분이다. "여호와의 증인은 개신교입니까?", "666 짐승의 표 그 의미는 무엇인가?" 등의 종교적 질문부터 "이혼이 해결책인가?", "배우자의 부모와 잘 지내려면" 등의 가족 문제, "색깔을 구분하기가 어렵진 않으세요?", "난초재배 —기다림 끝에 오는 즐거움" 등 다양한 분야의 화제 거리를 제공해 홈페이지 방문자들의 관심을 끈다.

『신세계역 성경』과 "방문요청"

여호와의 증인 홈페이지는 『신세계역 성경』을 수십 개 언어로 번역한다. 홈페이지의 "온라인 성경"를 클릭하면 한국어, 노르웨이어, 프랑스어, 폴란드어, 체코어 등 210개 이상 언어로 번역된 『신세계역 성경』의 읽을 수 있다. "방문 신청하기"을 클릭하면 이름, 언어, 국가, 주소, 연락처, 연락을 원하는 시간을 적고 "신청하기"를 클릭하면 전 세계 어디서나 여호와의 증인 신도들의 방문을 받을 수 있다.

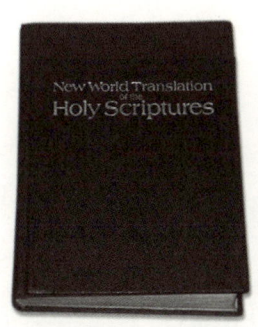
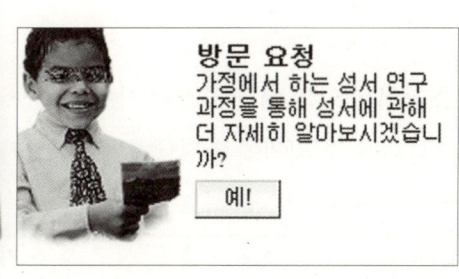

「성서는 실제로 무엇을 가르치는가」 　「나의 성서이야기 책」 　「여호와의 증인-어떤사람들인가」

주요 언어로 인쇄되는 출판물들

여호와의 증인은『신세계역 성경』뿐 아니라 성서 연구 보조서, 포교용 팸플릿, 잡지 등을 배포한다. 성서 연구 보조서 9권 중『성서는 실제로 무엇을 가르치는가?』와『나의 성서 이야기 책』은 주요 언어로 번역돼 웹사이트에서 읽을 수 있다. 포교용 팸플릿「여호와의 증인-어떤 사람들인가? 무엇을 믿는가?」,「피-어떻게 생명을 구할 수 있는가?」와 잡지「파수대」,「깨어라!」도 영어 및 주요언어로 읽을 수 있다.

여호와의 증인 지역대회

여호와의 증인은 매년 5~9월 사이에 신도 수천여 명이 모이는 "지역대회"를 세계 각 지역에서 진행한다. 이 행사에서는 청소년, 가정 문제 등 사람들이 공통적으로 겪고 있는 주제들과 여호와의 증인 성서 강연회를 들을 수 있다. 여호와의 증인 신도 수가 가장 많은 미국은 2016년 지

여호와의 증인 지역대회 홍보문

역대회를 90여 개 도시에서 350여 회 진행했다. 한국에서는 2016년 7월 8일부터 8월 28일까지 강릉, 대전, 서울, 천안, 제주 등 전국 14개 지역에서 25회의 지역대회가 열렸다. 특히 8월 26일은 경기도 용인에서 "성서영어대회"가 진행해 외국인들의 관심을 끌었다.

여호와의 증인은 스타벅스, 맥도날드 같은 미국 거대 기업을 연상케 한다. 전 세계 어디서나 같은 이름의 메뉴를 같은 맛으로 즐길 수 있는 미국 거대 기업처럼, 여호와의 증인은 수백 개의 언어로 번역한 교리 내용을 전 세계 어디서나 동일하게 접할 수 있기 때문이다. 거주 지역과 사용 언어를 불문하고 같은 내용의 교리를 학습할 수 있게 한 이러한 포교 방법은, 비교적 역사가 짧은 여호와의 증인이 대부분의 국가에 진입할 수 있게 했다. 또한 여호와의 증인은 매년 세계 각지에서 진행하는 지역대회를 통해 신도들의 결속력 및 자긍심을 높여 "세계 주요 이단 종교"가 아닌 "세계 주요 종교"로 영역 확대를 시도하고 있다.

☐ 대처 노하우

여호와의 증인 왕국회관
「파수대」와 「깨어라!」로 분별하자!
가가호호 방문포교를 조심하자!

"병역거부와 수혈거부 등의
사회문제를 지속적으로 야기하는 한편,
길거리에서나 가가호호를 방문하며
꾸준히 포교활동을 한다"

여호와의 증인은 한국에 유입된 지 110년이 넘었고, 여호와의 증인이라는 이름은 변경되지 않고 오랜 기간 사용되고 있다. 병역거부와 수혈거부 등의 사회문제를 지속적으로 야기하는 한편, 길거리에서나 가가호호를 방문하며 꾸준히 포교활동을 하는 여호와의 증인의 특징과 대처 방법을 살펴보자.

여호와의 증인 왕국회관

여호와의 증인 건물에는 '왕국회관'이라는 간판이 걸려 있다. 정확하게 "여호와의 증인 왕국회관"이다. 다른 이단단체와 같이 '교회'라는 단어를 사용하지 않아 혼란스럽지 않다. "여호와의 증인 왕국회관"이라는 간판만 보더라도 전국에 있는 1200여 곳의 여호와의 증인 건물을 잘 분별할 수 있다.

서울시 노원구에 위치한 여호와의 증인 왕국회관

「파수대」와 「깨어라!」로 분별하자!

여호와의 증인들의 포교활동은 주위에서 자주 목격된다. 길거리, 전철, 버스터미널, 공항 등 여호와의 증인은 사람들이 모이는 곳이라면 어디든지 있다. 뿐만 아니라 일반사무실도 방문해 소식지를 나눠주곤 한다. 「파수대」, 「깨어라!」 등 각종 전단지를 나눠주며 읽어보라고 권면한다. 여호와의 증인의 신도를 쉽게 볼 수 있는 이유는 여호와의 증인의 의무가 있기 때문이다. 신도가 되면 최소한 10일에 24시간을 봉사(전도)해야 한다. 시간의 십일조를 드리는 것이다.(보조 파이오니아[전도인], 정규 파이오니아, 특별 파이오니아

여호와의 증인 잡지 「파수대」

10. 여호와의 증인_대처 노하우

가 되면 십일조 이외에 더 많은 시간을 봉사해야 한다.)「파수대」,「깨어라!」등 잘 알려진 잡지 외에도 〈우울한 사람을 위한 위로〉, 〈가정생활을 즐기라〉, 〈이 세상은 존속할 것인가?〉 등 평범한 제목의 안내서도 나눠주니 기억해야 한다.

가가호호 방문포교를 조심하자!

여호와의 증인들은 집집마다 방문해 포교하기도 한다. 전국을 구역으로 나눠 카드로 만들어 그 카드를 기초로 포교한다. 그 카드에는 방문한 집들의 반응, 종교유무, 가족관계, 부재중 유무 등을 적어 구체적인 정보를 습득한다. 처음 집을 방문하고, 다음 방문 때는 부재중이었던 집을 다시 방문해 맡은 구역의 모든 집을 방문한다. 이단들의 방문에는 거절하는 것이 가장 좋은 방법이다. 성경에도 "이단에 속한 사람을 한두 번 훈계한 후 멀리하라(딛3:10)"고 말하고 있다. 가볍게 생각해 교리논쟁을 시작하거나, '차 한 잔 대접하는 것은 괜찮겠지?'라고 생각하는 것은 그들에게 또 다른 포교의 기회를 주는 것이다. 이러한 반응은 고스란히 다른 여호와의 증인 신도들에게 들어가 좋은 정보로 사용되기 때문이다.

여호와의 증인은 한국에서 잘 알려진 대표적인 이단단체다. 소극적으로 포교하는 것처럼 보여 안심할 수 있으나, 어떤 단체보다도 많은 시간을 투자하고, 조직적이고 체계적인 교육 아래 포교하고 있으니 조심해야 한다. '여호와의 증인 왕국회관'이라는 간판과 「파수대」, 「깨어라!」 등의 잡지로 분별하고, 집에 방문했을 때는 절대 안으로 들이지 않는 지혜로운 대처방법이 필요하다.

11

Manmin Central Church
만 민 중 앙 교 회

☐ 바로알자 ☐ 해외 활동 현황 ☐ 대처 노하우

□ 바로알자

이재록은 누구인가?
이재록은 무엇을 주장하는가?
만민중앙교회 주요 활동
만민중앙교회 국내 현황
만민중앙교회 예배 현장

"이재록씨는 신학교 시절부터
'대언의 말씀'으로 이단시비를 받았고,
신학교 졸업 후에도
성경의 자의적인 해석,
극단적인 신비주의로
한국교회로부터 '이단'으로 결의됐다."

만민중앙교회 대표 이재록씨는 1982년 신학교 시절부터 "대언의 말씀"으로 이단시비를 받았고, 신학교 졸업 후에도 성경의 자의적인 해석, 극단적인 신비주의로 한국교회로부터 "이단"으로 결의됐다. 그러나 만민중앙교회는 국내 뿐 아니라 해외까지 지교회를 세우는 등 교세를 끊임없이 증강시키고 있고, 방송·언론 매체까지 동원해 많은 사람들을 미혹하고 있다. 만민중앙교회는 어떤 단체인가?

이재록은 누구인가?

이재록씨는 1943년 전남 무안에서 3남 3녀 중 막내로 태어났다. 이씨의 저서 『죽음 앞에서 영생을 맛보며』에 의하면 이씨는 한학자였던 부친 덕분에 별 어려움 없이 성장해 대학까지 진학했다. 그러나 결혼 후 신문사에 취직한 이씨는 회식자리에서 과음을 해 7년간 자리에 눕는 폐인이

만민중앙교회 대표 이재록씨

됐고, 1972년 위궤양, 신경성 노이로제, 심한 두통, 악성 빈혈, 축농증, 중이염, 동상, 습진, 피부염, 임파선염, 관절염 등 수 많은 질병을 앓았다. 1974년 둘째 누나와 함께 현신애 권사 제단에 갔다가 앓고 있던 모든 질병을 치료받는 신비 체험을 하게 되며, 이후 아내와 함께 교회에 출석하기 시작, 1978년 기도 중에 다음과 같은 하나님의 음성을 들었다.

"만세 전에 택한 종아! 내가 너를 3년 연단했으니, 3년 말씀을 준비하라. 3년 말씀을 주장하고 나면, 산을 넘고 강과 바다를 건너 기적과 이적을 행하리라."

하나님의 음성을 들은 이씨는 이듬해 성결교신학교(연합)에 입학했고 그해 6월 철야기도가 끝나는 날 "마지막 날"에 대한 계시를 받았다. 1980년에는 "성경 찬송 외에 인간이 쓴 책을 일체 보지 말라."는 하나님의 지시를 받았고, 1982년 만민중앙교회 개척을 준비하기 시작했다. 이씨의 아내는 한정애씨를 전도했으니, 한씨는 이후 대언을 통해 이씨 신격화에 앞장선 만민중앙교회의 핵심 인물이 되지만, 1998년 이씨와의 충돌로 만민중앙교회를 탈퇴하게 된다.

1983년 2월 신학교를 졸업한 이씨는 5월부터 성경난해구절에 대한 해석을 기도하는 가운데 받기 시작했고, 1984년 5월에는 강원도 백양리

이재록씨 저서
「죽음 앞에서 영생을 맛보며」

에서 천국계시를 받았다. 1986년 목사 안수를 받은 이씨는 지속적으로 교세를 성장시켰으나 「현대종교」 1988년 2월호에 게재된 르뽀기사와 1989년 10월, 마산만민교회의 이단성을 조사해달라는 마산시기독교연합회의 공문이 발단이 돼 조사가 시작되면서 이단 시비를 받게된다. 이후 만민중앙교회 이단 문제가 붉어지기 시작, 1990년 예수교대한성결교단에서 "이단"으로 결의됨에 따라 제명처분을 받게 된다. 이에 이씨는 1991년 7월 자체적으로 예수교대한연합성결교단을 창립, 변함없는 행보로 10만 성도를 자랑하며 그 세를 국외까지 확장시키고 있다.

이씨의 성적인 문제는 2018년 교회 여신도들의 경찰 신고로 세상에 드러났다. 이씨에게 성폭행을 당했다며 이씨를 고소한 피해자들은 경찰 조사에서 이씨의 전화를 받고 찾아갔다가 성폭행을 당했다고 진술했다. 경찰은 그해 4월 9일 이씨를 출국금지 조치했다. 이씨는 1심 선고에서 징역 15년형을 받았다. 그뿐만 아니라 교회 헌금 110억 원 횡령 혐의로 같은 해 10월 1일 검찰에 송치됐다. 결국, 이씨는 2019년 8월 9일 상습준강간 등의 혐의로 징역 16년형을 선고받았다. 이에 이씨의 3녀인 이수진씨가 당회장 직무대행을 해왔다. 하지만 과거 연인이었던 이○○ 前 전도사와의

연애 행각이 상세히 담긴 사택보고서가 세상에 밝혀지면서 이수진씨는 사임 의사를 밝혔다. 그러나 만민중앙교회 원로회 측은 당회장 직무대행직에 대한 3개월 직무정지(2019년 8월 9일~11월 17일) 처분을 내렸다. 3개월의 직무정지를 마친 이수진씨는 11월 24일 교회로 돌아왔다.

만민중앙교회에서 '예언'을 전달하는 대언자의 역할을 담당하며 예능위원회 위원장과 GCN 방송국 총괄국장을 맡았던 이희진씨와 남녀선교회 총지도교사, 만민지교회 총지도교사로 활동했던 이희선씨가 이재록의 수감과 함께 이수진씨와 갈등을 빚었다. 이에 교회를 떠나 올네이션스 목자의 기도원이라는 이름으로 기도원을 세웠다. 기도원에는 이재록의 형상을 따 만든 모형물과 이재록의 얼굴이 담긴 액자, 현수막 등을 걸어놓고 이재록의 예전 영상 설교를 예배 시간에 틀어놓고 예배를 진행했다. 이 사실을 알게 된 만민중앙교회 측은 올네이션스 목자의 기도원을 상대로 가처분 소송 신청을 진행했다.

만민중앙교회 부지도 매각되며 교회가 연이어 위기를 맞았다. 만민중앙교회는 유관기관인 우림문화사의 법인을 통해 구로구에 자리를 잡고 활동했다. 하지만 구로디지털단지는 국가산업단지로 국가 기간 산업, 첨단 과학 기술 산업을 육성하기 위해 지정된 곳이다. 이에 만민중앙교회는 1996년부터 위법건축물 통보를 받았다. 2021년 10월 10일 교회 창립 39주년 기념 예배 및 축하 행사를 진행한 후 교회는 25일부터 철거된 것으로 알려졌다. 이후 이재록이 세운 연합성결신학교 건물에 임시로 사무실과 스튜디오를 설치해 교회 관련 활동을 하는 것으로 알려졌다.

이재록은 2023년 12월 31일 사망했다. 2023년 3월부터 건강상의 이유(대장암 말기)로 형집행정지를 신청해 허가를 받은 바 있다. 이후 셋째 딸인 이수진이 위임목사로 취임했다.

이재록은 무엇을 주장하는가?

이재록씨는 본인이 체험한 환상 및 계시를 토대로 성경을 자의적으로 해석해 정통 교리에서 벗어난 주장을 한다.

1) 이재록씨 신격화

이씨를 따르다 이탈한 사람들의 증언에 따르면 이씨는 자신을 가리켜 알파와 오메가요, 처음이자 끝이며, 심판의 권세자, 죄사함의 권세가 있다고 주장한다. 심지어 자신이 하나님의 친 아들이며 아브라함도 자신이 부르면 온다고 한다. 1998년 7월 5일 주일 저녁 집회에서 이씨는 자신이 "피가름"을 통해 원죄와 자범죄가 없어졌다고 설교했다.

> ▶ 내가 피흘렸을 때 8일 동안 피를 흘리면서 부모로부터 받은 피를 모두 다 쏟았고, 8일 동안 물을 마셔 피가 됐다. 물은 영적인 말씀, 영생이다. 이 말씀은 하나님 말씀으로 내 피를 만드셨기 때문에 이 피 안에는 죄성이 없다.

이어 이씨는 자신에게서 원죄가 없어졌기 때문에 죽음이 자신을 피해가고, 무한한 권능이 생겼다고 주장한다.

> ▶ 그리고 나서(피가름 후) 저번에 말씀하신 것 봤는데 "너는(이재록) 그때 피를 흘림으로 네게 원죄가 없어졌고 따라서 죽음이 너를 피해가는 것이고, 악한 자가 너를 만지지 못한다."고 말씀하셨다. 주님이 가지신 무한한 권능이 "네게도 주어져 너도 그 이상으로 역사를 이룰 것이다."라고 하셨다.

이 외에도 이씨는 자신의 영이 하나님 보좌 좌편에 앉아 있으며(1998년 7월 5일), 물위를 걷는 것 외에 66권의 모든 말씀을 이루었다고 했고(1998년 6월 21일), 자신과 하나님이 하나가 됐으며(1998년 6월 28일), 심판 날에 주님 옆에서 성도들을 위해 직접 변호해 줄 것(1998년 7월 5일)이라는 등 수도 없이 자신을 신격화하는 주장을 했다.

이처럼 이씨는 마치 자신이 구세주요 자기를 통해 구원을 얻을 수 있다는 인상을 심겨주고 있다. "교주의 신격화"는 이단 판별의 기준이다. 이씨 자신의 신격화 주장은 본인 스스로가 이단임을 자처하고 있는 것이다.

2) 믿음의 5단계, 천국의 5단계

이씨는 2007년 4월 29일 설교에서 "천국은 동화 속의 나라나 삶에 지친 사람들이 막연히 동경하는 상상 속의 나라가 아니다."라고 설교했다. 그러나 실상 그가 주장하는 천국의 모습은 동화보다 더 동화 같은 상상 속의 나라라는 느낌이 들게 한다.

이씨는 믿음의 분량마다 갈 수 있는 천국이 다르며, 2006년 6월 25일 "믿음의 5단계"에 대해 다음과 같이 설교했다.

- ▶ 복음을 듣고 믿음으로 성령을 받으면 구원 받을 수 있는 믿음의 1단계에 들어선다.
- ▶ 말씀을 배우고 행하려고 노력하기 시작하면 믿음의 2단계로 들어서게 된다.
- ▶ 좀 더 믿음이 자라 3단계에 들어서면 어느 정도 말씀대로 지켜 행할 수 있는 능력이 생기게 된다. 자연스럽게 말씀대로 행할 수 있는 안정적인 믿음의 단계로 접어드는 것이다.
- ▶ 하나님의 말씀대로 행하면서 범죄하지 않을 뿐 아니라 마음에 있는

근본 죄성까지 벗어버리면 믿음의 4단계에 들어서게 되는데 비로소 거룩하고 성결한 하나님의 참자녀가 된 것이다.

▶ 4단계에서 본성 깊은 곳에 숨겨져 있는 육의 흔적과 같은 것들까지 버려 나가고 모든 영적인 열매들이 주렁주렁 맺히게 되면 최고의 믿음인 5단계에 들어선다.

이씨가 믿음에 단계를 구분 짓는 이유는 믿음의 단계마다 들어가는 천국이 다르며 천국의 삶이 확연하게 차이 나기 때문이다.

이씨가 말하는 천국은 믿음의 1단계에 속한 사람이 들어가는 낙원, 믿음의 2단계에 속한 사람이 들어가는 1천층, 믿음의 3단계에 속한 사람이 들어가는 2천층, 믿음의 4단계에 속한 사람이 들어가는 3천층, 믿음의 5단계에 속한 사람이 들어가는 새예루살렘으로 구분된다.

2007년 4월 22일 이씨는 천국에 대해 다음과 같이 설교했다.

▶ 낙원은 어떠한 개인 소유집이 없다. 많은 영혼이 함께 거할 수 있는 공공건물이 있는데 마치 이 땅의 복지관 같은 건물이다. 자신이 일정 시간 동안 쉬었으면 다른 사람을 위해 비워줘야 한다.

▶ 1천층부터 상급이 주어지므로 개인 소유의 집이 주어진다. 1천층의 집들은 이 땅에 있는 다세대 주택이나 아파트 같은 형태의 집이다. 이 땅의 아파트와 달리 계단이 없으며, 아름답게 장식된 엘리베이터만 있다. 1천층의 엘리베이터는 올라타기만 하면 자동으로 원하는 층으로 이동하게 되고 고장나는 일도 없다.

▶ 2천층의 집은 완전히 독립된 단층의 개인 주택 형태이다. 크고 웅장하며, 꽃과 나무들로 화려하게 단장돼 있다. 정금과 각색 보석들로 만들어진 수영장, 호수, 무도회장, 산책길 등 원하는 것 중에서 가장 좋아하는 단 한 가지가 주어진다.

- ▶ 3천층의 집들은 화려하고 웅장하며 거대한 규모의 복층 구조로 돼 있다. 호수, 골프장, 수영장, 호수, 산책길, 무도회장 등 원하는 시설 모두 소유할 수 있다.
- ▶ 새예루살렘 성안의 집들에도 주인이 원하는 모든 시설이 갖춰져 있다. 3천층의 집들과 비교할 때 그 규모나 아름다움과 영화로움의 정도가 훨씬 뛰어나다.

이 외에도 이씨는 천국 휴양시설에 대해 설교했다. 낙원과 1천층에는 공동으로 사용하는 운동시설과 게임시설이 갖춰져 있고, 2천층과 3천층, 새예루살렘에는 각 규모에 맞게 집안에 휴양시설이 있다고 설명했다. 나아가 3천층과 새예루살렘에는 디즈니랜드와 비교할 수 없는 흥미진진한 놀이기구가 세워져 있다고 한다.(2007년 4월 29일) 또 천국여행과 영화관람 같은 다양한 문화생활을 즐길 수 있으며, 천국 영화관에는 천지 창조, 노아 홍수, 예수님의 공생애 사역 등을 영화로 만들어 보여 준다고 한다.(2007년 5월 20일) 천국의 교통수단으로는 철로가 없어도 목적지까지 갈 수 있는 천국열차와 개인적으로 주어지는 구름자가용과 황금 마차를 소개하며, 새예루살렘성의 성도가 골프장 필드를 옮길 때 조각구름 자가용이 주인의 발밑에 대기한다고 주장했다.(2007년 5월 20일)

성경은 천국과 지옥의 두 처소를 말할 뿐 어떤 처소의 단계를 구분지어 말하지 않으며, "영광의 면류관" "생명의 면류관"을 말할 때 천국의 상급을 말할 뿐 천국에 서열과 계층이 존재함을 말하고 있지 않다. 그러나 이씨는 환상적이며 구체적인 천국의 모습을 그려 신도들로 하여금 더 좋은 천국, 결과적으로 새예루살렘을 기대하게 한다.

3) 만민중앙교회의 배타성

인터넷 포털사이트에서 "만민중앙교회"를 검색하자 수많은 만민중앙교회 사진들이 검색됐다. 대부분의 사진에는 만민중앙교회 바로 위 하늘에 떠있는 무지개를 소개하고 있다. 사진에는 "만민을 향한 언약의 무지개"라는 제목이 달려있다.

만민중앙교회 이재록씨는 자신의 교회에만 구원이 있다는 직접적인 거론은 하지 않는다. 그러나 이씨의 설교와 여러 상황 연출은 만민중앙교회를 특수화 시키려는 의도가 다분해 보인다. 지난 1998년 7월 3일과 17일 금요철야예배에서 이씨는 "하나님의 보좌가 강단에 내려오고 천국에 계신 하나님이 친히 임재한다."는 소위 "임재 쇼"를 연출했고, "만민중앙교회에 하나님이 친히 임재하시고 하늘문이 열렸으며, 그 하늘 문이 닫히지 않고 주님 재림하실 때까지 열려 있을 것"이라고 주장했다. 2009년 10월 11일 창립 27주년 기념 행사에서는 "매주 모든 행사 때마다 해를 두른 원형 무지개를 볼 수 있다."며 "교회 행사 때 몰려오던 태풍이 물러가거나 소멸되는 경우도 있고, 태양이 따가울 때는 사방에서 구름이 몰려와 그늘을 만들어 행사 장소를 시원하게 했다."는 등 만민중앙교회 특수화를 위한 주장을 이어나갔다. 이처럼 이씨의 허황된 주장은 끊임없이 가중되고 있다. 그럼에도 그의 주장에 미혹돼 "아멘"을 연발하며 고개를 끄덕이는 신도들이 점차 늘어나고 있는 추세이다. 이런 이유는 오늘날 불가사의로 남아있는 UFO나 공룡과 관련한 문제 등도 성경에 빗대어 자의적인 해석을 시도함에 따른 결과도 한 몫 한 것으로 보인다.

4) 기타 주장

이씨는 2008년 11월 23일에 "4하늘"에 대해서 설교했다. 이씨에 따르면 첫째 하늘은 지구를 포함한 모든 육의 공간, 둘째 하늘은 빛의 영역이 있는 창세기 에덴동산, 셋째 하늘은, 영원히 살 곳 천국, 넷째 하늘은 삼위일체 하나님이 계신 곳으로 구분지었고, 아담은 에덴 동산에 살면서 첫째 하늘에 있는 지구를 다스리기 위해 UFO를 타고 이동했다고 주장한다.

- ▶ 아담은 에덴동산에 살면서 이 지구를 다스리러 내려오기 위해 도구가 필요했는데 그 도구가 바로 UFO이다. UFO는 첫째 하늘과 둘째 하늘 사이의 시간의 흐름의 차이를 극복해서 이동할 수 있도록 해주는 도구이다. (2001년 10월 5일)
- ▶ 이들(에덴에 사는 사람들)이 타고 내려오는 기구는 이 땅의 기술로는 만들 수 없는 것으로서 무척 빠른 속도로 자유자재로 움직일 수 있는 것이다. 그래서 이 땅의 사람들은 이것을 UFO(미확인 비행물체)라고 부르는 것이다. (2001년 10월 5일)

또한 공룡은 아담의 애완동물로 지구의 동물보다 훨씬 지혜가 뛰어났다고 한다.

- ▶ 공룡은 아담에게 있어서 마치 애완동물과 같은 존재였다. 아버지 하나님의 보좌 곁에 용들이 있었던 것처럼 공룡 역시 아담 가까이에서 아담과 함께하며 아담을 기쁘게 해주었다. (2001년 8월 24일)
- ▶ 에덴동산의 공룡은 이 땅의 짐승들과는 지혜가 달랐다. 이 땅의 것보다 훨씬 지혜가 더 뛰어났던 것이다. (2002년 2월 15일)

이와 같은 이씨의 주장은 성경과 정통 교리에 기준을 두지 않고, 극단적인 신비체험에 바탕을 둔 주장으로 성경적 지지를 받을 수 없을 뿐더러 일고의 비판적 가치도 없는 주장들이다.

만민중앙교회 이재록씨에 대해 한국기독교총연합회_{한기총}에서는 "극단적인 신비주의 형태의 이단자로서 한국교회는 철저하게 그를 경계해야 할 것으로 사료된다."고 밝혔고, 대한예수교장로회 합신 측에서는 "하나님의 신성을 모독하며, 그리스도의 구속을 왜곡 축소시키므로 많은 영혼들을 유린하는 자"라며 "거짓선지자, 삯군 목자, 이단 중의 이단"이라고 정리했다. 이 밖에도 대한예수교장로회 통합 측에서도 "신론, 구원론, 인간론, 성령론, 교회론, 종말(내세)론"의 문제로 "이단"으로, 예수교대한성결교도 "이단"으로 결의했다.

만민중앙교회 주요 활동

1) 문서 활동

만민중앙교회는 이재록씨의 도서홍보에 전력 질주하고 있다. 도서출판 우림북은 만민중앙교회 온라인 서점으로 1987년 설립해 59권의 이씨 저서와 147권의 번역 도서를 판매하고 있다. 이씨의 책은 영어를 비롯, 일어, 러시아어, 스페인어, 독일어, 타밀어, 아랍어, 타갈로그어, 중국어, 불어, 히브리어, 몽골어, 이탈리아어, 네팔어, 인도네시아어, 우르드어 등 16개 국어로 번역됐으며, 국제도서전을 통해 꾸준히 홍보되고 있다. 서울 삼성동 코엑스에서 열린 '서울국제도서전'에서도 이씨의 저서가 전시됐고, 일반 대형 서점에서는 "종교부문" 베스트셀러에 오르는 등

이재록씨의 저서들

만민중앙교회에서 발간하는 「만민뉴스」

이씨의 도서 홍보는 멈출 기미가 보이지 않는다. 나아가 우림북은 e-book을 통해 스마트폰을 이용, 전자책을 구입해 읽을 수 있도록 하는 등 시대 흐름에 편승한 포교 방법을 모색하고 있다. (「현대종교」 2010년 7/8월호 참고)

또한 주간으로 이씨의 동정 및 설교, 단체 소식을 게재한 「만민뉴스」를 발행함으로 대대적인 문서를 통한 포교활동을 감행하고 있다.

2) 인터넷 활동

만민중앙교회 홈페이지 manmin.or.kr에는 이씨의 설교와 신도들의 치유에 대한 간증을 게재하고 있고, 기적과 표적에 대한 신비 체험 관련 사진을 올려 사람들의 관심과 이목을 끌고 있다. 또한 만민중앙교회와 관련해 일부 언론에서 보도한 긍정적인 기사를 전문 게재함으로 단체의 부정적인 이미지를 환기시키고, 건전 단체인 것처럼 보이도록 유도하고 있다. 나아가 만민TV 홈페이지 팝업을 이용해, 아이튠즈를 다운 받는 것 부터 이씨의 설교를 듣는 방법까지 자세히 설명함으로 팟캐스트 사용을 권장하고 있는 등 시대에 맞는 포교방법을 동원하고 있다.

홈페이지 하단에는 만민중앙교회 관련 홈페이지가 링크 돼 있는데, 그 중 "GCN"은 인터넷 TV로 "GLOBAL CHRISTIAN NETWORK"의 약자이다. "위성, 케이블, 공중파 방송 등을 통해 전 세계를 커버하는 기독선교방송 네트워크를 구축, 세계 모든 만민에게 그리스도의 복음을 효과적으로 전파"한다는 목적을 밝히고 있어 포교의 효과 증진을 위한 포교도구의 일환임을 알 수 있다. GCN인터넷 TV는 GCN1, GCN2, 수화예배, 환자를 위한 기도를 선택해 볼 수 있고, 현재는 한국어를 중심으로 방송 중에 있으나 언어권을 더욱 확장할 것으로 보인다. (『현대종교』 2009년 4월호 참고)

3) 집회 활동

이씨는 손수건을 아픈 곳에 대고 기도하면 치료된다고 주장하며 손수건집회를 개최하고 있다. 만민중앙교회에서는 손수건집회를 통해 기적적인 일들이 일어난다며 치유된 사람들의 간증과 사례들을 적극적으로 홍보하고 있다. 만민중앙교회 홈페이지에 올라온 몇몇 해외 교회 동영상의 내용을 살펴보면 기도시간에 신도들은 이재록씨가 안수한 손수건으로 기도받기 위해 앞으로 나갔다. 신도들의 이름표에 아픈 부위가 적혀 있고, 손수건을 들고 있는 교역자는 그것을 확인하고 아픈 부위에 손수건을 얹고 기도했다. 손수건 기도가 끝난 후 병이 치료됐다는 신도들의 간증이 이어졌다. 만민중앙교회 선교팀은 이씨가 안수한 손수건을 가지고 해외 집회 장소로 떠나고, 도착하면 길거리에서 여러 가지 공연을 보여주며 사람들의 관심을 자극한다. 이어 손수건집회 홍보 전단지를 나눠주며 참석할 것을 권유하며 포교한다. (『현대종교』 2009년 7/8월호 참조)

4) 봉사 활동

만민중앙교회 홈페이지에는 자신들의 대외적인 봉사 선교활동을 홍보하고 있다. 홍보 내용에 따르면 만민중앙교회는 교정복지선교회 주관 구치소를 정기적으로 위문하고 있고, 매년마다 김장 김치를 독거 노인, 소년 소녀 가장 등 불우이웃에게 지원하고 있다. 또한 만민중앙교회 소속 닛시오케스트라를 동원, "닛시 해피콘서트"를 정기적으로 개최함으로 직장인을 대상으로 공연하고 있다. 이처럼 만민중앙교회는 "사회 여러 분야에서 그리스도의 사랑을 전하고 있다."고 홍보하나, 그 실상은 대상자에게 자신들의 단체를 알리고, 끌어들이기 위한 포교활동의 하나이다.

5) 무안단물 홍보

만민중앙교회는 출애굽기 15장에서 쓴물이 단물로 변한 하나님의 역사가 10년 전(2000년 3월 5일) 이씨의 기도로 전남 무안에서 일어났다고 주장한다. "무안단물"이라고 불리는 이 물은 미국 FDA 식품의약국에서 안전성과 우수성을 인정받았고, 기능성 음료 개념에서 실시된 미네랄, 경구 독성, 중금속, 피부반응, 농약잔류물 5종의 검사 결과 모두 기준에 적합하다는 판정을 받았으며, 치료 역사가 나타나 하나님의 권능이 살아 역사하고 있는 물이라고 홍보한다. 만민중앙교회는 무안 단물터를 찾고 있는 신도를 가리켜 "순례객"이라고 표현하는 등 이씨의 고향인 전남 무안 지역을 성지화하고 있으며, 신비적인 치료의 효과를 내세워 대대적인 홍보를 감행하고 있다. (「현대종교」 2010년 5월호 참고) 그러나 MBC 〈뉴스 후〉(2006년 9월 21)에 의하면 유명대학 연구소에서 무안단물 성분을 분석한 결과 음용수 부적격 판정을 받았고, 대장균 포함 8개 항목에서 기준치가 초과됐다. 결국 2020년 무안단물터는 폐공되었다.

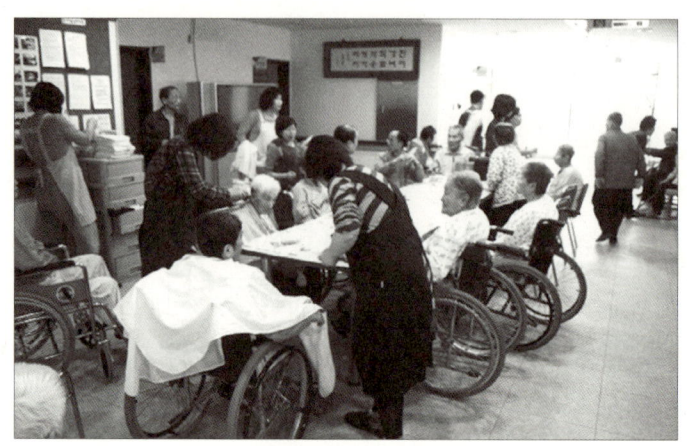
만민중앙교회 봉사활동

만민중앙교회 국내 현황

만민중앙교회는 지교회 및 지성전이 전국에 걸쳐 분포돼 있으며, 지교회 41개, 지성전 13개 총 54개 교회가 설립돼 있다. 10개 교구와 10개 선교회가 구성돼 있고, 11개의 위원회가 조직돼 있다. 연합성결신학교와 만민국제신학교 등 교육기관을 설립해 전문 사역자를 양성, 지도자 재생산에 열을 올리고 있고, 만민복지타운, 만민기도원, 만민선교원 등 자체 부설 기관을 보유함으로 교세 확장에 집중하고 있다. 200여 명의 교역자가 각개 영역에서 활동하고 있으며, 국내 신도 수는 약 10만 명에 이른다.

만민중앙교회 예배 현장

만민중앙교회 주일 예배는 오전 10시, 11시 30분, 오후 3시 총 3회 진

전남 무안에 있는 무안단물터

만민중앙교회 내에 있는 무안단물수족관

행된다. 오전 11시 30분 예배에 7000여 명의 신도가 모였다. 한복을 입은 안내원들이 자리를 정리하며 분주하게 움직였다. 예배가 시작되자 단상 뒤 벽면에 쳐져있던 커튼이 열리며 웅장한 천국 그림이 나타났다. 흰 가운을 입은 이재록씨가 천국 그림 아래 의자에 앉았다. 만민중앙교회 주일 예배는 묵도로 시작해, 찬송과 설교, 헌금으로 이어졌고, 이씨의 축도로 마무리됐다. 예배 방식과 순서는 기성교회와 다르지 않았다.

성령의 음성을 듣고 예언?

이재록씨의 설교에 앞서 만민중앙교회 부목사가 나와 "마지막 때 귀한 목자 세워주셔서 기적과 이사, 권능을 보여주시고 체험케 하심에 감사"하다고 기도했다. 이후 이씨가 단상에 올라 로마서 8장 12절부터 16절까지 말씀을 가지고 "성령의 음성 주관 인도"라는 제목으로 설교했다. 이씨는 "하나님의 뜻을 이루기 위해 하나님은 자신이 세운 사람에게 음성을 준다."며 성령의 음성을 들어야 한다고 강조했다. 이어 "하나님의 말씀을 읽고 암송해 그 말씀이 떠올라야 음성을 들을 수 있는 것"이라며 "성령의 음성을 들을 때 성령의 주관 인도를 받을 수 있다."고 주장했다. 이씨는 설교 중 갑자기 월드컵 본선 경기 한국과 나이지리아전을 본 사람이 있냐며 신도들에게 질문했고, "주일 오락을 취하지 말라고 했는데 왜 보느냐"며 핀잔을 줬다. 그리고 이씨는 자신에게 한 집사가 회사에서 내기를 했다며 한국과 나이지리아 경기 결과를 질문했는데 자신은 "무승부를 하지만 16강에는 진출한다고 대답했다."고 말했다. 이씨는 이 사례를 빗대어 "성령의 음성을 들으면 앞으로 될 일을 알려주신다."고 주장, 마치 자신이 성령의 음성을 듣고 예언했음을 암시했다.

자신을 높이는 설교

이재록씨는 "대표기도와 설교는 본인이 하는게 아니라 성령이 주관하게 해야 한다."며 "나는 묵상 1분만 하면 설교 서론, 본론, 결론이 나오고, 제목만 떠오르면 살이 붙어 비유가 등장한다."고 말했다. 또 "성령이 내 안에 무장된 것들에서 필요한 것을 뽑아 내주시고 나는 그것만 가지고 술술 설교하는 것"이라고 주장했다. 이씨는 영으로 무장한 사람, 진리로 무장한 사람이 성령의 음성을 들을 수 있고, 영으로 들어오지 못한 사람은 순종하지 않았기 때문이라고 지적했다. 그리고 자신은 "성령의 음성에 100% 순종"했다며, 따라서 "불가능한 것들을 가능케 했다."고 강조했다. 이씨는 이어 "자신이 개척 전에는 모든 질병을 한번의 기도로 치료했지만, 지금은 성령을 훼방하는 사람, 나를 죽이려는 사람이 많아 두 번 세 번 기도해야 치료될 때가 있다."고 주장했다. 이처럼 이씨는 설교 중에 자신을 높였고, 자신을 훼방하는 사람은 성령을 훼방하는 사람임을 암시했다.

설교를 마친 이씨는 환자를 위해 기도했다. 이씨가 신도들을 향해 아픈 곳에 손을 얹으라고 지시했다. 신도들은 저마다 자신이 아픈 곳에 손을 얹고 눈을 감았다. 이씨가 "폐결핵, 변비, 뇌출혈, 자궁내막증세, 교

만민중앙교회 예배모습

통사고로 인한 두통, 당뇨, 암" 등 각종 질병을 거론하며 "모든 질병 각색 균들은 물러가라, 깨끗함을 받으라, 빛이 임하라."며 기도했고, 신도들은 목소리 높여 "아멘"을 외쳤다.

만민중앙교회 이재록씨는 스스로를 신격화하며 자신이 체험한 환상과 계시를 바탕으로 허황된 주장을 일삼고 있고, 잘못된 내세관으로 신도들을 옭아매고 있다. 손수건 집회, 무안단물 등 극단적인 신비주의와 신유은사를 통해 사람들을 미혹하며, 방송, 모바일 등을 동원해 시대에 앞선 포교 전략을 개발, 그 효과를 증진시키고 있다. 이러한 이씨의 행보는 "이단"이란 오명에서 그 이미지를 쇄신시키기 위해 국내 굴지의 언론까지 이용하는 등 거침없이 감행하고 있다. 따라서 한국교회는 교세 확장을 시도하는 만민중앙교회 활동 사항들을 지속적으로 알리고, 각 교회마다 정보 교류를 위한 네트워크를 형성해 효율적인 대처가 시급하다.

☐ 해외 활동 현황

해외 교회 현황

해외 활동

"해외 성회에서 이재록씨의
폭발적인 권능의 역사를 통해
많은 사람들이
'AIDS를 비롯한 각색 질병을 치료'받고
'소경이 눈을 뜨고 벙어리가 말하는' 등의
치료 역사가 일어났다고 주장한다."

무안단물, 손수건집회 등으로 물의를 일으켜 온 만민중앙교회 대표 이재록는 홈페이지 manmin.or.kr에서 "1982년 개척 예배를 드린 만민중앙교회가 2016년 13만 5000여 명의 성도와 전 세계 1만 1000여 개에 이르는 지·협력 교회와 함께 사역하는 글로벌 교회로 성장했다."며 소개하고 있다. 만민중앙교회의 해외 활동 현황을 조사했다.

해외 교회 현황

만민중앙교회는 홈페이지 선교 현황에서 2010년 6월까지 전 세계에 7800여 개의 지교회를 설립했다고 소개한다. 만민중앙교회가 공식적으로 밝히고 있는 지교회, 협력교회의 명단은 다음과 같다.

대륙	국가	교회명
아시아	대만	대만 만민교회
	말레이시아	페낭 만민농아교회
	몽골	몽골 만민교회
	인도	델리 만민교회
	인도네시아	파푸아 만민교회, 땅그랑 만민교회
	일본	나고야 만민교회, 아사히가와 만민교회, 오카야마 만민교회, 동경 타바타 만민교회
	파키스탄	지져스 에반젤리칼 만민교회, 라호르 만민교회
	필리핀	까비떼 다스마리냐스 만민교회, 이무스 만민교회, 세부 만민교회, 다바오 만민교회
유럽	독일	
	러시아	상트페테르부르크 만민교회
	몰도바	몰도바 만민교회
	에스토니아	진리의 근원 교회
	영국	런던 만민교회
중동	이스라엘	
아프리카	케냐	아프리카만민선교센터, 케냐 나이로비 만민교회
	콩고	콩고 킨샤사 만민교회, 살아계신 하나님의 교단, 중앙아프리카 오순절 교단
북아메리카	미국	버지니아 만민교회, 월드성결교회
	캐나다	토론토 만민교회

대륙	국가	교회명
남아메리카	온두라스	온두라스 산페드로술라 만민교회
	콜롬비아	콜롬비아 만민교회
	페루	페루 만민교회

(국가명: 대륙별 가나다 순)

해외 활동

1) 해외 성회

만민중앙교회는 2000년 우간다, 일본 나고야를 시작으로 2006년 미국 뉴욕까지 이재록씨의 설교와 치유 사역을 강조하는 해외 성회를 열어 왔다. 만민중앙교회는 해외 성회에서 이재록씨의 폭발적인 권능의 역사를 통해 많은 사람들이 "AIDS를 비롯한 각색 질병을 치료"받고 "소경이 눈을 뜨고 벙어리가 말하는" 등의 치료 역사가 일어났다고 주장한다. 또 만민중앙교회는 해외 현지 케이블 방송 등과 연계해 이재록씨의 집회를 중계했으며, 인공위성, 인터넷을 활용해 전 세계에 방송하기도 했다. 해외 성회가 열렸던 국가는 다음과 같다.

인도 성회

이스라엘 성회

년도	국가	년도	국가
2000년	우간다, 나고야, 파키스탄	2004년	독일, 페루
2001년	케냐, 필리핀	2006년	미국 뉴욕, 콩고
2002년	온두라스, 인도	2010년	에스토니아
2003년	러시아		

2) 각종 수련회

만민중앙교회는 "만민하계수련회" "십자가의 도 캠프" 등 각 연령층을 겨냥한 수련회를 진행했다. 2010년 만민하계수련회에는 미국, 캐나다, 벨기에, 카자흐스탄, 이스라엘, 볼리비아, 싱가포르, 일본, 필리핀, 인도네시아, 말레이시아, 대만, 중국 등 13개국의 만민중앙교회 교역자 및 성도 약 300명이 참석했으며, 만민중앙교회는 아동, 학생, 청년, 장년, 농아인 등으로 나눠 각각 수련회를 진행했다.

청소년을 대상으로 하는 "십자가의 도 캠프"도 진행한다. 만민중앙교회에 따르면 이 캠프는 "2004 이재록 목사 초청 독일연합대성회를 통해 은혜를 받은 유럽 목회자들이 방황하는 유럽의 청소년들에게 이재록 목사의 십자가의 도 설교를 통해 비전을 심어주자"는 제안으로 2006년 시작된 것이다. 2010년 십자가의 도 캠프에는 핀란드, 에스토니아, 러시아, 루마니아, 우크라이나, 스웨덴, 벨기에, 영국, 프랑스, 한국, 일본 등 총 11개국 130여 명의 목회자 및 청년이 참가했다. 만민중앙교회는 이 캠프의 세미나에서 "이재록씨를 통해 나타나는 하나님의 권능" 등에 대해 강연한다고 밝혔다.

3) GCN 방송

GCN 방송은 2005년에 개국했다. GCN 방송을 통해 만민중앙교회의

2010년 만민하계수련회

농아인 수련회

십자가의 도 캠프

주일예배, 저녁예배, 수요예배, 금요철야예배 등 매주 공예배와 특별행사, 매일 밤 다니엘철야기도회를 전 세계로 방영하고 있으며, 영어, 중국어, 일본어, 불어, 스페인어, 러시아어, 몽골어, 베트남어 등 8개 언어로 동시통역을 하고 있다. GCN 방송은 세계 170여 개국 4050여 개 방송사와 협력하고 있다고 밝힌다. 위성방송 14곳, 공중파 10곳, 케이블 18곳 등 전 세계 곳곳에 방송되며, 적게는 일주일에 30분에서 매일 24시간 방송되는 채널까지 다양하다. 많은 채널이 있다고 해서 시청률이 높다고 볼 수는 없으나, 해외에 만민중앙교회를 홍보하거나 포교할 수 있는 기반이 될 수 있다.

4) 인터넷 방송국 만민TV

만민중앙교회는 인터넷 방송국 만민TV manmintv.org를 통해 이재록씨의

만민TV 홈페이지

설교 및 만민중앙교회 예배를 방송하고 있다. 만민TV는 설교, 찬양, 간증, 집회 등으로 구분해 만민중앙교회의 소식을 빠르게 전하고 있으며, 위성TV로 세계 여러 나라로 송신한다. 만민TV는 영어를 비롯해 프랑스어, 스페인어, 러시아어, 독일어, 중국어, 타밀어^{인도 남동부 타밀족의 언어} 등 외국어 지원과 외국 현지 목사들의 강연, 집회 등을 통해 외국 신도들에게 접근한다.

5) 「만민뉴스」 13개 언어로 발행

만민중앙교회의 자체 소식지 「만민뉴스」를 영어, 일본어, 중국어, 스페인어, 불어, 독일어, 러시아어, 인도네시아어, 따갈로그어, 포르투갈어, 몽골어, 힌디어, 타밀어 등 13개 언어로 발행한다. 만민중앙교회는 13개 언어로 발행하기 위해 "번역국"을 두고 한글 신문을 영어로 번역해, 다시 각국 언어로 번역, 편집한 후 해당국가로 우편 발송한다. 만민

13개 언어로 번역되는 「만민뉴스」

중앙교회는 "특히 선교 자료가 부족한 나라는 「만민뉴스」가 현지에서 매우 유용하다."며 "실제로 「만민뉴스」를 통해 많은 이가 믿음을 갖고 응답과 축복을 받고 있다."고 전하고 있어 주의가 요구된다.

6) 손수건집회

만민중앙교회에서는 사도행전 19장 12절 "하나님이 바울의 손으로 희한한 능을 행하게 하시니 심지어 사람들이 바울의 몸에서 손수건이나 앞치마를 가져다가 병든 사람에게 얹으면 그 병이 떠나고 악귀도 나가더라"라는 말씀을 근거로 손수건기도, 손수건집회를 통해 기적적인 일들이 일어난다고 주장한다. 초대교회 당시에 사람들이 사도 바울의 몸에서 손수건이나 앞치마를 가져다가 병든 사람에게 얹으면 그 병이 떠나고 악귀도 나갔던 것처럼, 이재록씨가 기도해 준 손수건을 가져다가 병자에 얹고 기도하면 각색 질병이 치료되고

손수건 집회

악귀가 나가며 소경이 눈을 뜨고 벙어리가 말하는 등 놀라운 권능의 역사가 크게 나타난다는 것이다. 만민중앙교회는 손수건집회를 2001년 필리핀집회 시작으로 해외집회에서도 활용하며 "간질, 간염, 심장병, 시력저하, 각종 암, 당뇨, 중풍, 허리디스크, 불임, 정신병 등 각종 질병을 치료한다."고 주장한다.

7) 무안단물 해외 홍보

「만민중앙소식」 2010년 6월 13일자(434호)는 "전 세계에서 찾아온다, 권능의 현장 무안단물터!"라며 무안단물을 홍보했다. 「만민중앙소식」은 "이재록 목사의 기도로 바다의 짠물이 단물이 된 권능의 현장 무안단물터(전남 무안)에 국내외 수많은 사람들의 발걸음이 끊이지 않고 있다."며 "지난 6월 3일 미국, 일본, 볼리비아, 인도, 케냐, 캐나다, 중국, 싱가포르 등 해외 12개국에서 100여 명의 목회자 및 선교사, 성도들이 무안단물터를 방문했다."고 전했다. 특히 이들이 "무안단물에 침수한 뒤, 치료되고 마음의 소원도 응답받아 하나님께 영광을 돌렸다."며 해외 신도들에게 적극적으로 홍보하고 있다. 또 「만민중앙소식」은 지난 2005년 3월 13일자(286호) "세계인의 사랑을 받고 있는 하나님의 선물, 권능의 무안단물"에서 독일 프랑크프르트 도서전과 세계기독방송인협회 박람회에서 무안단물을 소개했다고 전했다. 미국, 독일, 페루, 러시아, 캐나다, 일본, 아프리카 등 세계 곳곳에서도 무안단물로 질병 치료와 소원 응답이 이뤄졌다고 주장했다. 그러나 무안군은 2020년 7월 14일 무안단물이 염분 함량이 초과하는 등 수질기준에 부적합해 사용 중지 명령을 내렸다. 무안군 관계자는 "단물에 대한 교회 측의 자체 조사에서도 특정 성분이 기준을 초과하고 개선될 소지가 없어 폐공을 추진하게 됐다"고 밝혔다.

8) 이재록씨 저서 발행

만민중앙교회는 도서를 출판하면서 외국어 번역에도 힘쓰고 있다. 1987년 우림출판사를 설립하고 90여 종의 도서를 발간했다. 영어, 중국어, 러시아어, 불어, 스페인어, 아랍어, 일어, 히브리어 등 70개 외국어로 번역해 출판하고 있다. 특히 유명 인터넷 서점 아마존닷컴에서는 이재록씨 저서의 번역서 『HEAVEN1,2』, 『HELL』, 『Tasting Eternal Life Before Death』, 『THE POVER OF GOD』 등을 판매하고 있다. 현재 미국, 캐나다, 이탈리아, 대만, 인도네시아, 우크라이나, 이집트, 인도, 태국 등 해외 20여 개 출판사를 통해 유통하고 있다. 국제적인 도서전에도 꾸준히 참가해 이재록씨 저서를 알리는 데에 주력하고 있다. 2010년에 대만 타이페이 국제 도서전, 서울 국제 도서전, 도쿄 국제 도서전, 독일 프랑크푸르트 도서전, 2011년에는 인도 델리 도서전, 예루살렘 국제

외국어로 발간된 이재록씨의 저서들

도서전, 서울 국제 도서전, 2012년에는 뉴델리 국제 도서전, 싱가포르 도서전, 서울 국제 도서전, 2013년에는 싱가포르 도서전, 서울 국제 도서전, 2014년에는 인도 뉴델리 국제 도서전, 싱가폴 도서전, 서울 국제 도서전, 베이징 국제 도서전, 페낭 국제 도서전, 이스탄불 국제 도서전, 과달라하라 국제 도서전, 2015년에는 뉴델리 국제 도서전, 타이베이 도서전, 프랑크푸르트 도서전, 영국 런던 도서전, 쿠알라룸푸르 국제 도서전, 싱가폴 도서전, 2016년에는 타이베이 도서전, 싱가폴 도서전, 2017년에는 싱가폴 도서전, 2018, 2020, 2021년에는 대만 기독교 도서전에 참가하면서 국내는 물론 해외에서 열리는 도서전에 끊임없이 참여해 홍보하고 있다.

9) 기타 활동

만민중앙교회는 동부 유럽의 국가 에스토니아의 수도 탈린에서 한국 문화체험을 빙자한 포교활동을 시도해 물의를 일으켰다. 「오마이뉴스」에 따르면 2010년 10월 30~31일 이틀 동안 "한국문화축제"란 이름으로 행사를 진행한 만민중앙교회는 철저히 종교색을 감추고 행사를 홍보했고, 탈린 주요 지역의 관공서들의 후원을 얻어 행사 취지의 정당성을 높였다. 그러나 이 행사에서 만민중앙교회는 한국문화 홍보 보다는 이씨의 치병사역 및 개인 행적 등을 알리는 등 포교활동에 중점을 뒀다. 이에 대해 에스토니아 현지 언론매체들은 "아시아의 가장 극단적인 종교

만민중앙교회가 에스토니아에서 진행한 행사

단체", "한국의 한 종교단체가 탈린 시와 음악가들을 조롱했다.", "한국이 문화행사를 통해 종교단체의 활동을 전파하고 있다."며 비판 보도했다. 한편 만민중앙교회는 이번 행사가 "현지 광고 기획사의 아이디어"라며 "에스토니아 정부가 공식 초청장을 보내 이뤄진 것"이라고 했다. 또 현지 반응과 달리 "현지 교회로부터 감사서신 및 간증 사례들을 전달받았으며 한국문화의 아름다움에 대해 찬사를 들었다."고 주장했다.

사회적 물의를 일으켰던 무안단물, 성경의 구절을 임의대로 해석해 붙여놓은 것 같은 이재록씨의 손수건집회 등을 이용해 만민중앙교회는 해외 교세를 확장하고 있다. 이들은 질병이 있는 사람들을 고쳐준다며 미혹하고 있어, 외국인들에게 기독교와 한국에 대한 그릇된 인식이 심겨질 것으로 예상돼 문제가 된다. 해외에 있는 한국교회 및 선교사들은 만민중앙교회의 무안단물, 손수건집회 등이 홍보될 때 해외 교민뿐 아니라 현지인들에게 만민중앙교회에 대한 문제점과 정보를 제공해 미혹에 빠지지 않도록 도와야 할 것이다. 또 한국교회는 해외 기독교계 및 한국교회와 원활한 정보 교류가 될 수 있도록 네트워크 형성에 힘써야 할 것이다.

□ 대처 노하우

치유의 기적으로 미혹

방송, 도서 등으로 미혹

신문칼럼으로 미혹

해외선교로 미혹

"만민중앙교회에서
무안단물로 치유되었다고
홍보했던 사람들을 다시 찾은 결과
여전히 병으로 고통당하며
싸우고 있었다."

만민중앙교회는 꾸준한 홍보와 꾸준한 활동으로 포교영역을 넓혀 왔다. 무안단물이나 손수건기도를 통한 치유나 언론을 이용한 홍보로 만민중앙교회를 알리고 있다. 만민중앙교회가 미혹하는 방법을 통해 대처방안을 모색해 보았다.

치유의 기적으로 미혹

만민중앙교회가 대표적으로 내세우는 것은 '치유'이다. 만민중앙교회 대표 이재록씨가 안수해 쓴물이 단물로 변했다는 무안단물을 마시거나 바르면 치유된다고 선전하고, 이씨가 기도한 손수건을 얹어 기도하면 치유의 역사가 일어난다고 주장한다.

여러 가지 치유사례를 홍보하지만 그들의 주장에 세 가지를 기억할 필요가 있다. 첫째는 자연적으로 치유되는 경우다. 충분히 시간이 흘러 자연적인 치유가 가능한 질병이지만 무안단물이나 손수건기도를 통해 치유되었다고 착각할 수 있다. 둘째는 실제적으로 치유가 일어날 수 있다는 점이다. 성경에도 마술사들이 기적을 일으키는 예가 나오는 점을 볼 때 "치유=진리"라는 생각은 큰 오산이다. 셋째는 치유집회에 심취되어 일어날 수 있는 일시적인 현상을 순간적으로 치유되었다고 믿는 경우이다. MBC 〈뉴스후〉(2006년 9월 21일)에 따르면 만민중앙교회

만민중앙교회에서 홍보하는 무안단물

에서 무안단물로 치유되었다고 홍보했던 사람들을 다시 찾은 결과 여전히 병으로 고통당하며 싸우고 있었다. 이렇듯 만민중앙교회에서 치유의 기적이 일어나는 곳이라는 홍보에 많은 사람들이 모여들지만, 이것이 진리라고 확신할 수 있는 이유일 수는 없다.

방송, 도서 등으로 미혹

만민중앙교회는 여러 언론기관을 세워 활용한다. 만민TV, GCN GLOBAL CHRISTIAN NETWORK 등이 그것이다. 방송은 만민중앙교회와 이재록을 알리는 데 큰 효과를 보고 있다. 이단들도 기독교라는 이름으로 활동하고 있음을 기억하고 정상적인 곳에서 운영하는 방송인지 반드시 확인해야 한다. 도서를 통한 미혹도 조심해야 한다. 우림북에서 나온 이씨의 저서가 무려 59권이나 된다. 이 책들은 대형서점에서도 판매하고 있고, e-book 전자책으로도 판매하고 있어 주의해야 한다. 제목이나 내용을 대충 훑어봐

서울시 동작구 신대방동에 위치한 만민중앙교회 방송 GCN

서는 분별하기 어려우니 저자가 '이재록'인지, 출판사가 '우림북'인지 확인해 혹시라도 이단서적을 읽는 일이 없도록 해야 한다.

신문칼럼으로 미혹

이재록씨는 잘 알려진 신문에 자신의 칼럼을 게재하고 있다. 「서울신문」, 「한겨레신문」, 「한국일보」, 「문화일보」, 「경향신문」, 「한국경제신문」, 「동아일보」, 「중앙일보」 등 국내 유명 언론사에 지속적으로 칼럼을 게재해 홍보한다. 그 칼럼 내용은 고스란히 만민중앙교회 홈페이지에 올라와 신도들에게 재차 홍보해 두 배의 효과를 누리고 있다. 2008년부터 900건이 넘는 칼럼을 올리고, 하루 평균 한 건 이상 유명신문에 이재록씨의 칼럼이 게재된 것이다.

간단한 신문칼럼의 경우 광고형태와 같이 돈을 주고 칼럼을 게재하기

서점에 진열된 이재록씨 서적들

도 한다. 혹여나 그렇지 않더라도 유명 신문에 칼럼을 게재한 것으로 신문에서 인정받은 사람이거나 기성교회 목사라고 섣불리 판단해서도 안 된다. 유명 언론사에 게재된 글로 인해 이단을 판단하는 잣대를 구부리는 일은 없어야 하겠다.

해외선교로 미혹

만민중앙교회는 해외선교를 통해 그들의 입지를 다지고 있다. 앞에도 언급한 치유, 방송, 도서 등은 해외에서 만민중앙교회를 홍보하는 중요한 도구다. 해외에서 큰 치유집회를 열어 많은 사람들을 참여토록 한 후 방송으로 그 내용을 전하고, 번역한 이재록씨의 저서를 판매하거나 나눠준다. 무려 16개 국어로 번역해 해외 도서홍보에 큰 관심과 힘을 쏟고 있다.

문제는 현지인들이 만민중앙교회가 이단으로 결의된 것을 모른다는 점이다. 외국에서 대단한 목사가 와서 집회하는 것처럼 착각한다. 해외 선교사들은 만민중앙교회가 이단으로 결의된 단체임을 증명하는 서류를 요구하는 상황에 이르렀다. 현지에는 한국에서 이단으로 결의된 만민중앙교회에 대한 공식적인 결의나 정보가 미미하기 때문이다.

　해외에서 대형 집회를 연다는 것은 유명 목사만이 가능한 것으로 생각하기 쉽다. 만민중앙교회가 그 점을 이용해 이단들이 해외에서 대형 집회를 열어 유명하고 대단한 목사인양 선전하고 있으니 그들의 전략을 볼 수 있는 통찰력이 필요하다. 더불어 해외에 복음을 전하는 선교사들이 한국의 이단들에 대해 바로 알고 교육하는 것이 무엇보다 중요하다.

　만민중앙교회는 꾸준히 성도 수가 증가하면서 한국에 깊게 뿌리내리고 있다. 도서를 비롯 신문, 방송 등의 언론을 이용한 홍보와 해외까지 뻗은 그들의 치유집회에 많은 사람들이 열광하는 심각한 문제에 직면해 있다. 만민중앙교회의 활동을 파악하는 것이 그들의 포교에 대처하는 방법으로 직결되니, 다양한 방법으로 미혹하는 만민중앙교회의 활동들을 주의 깊게 살펴 대처해야 하겠다.

12

Jesus Centered Church
예 수 중 심 교 회

□ 바로알자　　□ 해외 활동 현황　　□ 대처 노하우

□ 바로알자

이초석은 누구인가?
예수중심교회 주요 주장
예수중심교회 주요 활동
예수중심교회 국내 현황
예수중심교회 예배 현장

"예수중심교회 대표 이초석씨를 가리켜
혹자는 '김기동 귀신론의 아류'로 평가한다.
극단적 신비주의 추종과
주관적 성경해석으로
한국 교계에서 '이단'으로 결의됐다."

　　　　　　　　　　예수중심교회 대표 이초석씨를 가리켜 혹자는 "김기동 귀신론의 아류"로 평가한다. 이씨의 주된 사상이 김씨의 귀신론과 연결돼 있으며 그의 활동 또한 축사(귀신을 쫓아냄)활동에 기반을 둔 집회활동이 대부분이기 때문이다. 이씨는 극단적 신비주의 추종과 주관적 성경해석으로 한국 교계에서 "이단"으로 결의됐다.

이초석은 누구인가?

　이초석 본명 이춘석씨는 1951년 11월 21일 서울에서 출생했다. 1969년 선린상고를 졸업한 그는 빌딩 임대업체인 대풍산업을 운영, 대표이사를 역임했고, 당시 친구와 부인의 전도로 교회에 다니게 됐다. 1984년 예장합동정통신학교를 중퇴하고 1984년 예장성합 측 바울신학교를 졸업한 후 경기도 광명시에 예루살렘교회를 개척했지만, 김기동씨의 "귀신론"을 추종한다하여 1984년 12월 교단(예장성합)으로부터 제명됐다. 이후 이

예수중심교회 대표 이초석씨

씨는 교회를 인천시 남구 숭의동으로 이전, 교회명을 한국예루살렘교회로 개명했고, 1985년 "초석예수전도단 현 땅끝예수전도단"을 조직해 단장이 됐다. 1988년 5월 8일부터 6월 18일까지 천국에 다녀왔다는 미국 펄시콜레의 "천국성회 간증집회"를 유치하면서 세간에 주목을 받기 시작한 그는, 특히 단상에 오르다 쓰러진 펄시콜레를 안수기도해 일으켜 세우는 등 능력을 과시했고, 이러한 명성(?)에 힘입어 교세는 급속도로 성장하기 시작했다. 1991년 한국 교계로부터 "이단"으로 결의됐지만 변함없는 행보를 유지하며 교세를 확장시키고 있다.

예수중심교회 주요 주장

이초석씨의 주요 주장은 "귀신론"에 바탕을 두고 있으며 귀신론에 맞춰 자의적으로 성경을 해석해 정통교회의 믿음의 고백에서 크게 벗어나고 있다.

이초석씨 저서
『인류 최대의 적 병, 그 원인은 무엇인가』

1) 타락한 영들의 정체

이씨는 타락해 변질된 영적 존재를 가리켜 "마귀, 악령, 귀신"이라고 주장한다. 그는 악한 영들이 마치 계급을 형성한 것처럼 조직을 이루어 활동하고 있다고 한다.

> ▶ **마귀** 요한계시록 20장 2절에 옛 용이요 뱀이요 사탄이요 마귀라 하는 존재는 단수段數, 곧 한 명을 말하는 것이다. (중략) 그는 원래 하늘나라에서 하나님을 찬양하며 하나님께 영광 돌리던 천사들 중의 장長으로 루시엘Luciel이란 이름을 가지고 있었다. (중략) 그가 자신의 위치를 망각하고 스스로 교만해져 "내가 하나님처럼 높아져 저 천상 위에 나의 보좌를 높이리라. 지극히 높으신 하나님과 비기리라."고 하며 하나님께 반역의 마음을 품었던 것. (중략) 그래서 우리는 이 땅에서 그를 타락한 자, 하나님께 대적했던 자, 사단이요 혹은 마귀라고 부르고 있다. (『인류 최대의 적 병, 그 원인은 무엇인가』, 이초석, 44~45쪽)
>
> ▶ **마귀의 역할** 하나님과 나 사이에 쐐기인 귀신을 박아서 하나님으로부터 멀어지고 또한 하나님을 의심케 하고 시험에 들게 하고 병들게 해 결국은 우리 인간을 파괴시키는 것이 그의 목적인 것이다. 또한 나와 남 사이를 이간질해 괜히 이유 없이 미워하게 하고 오해를 불러일으키게 하며 싸움을 시키며 남과 공동생활을 평화롭지 못하게 하는 쐐기를 박는 것이 그의 목적이요 나의 영과 나의 육 사이에 귀신을 투입해 쐐기를 박음으로 우리 몸에 병을 일으키는 것이다. (『인류 최대의 적 병, 그 원인은 무엇인가』, 이초석, 46쪽)
>
> ▶ **악령** 마귀와 함께 하늘나라에서 하나님께 반란을 일으키려 마음을 먹었던 삼분의 일의 타락한 천사는 자기 지위를 지키지 아니하고 자기 처소를 떠났으므로 큰날 심판 때까지 영원한 결박으로 가두셨다고 유다서 6절에 말씀하시고 또한 베드로후서 2장 4절에 하나님이 범죄한 천사들을 용서하지 아니하시고 지옥에 던져 어두운 구덩이에 두어 심판 때까지 지키게 하셨다고 기록하고 있으니 이들이 악령이며 바로 타락한 천사들이다. (『인류 최대의 적 병, 그 원인은 무엇인

개』, 이초석, 48쪽)

▶ **악령의 역할** 마귀를 도와 사탄 왕국의 참모로서 그의 사자使者 역할을 하는 자들인데 그들은 귀신들을 부려서 한 사람이라도 더 자기네 수중에 넣으려고 우는 이리떼와 같이 떠돌아다니는 영적 존재들이다. (『인류 최대의 적 병, 그 원인은 무엇인가』, 이초석, 49쪽)

▶ **귀신(불신자 사후의 존재)** 시편 106편 28절에 이스라엘 백성들이 죽은 자에게 제사하며 음식을 먹는다 하여 격노하신 하나님께서 재앙을 내린 사건이 기록돼 있다. 이것으로 보건대 예수를 믿지 않고 죽은 자들이 이 땅에서 제사를 지내게 하는 영적 존재가 된 것이 분명하다. (중략) 사도행전 16장 16절에 보면 바울에게 드러난 귀신은 점을 쳐주는 귀신이라고 말하며, 우리 믿는 사람이 점을 보는 것은 귀신의 장난에 놀아나는 것임을 알려주고 있다. (중략) 신접한 무당이 귀신에 의해 움직이며 유혹한다는 것도 자세히 드러내주고, 그 귀신은 불신자의 사후의 영이라 말씀하신다. (『인류 최대의 적 병, 그 원인은 무엇인가』, 이초석, 54~55쪽)

▶ **귀신의 역할** 이 귀신이 우리 인간의 병과 저주와 가난과 죄악을 일으키는 원인 제공자라는 것을 밝혀두며 나는 오늘 귀신의 정체가 불신자 사후의 영이라는 것을 밝히고자 하는 바이다. (중략) 귀신은 자기가 이 땅에 살 때 가지고 있던 인격을 그대로 자기가 들어간 사람에게 접목시키며 또한 자기가 앓던 병을 그대로 그 육체에 접목시켜준다는 것을 잊지 말고 추방하지 않으면 당할 수밖에 없다는 것을 명심하기 바란다. (중략) 우리를 가난하게 하는 귀신, 자동차 사고 나게 하는 귀신, 자살하게 하는 귀신, 각종 병을 들게 하는 귀신들은 모두가 자신의 옛 속성을 그 사람들에게 드러나게 하며 또한 자신이 죽을 때 상황을 그대로 재현시켜준다는 것을 깨달아야 한다. (중략) 그렇다면 귀신은 왜 이다지도 육체 속에 들어가려고 갈망하고 있는 것일까? 이는 그의 왕 마귀의 명령에 의지해 사탄왕국을 팽창하기위한 것인데, 에덴동산에서 인간을 꾀어서 이겼기에 진 자는 이긴 자의 종이 된다는 하나님의 법과 말씀을 앞세워 우리를 지배하려하는 것이다. (『인류 최대의 적 병, 그 원인은 무엇인가』, 이초석, 56~65쪽)

이러한 이씨의 주장은 김기동씨의 주장과 상통한다. 김씨도 자신의 저서『마귀란?』에서 이씨의 주장과 같이 사단의 조직과 사역에 대해 거론하고 있고,『귀신이란?』에서는 귀신의 정체를 "불신자 사후의 존재"라고 언급하고 있다. 나아가 이씨가 귀신이 불신자 사후의 존재임을 증거하기 위한 성경적 변증 내용이 김씨의 저서『귀신이란?』에도 동일하게 반영 돼 있다. 이씨와 김씨의 주장처럼 귀신의 정체는 불신자 사후의 존재인가? 1988년 기독교한국침례회 총회보고에 따르면 "불신자 사후의 존재가 귀신"이란 주장에 대해 다음과 같이 반박했다.

"사람(불신자)의 영이 귀신이 돼 세상을 떠돈다는 주장은 전통적인 정령숭배 사상에서 나온 미신일 뿐 성경의 가르침은 아니다. 성경은 신자건 불신자건 사람이 죽으면 육체를 떠난 영혼은 즉시 신자는 낙원으로 불신자는 음부로 들어가서 다가올 심판의 날을 기다리게 된다고 가르치고 있다. 이 사실은 나사로와 부자의 이야기 가운데서 분명하게 설명됐으며(눅16:19~26) 십자가 우편의 강도에게 예수께서, '내가 진실로 진실로 네게 이르노니 오늘 네가 나와 함께 낙원에 있으리라'(눅23:43)고 하신 말씀도 이를 증명하고 있다. 또한 성경은, 마귀는 타락한 천사의 일부로서 무저갱(벧후2:4; 유1:6)에 감금되지 않고 세상에 풀려나온 존재라고 가르치고 있다(엡6:12)."

목창균 교수 서울신대도 자신의 논문 〈김기동 계열의 귀신론과 질병관〉에서 "귀신을 불신자의 사후 존재라고 보는 것은 하나님의 창조 질서에도 맞지 않는다."며 "귀신과 사람은 종류가 다르며, 귀신과 마귀는 동질성을 지닌 같은 종류다."라고 비판했다. 이어 "귀신과 불신자의 사후 존재를 동일시하는 것은 비성서적"이라며 "귀신은 마귀와 함께 타락한 천사들이라고 보는 입장이 성경의 교훈에 더 잘 부합된다."고 강조했다.

2) 모든 질병의 근원은 귀신

이씨는 모든 질병의 원인을 귀신이라고 단정 짓는다.

> ▶ 깊이 성경을 연구한 끝에 인간의 병이라는 문제의 원인을 제공하고 있는 영적 존재는 바로 마귀의 종, 귀신이라는 것을 발견하기에 이르렀다. (『인류 최대의 적 병, 그 원인은 무엇인가!』, 이초석, 17쪽)

> ▶ 인류의 최대의 적, 병은 그 원인 제공자가 귀신이다. (『인류 최대의 적 병, 그 원인은 무엇인가!』, 이초석, 19쪽)

나아가 이씨는 불신자 사후의 존재가 귀신이고, 이 귀신이 질병을 가져다 준 사실을 알려주기 위해 하나님이 예수를 이 땅에 보냈다고 한다.

> ▶ 하나님께서는 인류가 병으로 고통 받는 것을 보시고 그 병의 원인에 대해 가르쳐주시려 하늘나라에서 이 땅으로 그 아들 예수 그리스도를 보내셨다. 그리하여 이 땅의 병과 저주와 가난과 고통과 죄악의 원인은 마귀와 그의 추종자 악령과 귀신이라는 영적 존재들이 제공하고 있다는 것을 우리에게 가르쳐 줬다. (『인류 최대의 적 병, 그 원인은 무엇인가!』, 이초석, 16쪽)

이러한 논리로 이씨는 사람의 육체에 들어온 귀신을 쫓아내야 병을 치료받을 수 있다고 주장한다.

> ▶ 우리 육체에 들어온 귀신을 제거한다면 우리를 만드신 하나님의 창조의 법칙으로 완치될 수 있다. (『인류 최대의 적 병, 그 원인은 무엇인가!』, 이초석, 17쪽)

이씨의 주장을 정리하면 불신자 사후 존재인 귀신은 인간의 육체에 들어와 병을 일으키고, 사람의 육체를 멸망시킨다는 것이다. 김기동씨도 자신의 저서 『귀신이란?』에서 "모든 질병의 원인은 귀신이며 마태와 누가의 공통점은 병의 원인이 귀신인 것을 분명하게 밝히고 있다."고 주장하고 있다. 이러한 "질병의 원인은 귀신"이란 주장에 대해 목창균 교수는 그의 논문에서 "성경 역시 귀신에 의해 병이 일어날 수 있음을 말하고 있으나 모든 병이 그렇다고는 보지 않았다."며 "김기동 계열의 질병관은 성서에 기초한 것이 아닌 질병을 혼령의 인체 침입으로 보는 무속신앙에 기초한 것이다."라고 비판했다. 한편 이씨와 김씨의 주장대로 모든 질병의 근원이 귀신이고 귀신을 쫓아내야 질병을 치료받을 수 있다고 한다면 현대 의약은 질병을 치료할 수 없다는 자연스런 결론에 도달하게 된다. 따라서 신도들은 현대 의학적 치료를 무시해 치료시기를 놓치게 되는 위험한 결과를 초래할 수 있다.

3) 사람이 사는 세상이 바로 음부

이씨는 세상이 성경에서 말하는 음부이며 마귀가 활동하는 왕국이라고 주장한다.

> ▶ 하나님은 사람을 신자信者와 불신자不信者로 나누셨다. 신자는 죽은 후에 믿음으로 말미암아 구원을 받아서 낙원을 거쳐 천국에 들어가게 하시고 불신자는 음부에서 무저갱을 거쳐 지옥에 가게 하셨다는 것을 성경을 통해 말씀하신다. 또한 음부는 마귀가 있는 곳이라고 했다. 그런데 예수께서 이 땅에 오셔서 제일 먼저 마귀를 만나셨다. 마태복음 4장에 마귀에게 시험받은 사건이 기록돼 있다. 그렇다면 이 땅이 음부라는 것 아닌가? 즉 마귀의 왕국이라는 것이다. 또한 마귀는 예수님께 요구하기를 나에게 절하면 천하영광을 주겠다고 했으나 "사탄아 물러가라"하시며 추방한 사건이 기록돼 있다. 그렇

다면 예수를 안 믿고 죽은 불신자의 영혼이 이 땅에 거한다는 것은 자명한 사실이다. (『인류 최대의 적 병, 그 원인은 무엇인가!』, 이초석, 52~53쪽)

김기동씨도 이씨와 마찬가지로 세상을 가리켜 마귀의 권세가 있는 곳, 바로 음부라고 주장한다.

▶ 세상은 마귀가 쫓겨 내려와서 지배하고 역사하는 곳이다. (중략) 세상은 시험하는 자 곧 마귀가 있는 곳이다. (중략) 세상이 음부라는 사실을 부인할 수 없다. (『귀신이란?』, 김기동, 77쪽)

이씨와 김씨의 주장대로 이 세상이 음부라면 세상을 창조하신 하나님께서 "보시기에 좋았다"(창1)라고 말씀하실 수 있었을까? 이러한 "세상이 음부"라는 주장에 대해 목창균 교수는 그의 논문에서 "음부는 죽은 영혼이 가는 곳이지 살아있는 사람이 생활하는 곳이 아니다."라며 "예수님은 거지 나사로와 부자의 비유를 통해 불신자의 사후 존재는 음부에 있다는 것과 이 세상을 배회하거나 이 세상으로는 올라오는 것은 불가능하다는 것을 교훈하였다(눅16:19~31)."고 비판했다. 또 "이는 욥의 증거에 의해서도 입증된다(욥7:9~10)."며 "세상을 음부로 간주하는 김기동 계열의 주장은 불신자의 사후 존재가 귀신이 되어 세상을 떠돌아 다닌다는 것을 합리화하기 위한 것"이라고 주장했다.

이처럼 이씨의 귀신론과 김씨의 귀신론을 비교해보면 동일한 것을 알 수 있다. 이씨는 김씨의 귀신론을 추종하며 이를 바탕으로 자신의 사상을 체계화한 것이다.

이초석씨 집회 홍보지

예수중심교회 주요 활동

1) 집회활동

이초석씨는 전국을 순회하며 집회를 개최해 많은 사람들을 미혹한다. 이씨는 집회에 앞서 지역 곳곳에 현수막을 걸고 홍보전단지를 배포하는 등 철저한 사전 준비를 한다. 전단지에는 이씨의 안수로 귀신이 나가는 장면 등을 실어 사람의 이목을 집중시키고, 치유 간증 수기 등을 게재해 사람의 마음을 미혹시킨다. 집회 시에는 수십 분간 찬양을 불러 분위기를 고조시키고, 이씨가 나와 자신의 귀신 사상을 전파하며, 설교가 끝나면 큰 소리로 방언을 하고 귀신 쫓는 행위를 시작한다. 종종 신도들의 얼굴을 두 손으로 잡고 엄지손가락을 이용해 눈꺼풀을 뒤집기도 한다. 이처럼 이씨는 극단적인 축사 행위를 통해 신비주의에 몰두하는 신도들을 포교한다.

2) 기도원 운영

예수중심교회가 운영하는 기도원은 전라남도 장성군 북하면에 위치해 있다. 예수중심교회 홈페이지 www.jcc.tv는 기도원에 대해 1997년 8월 개축

예수중심교회 기도원 (출처: www.jcc.tv)

을 시작해 130여 일 만에 완공했다고 홍보하고 있다. 기도원은 3000여 명을 수용할 수 있는 대성전과 식당, 일반숙소 4개동(총 100호실), 기타 장애인 숙소, 외국인 숙소, 수영장 등 상

이초석씨의 저서 및 설교CD, 테이프를 판매하는 신도들

당한 규모를 갖추고 있고, 연중무휴 소집회가 열리고 있다. 또한 1월과 8월에는 이씨가 직접 집회를 개최해 많은 사람들을 끌어 모으고 있다.

3) 땅끝예수전도단

땅끝예수전도단은 예수중심교회 전문포교활동기관으로 이씨가 직접 단장직을 맡고 있다. 예수중심교회 인터넷 홈페이지는 땅끝예수전도단의 활동 사항에 대해 "전국 및 해외에 교회 설립, 선교사 파송 후원, 국내 및 해외전도집회 주관, 신문 및 책자 제작 배포, DVD·CD 및 오디오테이프 제작 발송, 위성방송 인터넷 방송 제작" 등으로 소개하고 있으며, 현재 많은 학생과 청년들이 활동하고 있다.

4) 인터넷 홈페이지 운영

예수중심교회 인터넷 홈페이지는 한국어, 영어, 일본어, 중국어, 러시아어, 스페인어 등 다양한 언어를 지원하고 있으며 이씨와 그의 아들 이시대씨의 동영상 설교 자료와, 예수중심교회 관련 소식 등이 정리돼 있다. 나아가 이씨의 수많은 해외 집회 영상과 이씨가 직접 쓴 칼럼 등을 게재해 이씨의 유명세 및 해외활동 상황 등을 홍보하고 있다. 또한 수많은 국내외 집회 현장에서 이씨가 귀신을 쫓아내는 사진 등을 소개하며 "사도행전의 역사가 그대로 나타나는 교회"라고 자랑하고 있다.

5) 예수중심교회 뉴스 (전도지)

예수중심교회는 주간 소식지를 발행하고 있다. 소식지는 인터넷 홈페이지와 비슷하게 이씨의 설교와 칼럼, 교회 소식 등이 게재되어 있다. 나아가 신도들의 병고침 받았다는 간증, 사업 문제가 해결돼 성공했다는 간증 등이 담겨 있어 사람들의 이목을 집중시킨다. 예수중심교회 신도들은 소식지를 들고 거리로 나가 사람들에게 나눠주며 포교활동을 하고 있다. 예수중심교회를 잘 알지 못하는 사람들은 한국교회의 열심 있는 한 교회로 오해할 소지가 다분하다.

예수중심교회 국내 현황

예수중심교회가 운영하는 기관으로는 기도원과 땅끝예수전도단, 그리고 예수중심신학교가 있다. 예수중심신학교는 일반 신학교 교과 과정과 비슷하며 지도력 재생산을 위한 교역자 양성 기관이다. 현재 예수중심교회 국내 지교회 수는 경기권이 30곳으로 가장 많으며, 서울, 인천, 대전, 광주, 부산, 대구, 울산, 충남, 충북, 강원, 경북, 경남, 전남, 전북, 제주 등 전국 111곳이 있다. 예수중심교회는 지속적인 지교회 증가와 함께 교세는 점진적으로 확장되는 추세다.

예수중심교회 예배 현장

서울시 강서구 공항대로 376(KBS 88체육관)에 위치한 예수중심교회 대표 이초석 예배에 참석했다. 주일예배가 10시에 시작하는데, 오전 9시 40분부터 88체육관은 많은 차들과 신도들로 북적였다. 88체육관 입구에는 한복을 차려입은 여신도들이 안내를 맡고 있었다. 그 반대편에는 이초석씨의 저서와 예수중심교회에서 발행한 신문 등을 판매했다. 예배 시작 전 신도들은 체육관으로 들어가는 문 앞에 줄을 서 있었다. 부목사로 추정되는 인물에게 기도를 받기 위해서다. 기도 순서가 된 신도들은 자신의 아픈 부위를 설명했고, 부목사는 그 부위에 손을 얹은 후 "마귀야 빠져나가"라고 외쳤다.

예수중심교회 예배 현장

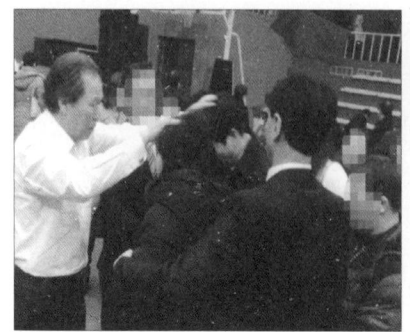 

이초석씨에게 안수기도를 받는 신도들

    10시가 되자 찬양팀이 나와 찬양을 부르며 예배의 시작을 알렸다. 예수중심교회에서는 찬양가사에 "예수중심", "(이초석)목사님"을 추가 및 개사해 불렀다. 신도들은 찬양을 부를 때 양손을 앞으로 내미는 공통된 동작을 취했다. 예수중심교회 신도에 따르면, 이러한 동작에 특별한 의미가 있는 것이 아니라 이씨가 찬양할 때 하는 동작을 신도들이 따라한 것이라고 설명했다. 찬양이 끝날 때쯤 88체육관은 예수중심교회 신도들로 가득 차 있었다. 참석자는 2000명 정도였으며, 중·장년층이 주를 이루었다. 휠체어나 지팡이를 사용하는 등 몸이 불편한 신도들도 쉽게 찾아볼 수 있었다. 간혹 헤드폰[자동으로 번역해주는 기계로 추정]을 착용하고 집회에 임하는 외국인도 눈에 띄었다. 찬양이 끝나고 성가대의 찬양이 이어졌다. 성가대는 120여 명으로 구성되어 있었고, 앞쪽은 자매, 뒤쪽은 형제가 구분지어 착석했다. 성가대의 찬양이 끝나고 이초석씨가 나와 집회를 이어갔다.

    찬양을 마치고 설교 시작 전 이초석씨는 신도들에게 자신을 따라하라고 외쳤다. "예수의 이름으로 저주해야 될 귀신들아 내가 예수의 이름으로 저주하노라 야 이 더러운 귀신아! 야 이 더러운 귀신아! 가라! 가

라! 가라!" 이씨의 선창에 신도들은 후창하며 귀신을 축사하는 행위를 취했다.

　예배가 끝나고 몇몇 신도들이 이씨의 주변으로 모였다. 이씨에게 안수 및 축사 기도를 받기 위해서다. 이씨는 신도들의 머리를 두드리며 한 명씩 퇴장시켰다. 그중 몇몇 신도를 붙잡고 '귀신 축사'를 진행했다. "야 이놈아 눈을 들었잖아. 이 더러운 귀신아. 너희들은 예수를 안 믿고 죽은 놈들이야 가!" 이씨는 축사 도중 신도들의 눈을 뒤집고 뚫어져라 쳐다본 후 머리를 치며 "가!"라고 외쳤다. "이놈의 ○○야 너 누구야? 가!" 강력한 제스처가 필요해서일까 이씨는 과격한 표현도 일삼았다. 한편 이씨에게 '귀신 축사'를 받은 몇몇 신도들은 그 자리에 쓰러져있거나 바닥을 구르기도 했다. 이씨의 축도로 모든 집회를 마쳤다.

　예수중심교회는 극단적이며 열광적인 귀신 축사행위에 기초해 많은 신도들을 미혹하고 있다. 귀신이 나가야 병이 나을 수 있다는 이씨의 주장에 미혹된 신도들은 병원보다 이씨의 집회를 찾고, 의사의 조언보다 이씨의 설교에 귀를 기울이며, 현대 의학적 치료보다 귀신 쫓는 행위에 몰두하고 있다. 이처럼 예수중심교회는 이씨의 축사 집회를 통해 신비주의에 열중하는 신도들을 포교하고, 나아가 CD, 테이프, 전도지 등 다양한 방법을 동원, 포교활동을 감행해 교세를 점진적으로 확장시키고 있다. 특히 해마다 국내외 수많은 지역을 돌며 집회를 개최하는 이씨의 행보를 한국교회는 주목해야 할 것이다.

□ 해외 활동 현황

해외 집회

멕시코 등 남아메리카에서 우세

집회 주요 내용

홈페이지 외국어 지원

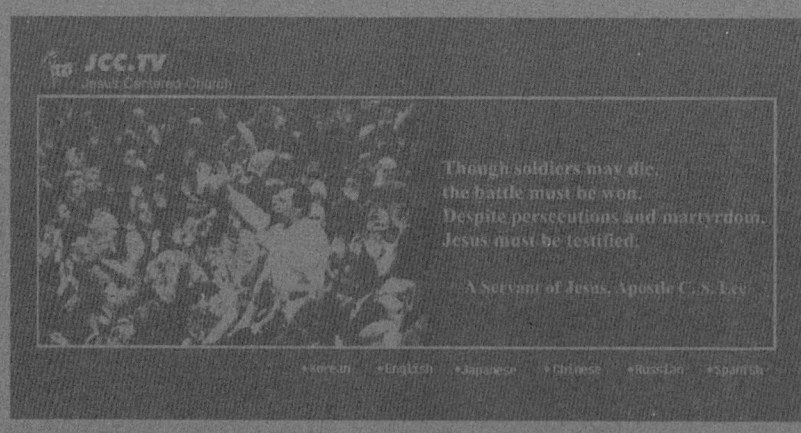

"현란한 악기 소리와 찬양,
통성기도로 분위기를 고조시키고
집회를 시작한다.
'질병과 가난은 모두 마귀 탓'임을
강조하는 멘트도 잊지 않는다."

예수중심교회는 홈페이지 www.jcc.tv에 이초석씨의 해외 집회 동영상을 적극적으로 올리고 있다. 이씨의 해외 집회 활동을 통해 예수중심교회의 영향력이 커지고 있어, 이씨의 활동이 활발한 해외 지역을 중심으로 예수중심교회의 해외 활동을 정리했다.

해외 집회

예수중심교회는 다른 단체들과 달리 해외 지교회를 공개하고 있지 않다. 그러나 이초석씨의 해외 집회가 열리는 지역을 중심으로 점차 그 영향력을 넓혀가고 있다. 이씨는 지난 2000년 캐나다를 시작으로 해외집회 활동을 하고 있으며, 이후 20여 개국에서 160여 차례의 집회를 열었다. 다음은 2001년 이후 이씨의 해외 집회 횟수를 국가별로 집계한 것이다.

대륙	국가	집회 횟수
아시아	러시아	2
	말레이시아	3
	몽골	2
	싱가포르	2
	우즈베키스탄	1
	인도	3
	일본	5
	키르기스스탄	2
	필리핀	4
유럽	독일	3
	라트비아	1
	벨라루스	1
	우크라이나	16
중동	이스라엘	1
아프리카	가나	3
	나이지리아	3
	남아프리카공화국	3
북아메리카	미국	12
	캐나다	1
남아메리카	과테말라	5
	멕시코	57
	베네수엘라	8
	아르헨티나	4
	에콰도르	3
	우르과이	1
	칠레	5
	코스타리카	3
	콜롬비아	2
	파나마	1
	파라과이	7

(국가명: 대륙별 가나다 순)

 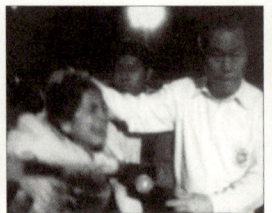 

이초석씨의 멕시코 집회

멕시코 등 남아메리카에서 우세

이초석씨의 집회가 가장 많이 열린 곳은 멕시코로, 2001년 이후 10년간 50여 차례의 집회를 열었다. 예수중심교회는 귀신 쫓기, 병고치기 집회, 실업인 세미나, 목회자 세미나 등을 열며 멕시코시티를 비롯한 여러 도시에서 멕시코 현지인들을 대상으로 집회를 열었다. 멕시코 외에도 우크라이나, 미국 등의 나라에서 십여 차례 집회를 열었다.

집회 주요 내용

이초석씨 해외 집회 내용은 국내 집회와 큰 차이를 보이지 않는다. 이씨는 현란한 악기 소리와 찬양, 통성기도로 분위기를 고조시키고 집회를 시작한다. "질병과 가난은 모두 마귀 탓"임을 강조하는 멘트도 잊지 않는다. 이씨의 집회의 가장 특징적인 점이라 할 수 있는 축사 행위도 비슷한 양상을 보인다. "우다다다다~"라며 괴성을 지르며 울면서 붙들려 나오거나 스스로 나온 사람들의 머리를 치거나 넘어뜨리며 "다다다다~ 귀신아 가!" 등의 말을 반복한다. 목발을 짚고 나온 사람이나 휠체어를 타고 나온 사람의 머리를 이씨가 안수해 일어나게 하는 모습도 자주 등

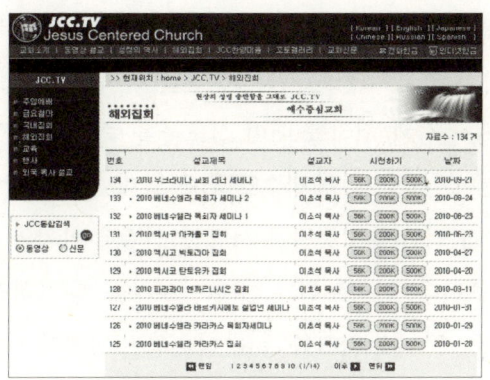

예수중심교회 해외집회 동영상 목록

장한다. 이씨의 일부 해외 집회 동영상은 동영상 공유 사이트 유튜브(youtube.com)에 "Crazy Korean Christians worship"이라는 제목으로 올라 한국 기독교에 좋지 않은 이미지를 남기기도 했다.(『현대종교』 2009년 6월호 참고)

홈페이지 외국어 지원

예수중심교회 홈페이지는 한국어뿐 아니라 영어, 일본어, 중국어, 러시아어, 스페인어를 지원해, 예수중심교회와 이초석씨, 한국 집회 장소 등을 소개한다. 각 외국어 사이트마다 인터넷으로 헌금을 할 수 있도록 하고 있다. 이초석 명의의 여러 은행 계좌번호를 공개하고 있으며, "온라인헌금" 명목으로 헌금을 신용카드로 결제할 수 있도록 하고 있다. 한편, 이씨의 여러 저서도 홍보하고 있다.

예수중심교회는 한국교회에서 이단 규정을 받을 당시부터 2010년 현재 축사 집회를 고수하며 국내뿐 아니라 해외에서도 집회를 확대하고 있다. 이씨 집회의 중심 내용은 가난, 질병을 가지고 온 마귀를 쫓는다며 이씨 특유의 몸동작과 소리를 내며 신도들을 축사하는 것이다. 이씨의 해외 집회는 주로 멕시코, 베네수엘라 등 남미 개발도상국에서 이뤄지고 있어, 질병과 가난에 고통받는 사람들이 주로 이씨의 집회에 모이고 있는 것으로 보인다. 한국교회는 현지 선교사들 뿐 아니라 각국 기독교 단체들과의 긴밀한 네트워크를 통해 이초석씨 집회에 대한 대처방안을 마련해야 한다.

□ 대처 노하우

교리를 살피자!

교회명을 살피자!

신문, 도서, 전단지, 테이프, DVD 등을 살피자!

"예수중심교회는
과거 한국예루살렘교회라는 이름에서
바뀐 이름이다.
축사사역을 중심으로 하는 집회가
계속되고 있어 주의해야 한다."

예수중심교회는 많은 사람들이 문의하는 이단단체중 하나이다. 하지만 정작 이 교회의 자료를 찾는 것은 쉽지 않다. 발간되는 도서도 많지 않고, 예배나 집회시 축사사역 외에는 특별한 활동도 없다. 겉으로 드러나지 않은 예수중심교회를 어떻게 대처하면 좋을지 살펴보자.

교리를 살피자!

이초석 하면 떠오르는 것은 귀신을 쫓는 축사사역이다. 귀신은 모든 질병의 근원이며 불신자 사후의 영이라고 주장한다. 성경에 예수님께서 귀신을 쫓아내 병을 고치는 장면들이 나온다. 이러한 내용을 비

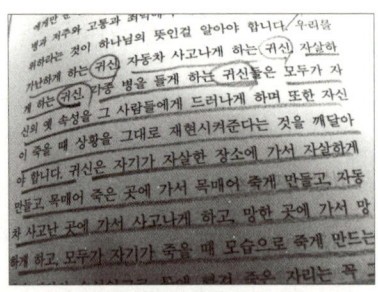
예수중심교회 주요 교리 내용

오산예수중심교회

추어 보면 맞는다고 생각할 수 있다. 물론 예수님께서 귀신을 내쫓으셔서 병을 고치셨지만, 예수중심교회의 주장처럼 모든 병의 근원이 귀신은 아니라는 것이다. 귀신에 대해 위와 같이 주장하거나 지나치게 축사를 강조한다면 이단단체가 아닌지 주의 깊게 살펴야 한다.

교회명을 살피자!

예수중심교회 홈페이지는 전국에 지교회가 111곳이 있다고 밝힌다. 예수중심교회 지교회는 구별할 수 있는 아주 쉬운 특징이 있다. 각 지역의 예수중심교회에는 지역명을 포함해 예수중심교회라는 교회명을 사용한다는 것이다. 대구에 있는 예수중심교회는 대구예수중심교회, 오산에 위치한 곳은 오산예수중심교회, 목포에는 목포예수중심교회다. 각 지역에 예수중심교회의 지교회가 많다고 하더라도 모든 지역 교회에 "예수중심교회"라는 이름을 볼 수 있으니 분별하기 수월하다. 특히 가장 많은 사람들이 모이는 주일예배나 금요철야예배는 서울시 강서구 화곡동에 위치한 88체육관에서 하고 있으니 이 사실도 기억하자.

신문, 도서, 전단지, 테이프, DVD 등을 살피자!

예수중심교회에서는 정기적으로 신문을 발간한다. 신문 이름은 「Jesus Centered News」이고 발행면수가 4면으로 적은 편이다. 1면에는 이초석씨의 칼럼인 "봉우칼럼"을, 2~3면에는 이초석씨의 주일설교는 예수중심교회 신문임을 쉽게 알 수 있다. 예수중심교회에서 나오는 도서, 테이프나 CD도 "이초석"이라는 이름만 확인해도 알 수 있고, 이것들을 제작하는 "땅끝예수전도단"이라는 이름을 기억하는 것도 예수중심교

예수중심교회 관련 도서, 전단지, CD, 테이프

회를 대처하는 좋은 방법이다. 특히 "예수전도단"이라는 건전한 선교단체와 이름이 비슷하니 혼동해서는 안 된다. 신문명, 전단지, 광고 등이 붉은색 계통으로 디자인되어 있다는 특징도 참고할만하다.

예수중심교회는 과거 한국예루살렘교회라는 이름에서 바뀐 이름이다. 몇몇 교단에서 한국예루살렘교회라는 이름을 사용할 당시 이단으로 결의했기 때문에 바뀐 예수중심교회라는 현재 이름이 생소할 수 있다. 이름이 바뀌었지만 그 활동은 여전하다. 축사사역을 중심으로 하는 집회가 계속되고 있으니 주의해야 한다. 더불어 "예수중심교회"라는 교회명을 기억하고 신문, 도서, 전단지, 테이프, CD 등 여러 인쇄물을 잘 살핀다면 건강한 신앙생활에 한 걸음 더 나아갈 수 있을 것이다.

13

The Church of. Almighty God
전능하신 하나님 교회
(동 방 번 개)

☐ 바로알자　　☐ 해외 활동 현황　　☐ 대처 노하우

□ 바로알자

어떤 단체인가?
전능신교 주요 주장
전능신교 주요 활동

"전능신교는
성경 말씀의 동방이 바로 중국이며
초림 예수는 남자로
죄사함을 위해 오셨고,
재림 예수는 여자로
구원과 영생을 위해 오는데
이미 재림해 있다고 믿는다."

전능신교 설립자 조유산, 전능하신 하나님 교회는 중국계 이단사이비 종교인 '동방번개'가 한국으로 넘어와 사용하고 있는 이름이다. 동방번개는 "번개가 동편에서 나서 서편까지 번쩍임 같이 인자의 임함도 그러하리라"(마24:27)는 말씀을 근거로 예수님이 동방에서 번개처럼 재림하신다고 주장해 붙여졌다. 동방번개, 전능신교 외에도 칠영파, 이차구주파 등 다양한 이름을 사용한다. 전능신교는 성경 말씀의 동방이 바로 중국이며 초림 예수는 남자로 죄사함을 위해 오셨고, 재림 예수는 여자로 구원과 영생을 위해 오는데 이미 재림해 있다고 믿는다.

어떤 단체인가?

전능신교의 재림 여자 그리스도는 양향빈이고 그녀를 앞세운 설립자는 조유산짜오웨이산이다. 조씨는 1989년 '영존하는근본교회'를 세운 뒤 근거지를 흑룡강성에서 하남성으로 옮겼다. 하남성에서 '참하나님의교회'

로 이름을 바꾸고 교리를 만들어 세력을 키워간 이단이다. 조씨는 조직 중에 일곱 사람을 선택하고 그 중 양향빈씨에게 '전능'이라는 이름을 주었는데, 그 이름이 '전능한 신'으로 바뀌었고 그녀가 동방번개의 여자 그리스도(교주)가 되었다(본지 2013년 6월호 참조). 동방번개는 최근 '전능하신 하나님 교회전능신교', '애신교회愛神敎會'라는 기성교회와 유사한 이름을 사용하며 포교활동을 펼치고 있다.

　교세는 300만 명 이상으로 알려진다. 전능신교는 과격하고 폭력적인 모습을 수차례 노출해 문제가 됐다. 지난 2014년 5월, 포교를 거부하는 여성을 구타해 사망케 한 사건이 중국 산둥성 맥도날드 매장에서 벌어졌다. 이는 빙산의 일각에 불과하다. 전능신교를 비판한 삼자교회 목회자 테러, 조선족 지도자 납치 감금 등의 사건이 종종 일어났다. 중국의 한 선교사는 "2001년 안후이성安徽省에서는 포교를 거부했다는 이유만으로 사람들의 팔, 다리를 끊고 귀를 자르거나 눈을 팠던 일도 있다"고 전했다.

　중국이 2012년 가을, 18대 중국공산당대회를 앞두고 사회정화활동을 목적으로 사이비종교 소탕을 진행했다. 같은 해 12월에는 전능신교 신도 400여 명이 중국 공안에 의해 체포되기도 했다. 중국의 이단척결 정책이 심해지자 전능신교는 한국, 미국 등 외국으로 도피해 생활하고 있다. 전능신교는 한국에서 서울시 구로구 가마산로 141, 서울 구로구 오리로 1330에 건물을 사들여 세력을 확대하고 있다.

전능신교 주요 주장

　전능신교의 주요 교리는 『6000년삼보공작(年三步工作)』이다. 『6000

전능신교 피해 가족이 시위하는 모습

년삼보공작(年三步工作)』은 신이 우주를 향한 계획이며, 6000년을 율법시대, 은혜시대와 국도國度시대로 나눈다. 세 가지 시기에서의 신의 역할, 목적과 방식은 모두 다르며, 시대별로 다른 인격체와 성별로 나타난다. 이를 믿지 아니하는 자는 구원에 이를 수 없다. 『6000년삼보공작(年三步工作)』을 토대로, 전능신교의 독특한 성서론, 신론, 기독론, 구원론, 종말론, 교회론이 만들어졌다. 기독교의 교의는 전능신교의 교의와는 본질적으로 다르다.

 전능신교는 삼위일체의 하나님을 부인하고, 예수가 하나님의 아들임을 부인한다. "예수는 그의 육신일 뿐, 그의 아들이 아니다", "예수는 하나님이 지상에서 선택한 한사람일 뿐 … 그가 하나님의 아들임을 증명할 수 없다 … 예수는 육신의 한계를 지닌 사람일 뿐, 하나님의 온전한 영적 권능이 없다", "너희들은 종교적인 관념에 과하게 사로잡혀 있으며, 너희들은 종교관념에 중독되어 있다."

전능신교 주요 활동

1) 무사증 제도 악용과 난민신청 통한 장기체류

최근 전능신교 신도들은 난민 신청을 통해 체류 기간을 연장하려고 노력한다. 실제로 교주 양향빈은 신도들에게 한국으로 가라는 지령을 내린 것으로 확인되었다. 나아가 전능신교는 조직 내 난민 신청을 통해 한국에 체류할 수 있도록 돕는 '난민팀'을 운영하고 있었다. 본지 확인 결과 전능신교는 무사증 제도를 시행하는 제주도를 통해 한국 땅을 밟았고, 종교적 이유로 난민을 신청해 체류하고 있었다. 아직 난민으로 인정된 경우는 없지만 전능신교 신도들은 계속해서 난민신청을 통해 한국으로 들어오고 있다. 난민으로 인정되지 않더라도, 불허 이후 이의 신청 및 행정심판을 제기해 소송기간 동안(최장 3년) 합법적으로 체류 기간을 연장할 수 있기 때문이다.

난민법 악용 사례와 관련해 법무부가 움직였다. 법무부는 2020년 12월 28일 난민법 일부개정 법률안을 입법 예고했다. 입법예고 기간은 2021년 2월 8일까지였다. 법무부는 "현행 난민법에는 남용적 재신청이나 명백히 이유없는 신청 등에 대한 제한 규정이 없고, 이로 인해 난민 인정 심사 및 재판 절차가 지연되어 결과적으로 박해 우려가 높은 난민 신청자에 대한 내실 있고 신속한 심사에 지장이 초래되는 상황"이라며 "중대한 사정 변경 없는 재신청, 명백히 이유 없는 신청 등 그간 제기된 문제점을 개선하여 난민 인정 심사의 효율성을 재고함으로써 박해 우려가 높은 난민 신청자가 내실 있고 신속한 심사를 받을 수 있도록 하고자 (한다)"고 밝혔다.

전능신교는 2021년 2월 5일 법무부가 '난민법 일부개정 법률안'을 입

충북 괴산군 청천면 화양리에 위치한 수련원을 매입한 전능신교

법 예고한 것에 법무부 장관 앞으로 제안서를 제출하며 반발했다. 전능신교 측은 제안서를 통해, "개정안의 핵심 내용인 재신청 제한에 관한 규정(이 통과되면) … 박해받는 크리스천(전능신교)들이 더 이상 대한민국에 합법적으로 체류할 수 없으며 중국에 송환되어 중국 정부의 잔혹한 탄압에 시달리게 된다"고 호소했다.

2) 지역 거점 마련

난민신청을 통해 한국에 들어온 신도들은, 집단생활을 하며 거점을 마련하고 있다. 서울시 구로구 가마산로 141에 위치한 전능신교 한국 본부교회는 물론이고, 서울 구로구 오리로 1330에 지교회를 두고 있다. 이뿐만 아니라 강원도 횡성군 둔내면 화동삽교로 60-30(구 유토피아유스호스텔)을 매입해 700여 명이 집단생활을 하며 포교활동을 펼치고 있으며, 강원도 평창군 방림면 운교리에 위치한 한 유스호스텔도 매입했다. 강

서울시 구로구 가마산로141에 위치한 전능신교 건물

원지역 외에도 청주 공항과 근접한 ▲충북 보은군 산외면 길탕리 "열림원유스호스텔" ▲충북 보은군 산외면 신정리 "문장대유스타운" ▲충북 괴산군 청천면 화양리 "화양청소년수련원"을 사들여 신도들의 숙소로 활용하는 것으로 알려졌다.

3) 온라인 포교

전능신교는 각종 온라인을 활용해 본인들의 교리를 퍼트리고 있다. 페이스북, 블로그, 트위터 등 공식 SNS 계정을 활용하는 것은 물론이고 유관 사이트를 운영하는 것으로 알려졌다. 대표적인 예로 "하나님의 ○○", "생명의 ○", "동방의 ○" 홈페이지를 들 수 있다.

이뿐만 아니라 유튜브 채널도 점령해가고 있다. 전능신교는 2013년 3월 한국어판 공식 유튜브 채널을 개설해 본인들의 교리가 담긴 영상 콘텐츠를 업로드해오고 있다. 공식 유튜브 채널 외에도 "하나님의 음성을 찾아서"와 "가나안 땅" 등 유관 채널을 2019년 3월 23일에 개설해 운영하고 있다. 이곳에는 말씀 묵상과 CCM 관련 영상이 100여 개 정도 업로

드되어있다. 채널의 표면적인 부분만 확인했을 땐, 어느 단체에서 운영하는지 알 수 없었다.

하지만 두 채널이 관련 사이트로 전능신교 관련 영상이 담겨있는 페이스북 페이지 "하나님의 음성을 찾아서"를 링크한 점을 고려할 때 유대관계가 깊다는 것을 짐작할 수 있었다. 특히 두 채널에 게재된 영상을 전능신교 홈페이지에 업로드된 영상과 비교하여 보면 정체성이 명확해진다. 각 채널에 올려진 영상이 전능신교 공식 사이트에도 동일하게 담겨있기 때문이다. 이뿐만 아니라 영상의 내용과 자막까지 일치한 것을 확인할 수 있다. 한편 전능신교 측은 "하나님의 음성을 찾아서"와 "가나안 땅"의 채널에 대해 어떠한 입장도 밝히지 않았다.

전능신교 측이 직접 위장 채널을 운영하는 것인지 여부는 알 수 없다. 분명한 것은 전능신교의 교리가 담긴 영상물이 여러 채널을 통해 전파되고 있다는 사실이다. 전능신교는 지상의 모든 교회와 국가를 정복해 본인들이 세계의 중심이 되어 하나가 되게 하는 것을 존재 목적으로 삼고 있다. 이러한 정황을 미루어 볼 때 전능신교의 한국 진출 의도가 중국을 대신할 거점 마련을 넘어 세력 확장에 대한 뜻이 더 큰 것을 알 수 있다.

☐ 해외 활동 현황

해외 활동 국가
30개 언어를 지원하는 홈페이지
발원지 중국 상황

"전능신교는
모든 것을 헌신하게끔 하는 구조에다가
정신적으로 교육, 세뇌하고,
달아나면 저주하고 감시하며
신도들이 도망치지 못하게 지킨다."

전능하신 하나님 교회는 중국에서 시작된 종교다. 중국에서 지정한 14곳의 사교 중에 전능신교가 포함되어 있다. 중국 외에 가까운 한국을 비롯해 세계 각국에서 활동하고 있는 것으로 파악되고 있다. 전능신교의 해외 현황을 조사했다.

해외 활동 국가

전능신교는 홈페이지를 통해 세계 각국에 연락이 가능한 전화번호를 공개하고 있다. 아시아에는 한국, 싱가포르, 필리핀, 이스라엘, 대만, 일본, 레바논, 인도, 몽골, 말레이시아, 인도네시아, 베트남, 미얀마, 캄보디아, 네팔 등 15개국, 유럽은 독일, 스위스, 네덜란드, 포르투갈, 프랑스, 스웨덴, 스페인, 이탈리아, 영국, 그리스, 러시아, 루마니아, 폴란드, 핀란드 등 14개국, 아프리카에는 케냐, 남아프리카 2개국, 오세아니아에는 호주, 뉴질랜드 2개국, 아메리카에는 미국, 캐나다, 브라질 등 3개국으로 36개국의 연락처를 볼 수 있다.

30개 언어를 지원하는 홈페이지

홈페이지에는 전능신교 교리서, 간증집 등의 책을 볼 수 있는데, 『말씀이 육신으로 나타남』, 『말세의 그리스도 전능하신 하나님의 대표적인 말씀』, 『전능하신 하나님 말씀 선집』 등 15권의 책을 30개국 언어 번역본으로 소개하고 있다.(일부 언어는 15권보다 적게 번역되었다). 2000쪽이 넘는 책을 포함해 모든 책은 무료로 다운로드가 가능하다. 도서 뿐만 아니라 전능신교 유튜브 채널로 연계된 영상들도 있다. 영상 주제는 말씀, 간증, 영화, 찬양 등의 유튜브를 시청할 수 있다. 유튜브도 각 나라 언어로 20여 개의 채널이 개설되어 있다. 구독자 수는 영어가 56만 명, 스페인어가 46만 명으로 가장 많았고, 일본어 채널이 1만 5000여 명으로 가장 적었다. 한국어 전능신교 채널은 4만 5000여 명으로 구독자 수가 적은 편에 속했다.

발원지 중국 상황

종교 단체에 대한 통제가 적극적으로 실시되는 중국은 전능신교를 사교로 지정했다. 사교를 정하는 기준은 사람을 신격화하거나 폭력적인 경우, 정치적인 문제를 일으키는 등 사회 질서를 혼란케 하는 경우가 대표적이다.

중국에서 전능신교에 관한 대대적인 보도가 이어져 왔다. 2014년 맥도날드 살인 사건으로 인해 대대적인 보도가 있었고, 2017년에 흑룡강성 전능신교의 집단활동 수사 및 검거하는 사건으로 중국 CCTV 등에서 크게 보도했다. 당시 전능신교 신도 120여 명이 체포되었고, 영향력에

전능신교 설립자 조유산의 생가

따라 형량은 각각 달랐으나, 헌법 300조에 의해 실형을 받았다고 전했다. 중국 정부에서 전능신교 활동을 불법으로 제한하고 있는데, 발견하기 쉽지 않은 상황이다.

전능신교는 처음에 아주 친절하게 모든 것을 다 줄 것처럼 포교한다. 교회 목회자를 끌고 가는 것을 목표로 하며, 농촌에서부터 시작해 일손을 돕고, 돈을 주면서 포교한다. 하지만 신도가 되고 나면 탈퇴에 대한 보복이 두려워 나오지 못하게 된다는 것이다. 탈퇴자의 귀를 자르고, 손가락이나 다리를 절단하는 사례도 있다.

전능신교는 은폐되어 신도들을 찾기도 어려운 상황이다. 전능신교에 입교하면 가정을 버리고, 가명을 쓰며 교회에 거주하기 때문이다. 신도들에 대해 이웃도 모르고 경찰도 모른다. 한 집에서 몇 명씩 거주하는데, 핸드폰도 못 쓰게 하고, TV도 못 보게 하고, 밖에 활동도 안 하는 처참한 생활이다. 성적인 문제도 있는데, 간부가 젊은 여성과 성관계를 하기도 한다. 높은 사람하고 관계하면 하나님과 가깝게 될 수 있고, 음성도 들을 수 있다는 것이다. 모든 것을 헌신하게끔 하는 구조에다가 정신적으로 교육, 세뇌하고, 달아나면 저주하고 감시하며 신도들이 도망치지 못하게 지킨다.

□ 대처 노하우

신천지와 유사한 포교 방법 기억하기

"교회 내부에 침입하여
호감과 신임을 얻어 세부 정보를 파악하고,
성도들이 가진 성경에 대한 개념을
혼란하게 해서 자신들의 교리를
주입시킨다."

신천지와 유사한 포교 방법 기억하기

전능신교 신도들이 교회에 침투한다는 제보가 이어지는 상황이다. 제보에 따르면 전능신교는 신천지와 유사한 방법으로 포교를 실시하고 있다. 『중국교회 이단 동방번개』(도서출판 목양, 김종구)에는 동방번개의 사업핸드북에 담긴 포교전략과 세칙들을 기록하고 있다. 사업핸드북은 1부 내부 파악에 관한 세칙, 2부 포교를 위하여 길을 펴는 일, 사전 공작에 관한 세칙으로 나누어 행동 지침이 소개된다.

'내부정탐'은 교회 내부에 침입하여 호감과 신임을 얻어 교회의 교파, 교세, 인도자와 구성원들에 대한 세부 정보를 파악하는 일이다. 교회의 내부 상황을 파악하기 위한 기초 작업이다. 내부정탐은 그 대상 및 범위를 정하고 있다. 예수를 믿지 않는 사람, 지금도 계시를 받는다고 하는 사람, 신체적으로 심각한 장애를 가진 사람, 삼자교회 또는 삼자교회에 속해 있지는 않지만 직·간접으로 삼자 교회와 연결된 사람 등은 접촉 금지 대상자다.

청와대 분수대 앞에서 기자회견을 진행하는 피해가족

'사전공작'은 친밀한 관계 형성 후 관념을 돌리도록 진리를 말하는 단계다. 쉽게 말하면, 성도들이 가진 성경에 대한 개념을 혼란하게 해서 자신들의 교리를 주입하는 방식이다. 사전공작이 없으면 목표를 이룰 수 없다고 할 만큼 이 단계를 중요하게 여긴다. 사전공작에 나서는 신도들은 말세에 대한 예언과 성경구절에 대한 지식을 갖춰야 하고 임기응변 능력과 상대방의 심리를 장악할 수 있어야 한다.

세칙으로는 ▲다투는 말투가 아닌 교제하는 말투로 사람의 형편에 대응할 수 있어야 한다 ▲너무 조급해서는 안 된다 ▲우리들이 사용하는 영적인 용어들을 너무 많이 말해서는 안 된다 ▲삼위일체를 부인하지 않고, 하나님의 성별을 말하지 말아야 한다 ▲신원이 완전히 파악되지 않는 사람에게는 별로 중요하지 않은 주소를 주어야 한다는 것이 있다. 전능신교의 포교법을 인지해 더 이상의 피해가 생기지 않도록 모두의 관심과 대처가 필요하다.

한 사람의 열 걸음보다는 열 사람의 한 걸음을 소망하며...

월간 「현대종교」는...

· 올바른 신앙과 건강한 삶을 지향합니다.
· 피해자의 눈 높이에서 이단문제를 바라봅니다.
· 현장중심의 이단연구를 진행하고 있습니다.
· 신속하고 공신력있는 이단관련 정보를 제공합니다.
· 국내외 이단문제네트워크를 운영하고 있습니다.
· 여러분의 격려와 기도, 그리고 건강한 후원금으로 운영됩니다.

올바른 신앙, 건강한 삶을 위한
이단 바로알기

초 판1쇄 펴낸날 2011년 1월 5일
초 판6쇄 펴낸날 2014년 9월 15일
개정판3쇄 펴낸날 2019년 9월 25일
개정증보판3쇄 펴낸날 2024년 8월 10일

펴낸이 탁지원
펴낸곳 현대종교
엮은이 현대종교 편집국
디자인 예영B&P(T.02-2249-2506)

등록번호 제 306-19890-3호(1989. 12. 16)

주 소 12106 경기도 남양주시 순화궁로 249, M동 1215호
(별내동 파라곤스퀘어)
T.031)830-4455~7   F.031)830-4458
www.hdjongkyo.co.kr
e-mail: hd4391@hdjongkyo.co.kr

ISBN 978-89-85200-20-2 (03230)

값 28,000원

- 잘못 만들어진 책은 교환해 드립니다.
- 본사의 허락없이 본서 내용의 전재·모방·일부 게재를 불허함